谨以此书献给北仑开发建设四十周年

出草莽记

汽车风扇大王贺财霖传

夏　楠　著

中国财经出版传媒集团
中国财政经济出版社
北京

图书在版编目（CIP）数据

出草莽记：汽车风扇大王贺财霖传 / 夏楠著. --
北京：中国财政经济出版社，2024.6

ISBN 978-7-5223-3114-0

Ⅰ. ①出… Ⅱ. ①夏… Ⅲ. ①贺财霖—传记 Ⅳ.
① K825.38

中国国家版本馆 CIP 数据核字（2024）第 088037 号

责任编辑：潘　飞　　　　责任印制：史大鹏
策划编辑：潘　飞　　　　责任校对：胡永立

出草莽记：汽车风扇大王贺财霖传
CHU CAOMANG JI：QICHE FENGSHAN DAWANG HECAILIN ZHUAN

中国财政经济出版社 出版
URL：http：//www.cfeph.cn
E-mail:cfeph@cfemg.cn

社址：北京市海淀区阜成路甲 28 号　邮政编码：100142
营销中心电话：010-88191522
天猫网店：中国财政经济出版社旗舰店
网址：https：//zgczjjcbs.tmall.com
中煤（北京）印务有限公司印刷　各地新华书店经销
成品尺寸：155mm × 230mm　16 开　24.5 印张　272 000 字
2024 年 6 月第 1 版　2024 年 6 月北京第 1 次印刷
定价：88.00 元
ISBN 978-7-5223-3114-0
（图书出现印装问题，本社负责调换，电话：010-88190548）
本社质量投诉电话：010-88190744
打击盗版举报热线：010-88191661　QQ：2242791300

贺财霖近照

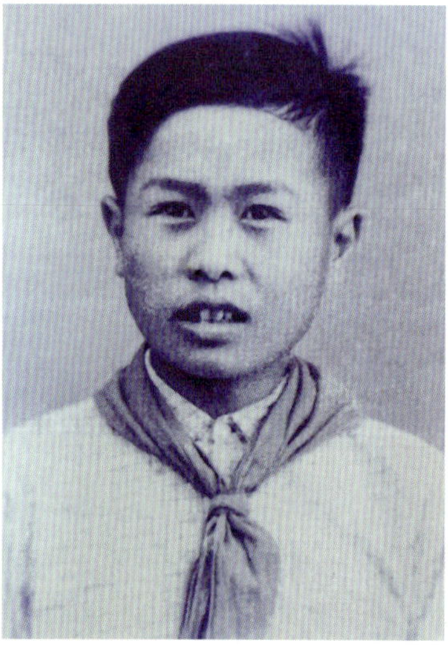

少年时期的贺财霖

青年时期的贺财霖

壮年时期的贺财霖

中年时期的贺财霖

2007 年，雪龙获评“中国名牌产品”，贺财霖接受媒体采访

2014 年，贺财霖在悉尼考察

贺财霖在办公室（2018 年摄）

贺财霖在阅读（2019 年摄）

贺财霖在工作中（2020 年摄）

贺财霖在会议中发言（2021 年摄）

雪龙集团离合器智能化车间

雪龙集团风扇注塑车间

雪龙集团全景

2009 年雪龙公司参加庆祝中华人民共和国成立 60 周年、宁波北仑区建区 25 周年活动

2015 年雪龙职工篮球赛

2012 年雪龙合唱队合影

2023 年雪龙团建活动

2016 年雪龙建厂 20 周年文艺晚会

2023 年雪龙职工桂林游

2007 年泰河中学雪龙助困奖（育）学金签约仪式

2010 年捐赠 500 万元成立雪龙慈善基金

2012 年雪龙健康小屋落成

2016 年向北仑区慈善总会捐赠 450 万元

2017 年向浙江师范大学捐赠 500 万元

2017 年浙江师范大学“贺财霖楼”合影留念

2019 年捐建爱心公园

2020 年 3 月 10 日雪龙集团上市当日捐款抗疫

2020 年霞浦学校“贺财霖”奖学（育）金颁奖典礼

2022 年贺财霖科幻文学奖颁奖现场

2020 年为夫人祝寿

贺财霖大家庭东南亚旅游合影

贺财霖全家合影

雪龙集团总经理贺频艳

2019 年 11 月 21 日雪龙集团通过中国证监会上市审核

2020 年 3 月 10 日雪龙集团正式在 A 股主板挂牌上市

2005 年国家质量监督总局副局长刘平均到雪龙指导调研

2011 年全国政协常委胡德平到雪龙指导调研

2012 年中国科学院朱位秋院士到雪龙指导调研

2018 年全国内燃机标委会冷却风扇工作组换届大会在雪龙召开

2021 年雪龙集团博士后工作站研究人员考核报告会

2023 年中国工程院贺泓、高翔两位院士莅临雪龙指导调研

序

风起于草莽　浪起于微澜

东海之滨，浪潮奔涌，甬城大地，巨商辈出。

在海洋文化和浙东文化的熏染下，一代代宁波人秉承求真、务实、敢为天下先的风气，锐意进取、勇于开拓，成就了享誉全球的“知行合一、知难而进、知书达礼、知恩图报”的宁波精神。而在改革开放以来涌现的新一代企业家中，雪龙集团董事长、“中国汽车风扇大王”贺财霖无疑是不可忽视的佼佼者。

我与财霖兄相交数十载，熟知其艰难发轫、披荆斩棘的创业之路，亦深深折服于他温和敦厚、纯粹赤诚的风度品格，以及义利双行、热忱教育的企业家情怀。《出草莽记：汽车风扇大王贺财霖传》在宏大的历史背景下，以一种平实朴素又深入人心的语言，全方位展示出财霖先生富有故事性的人生经历和他一步一个脚印的创业历程，如今付梓，我亦不胜欣喜。

传记从财霖先生出生开始，花了浓重的笔墨，讲述了他艰苦的童年生涯和艰难的初期创业。作为20世纪60年代生人，我同样经历过那个时代的苦难，一代人身上的那些记忆，烙印一样深刻心底，挥之不去。苦难不是恩赐，而是一种磨砺，正是那些砂纸般的粗粝生活，打磨出他执着坚韧、与人为善的高贵品质，给予他从一无所有中奋力挣扎向上、踏出一条路来的信念和勇气、激情和梦想。

财霖先生的人生轨迹和创业故事，绝不仅仅只代表他个人对生活不屈的态度和实干的经历，也忠实记录了改革开放以来中国民营企业从筚路蓝缕到蓬勃发展，再到实业报国的历史进程，印证了浙商在时代的风云际会中，抢抓机遇乘风而起、乘势而上的开拓精神。

尤其让我佩服的，是他半百之年下定决心，接手生产停顿、资金枯竭、负债累累的北仑汽车塑料风扇厂。为了开拓市场，他跟着北方汽车集团领导的自行车，一路追了两公里多路，最终为工厂赢得关键性订单，造就了他的汽车风扇王国。诚如李强总理所说，浙商之所以脚下生风，走在前列，靠的就是一股逢山开路的闯劲、水滴石穿的韧劲、百折不挠的干劲。“天下之事，皆成于实”，财霖先生的品质，正是对此最好的注脚。

财霖先生曾经是一名教师，在三尺讲台上站了十二载，也因如此，他对教育事业有着特殊的情怀，对优秀学子有着一份殷殷的师者之心。时至今日，我还记得他捐赠浙江师范大学五百万元教育基金的拳拳盛情，感动于他朴实而真挚的心声，“回馈社会公益事业，特别是能够为教育事业发展贡献力量，是我和家人的共同心愿和梦想”。

岁月不居，时节如流，惊涛拍岸，礁石永立。从当初艰难前行的少年，到如今叱咤商海的企业家，不论风云变幻，唯赤诚初心不改。正如书中所言：雪龙，这条盘旋于东海之滨的巨龙，正是贺财霖的化身。起自草莽，翱翔碧空，在天地之间，来去自如。

敬实干者，致弄潮人，乐为财霖兄序。

癸卯仲冬于初阳湖畔

（作者系浙江师范大学党委书记）

目　录

contents

下 卷

序 章

1970年，初冬。

来自太平洋的海风穿越过舟山群岛，直抵宁波的海岸线。靠山吃山，靠水吃水，住在这海边的人家，自然得多多仰仗海洋的恩赐。

时属镇海县的下洋海涂，正处在河流入海口。河水与海水的交汇，让此地的滩涂物产更加丰饶。所以潮水一退，远远近近就有农民三三两两地前来捕捞点小海鲜；潮水一涨，淹没了滩涂，大家便也各自回家了。

现在，潮水随着黄昏的降临赶来了，雾气渐起，风吹得越来越紧。离海岸不远处，有个年轻男子，一动不动地坐着，像是雕塑一般。

他怔怔地看着眼前的海浪。一波海浪汹涌着向海岸冲了过来，可冲至一半就泄了力，瘫软地撤了回去；很快又一波赶来，如方才的海浪一般重复着。

“财霖，回去吃饭喽！”不远处有同乡朝着他挥手。

这个叫财霖的男子回过神，向着那个方向挤出一丝笑容，也挥手道：“你们先回，我再过会儿。”

捞海的人渐渐散了，这偌大的天地间似乎只剩下了他一个人。陪伴他的，只有来自海水的那永远无法越过海岸线的不平声声。

气温冷了下来，但贺财霖却浑然不觉。他的心已坠落到了冰窖中。贺财霖，你怎么就走到这一步了呢？他想不明白。

他还清晰地记得霞浦公社一位负责教育工作的专职干部张副主任来到家中的那一天。

初冬的一个黄昏，他刚从生产大队开完会回来，才进院门，就听到了有人叫他的名字。

“财霖，可算等到你了。”来客笑盈盈地看着他，手边的杯子里只有小半盏茶，看来等了不少时间。

“张主任，什么风把你吹到我这儿来了？”他有些意外，忙给他杯子续上水。公社教育革命委员会事情那么多，能找他做什么呢？

“是好事。”他似乎看穿了贺财霖心中所想，开门见山，把来意和盘托出，“我们现在要响应号召，学校交给贫下中农来管理。我看，你来做这个工作是最适合不过了。”

“我？”贺财霖一时不敢相信，“可你知道的，我只有小学文化。”

张主任似乎早就想到了这个问题，说：“对这个问题，组织上也考虑过了。我们相信你，你学习能力强，工作也上心，可以一边工作一边再学习嘛。”

之前贺财霖在霞浦公社做过政治宣传工作，他的组织能力和写作水平给张主任留下了深刻的印象，这才有了此次的登门拜访。

见他还是有些犹豫，张主任又说：“实话和你说，让你去的是杨木小学，现在学校的秩序有些混乱，教学工作的开展也不顺利，需要一个能力强的人。让你去，不只是去教学的，而是希望你能把学校带入正轨。”

这番肺腑之言，让贺财霖心中涌起了一股力量，“既然组织上这么相信我，那我就去。”

见贺财霖答应得豪爽，张主任也兴奋了起来，拍了拍他的肩膀：“过了春节就去。好好干，先适应段日子，最多半年，半年之后，这个学校就归你领导了。”

张主任离开了，喝剩的茶杯还放在桌子上。

贺财霖既兴奋又惶惑，这个突如其来的消息，预示着他的身份将会转变，他的人生将步入另一种轨迹，那是他向往却未曾想过自己当真能够触及的轨迹。

这时，厨房传来噼里啪啦的柴火燃烧的声音，将他拉回了现实。

他这才想起，自己并未与妻子商量。家徒四壁，兼之瘫痪在床的老父还需他来赡养。自己若是去了学校，那么就意味着这些重担都将落在妻子身上。妻子嫁过来，才不到半个月。这对她，实在有些不公平。

贺财霖默默地走进厨房，蹲在灶口，帮着添起了柴火。

正当他不知如何开口时，妻子先替他说了：“你去吧，家里有我。”

火光映着妻子年轻而憔悴的脸庞，贺财霖的心悸动着。在沉重的现实面前，他知道自己所有的言辞都显得那么无力，只能点点头。

原本春节一过就该启程的，但看着妻子为他收拾好的行囊，他又犹豫了。要不再看看吧？他还是想多陪陪父亲，多分担一些家务……这一拖，就拖到了正月十七才去。高昂的理想主义情怀终究压过了对未知的迷茫与忐忑。

进入杨木小学的贺财霖，仿佛获得了新生命，以前所未有的热情投入工作。学生们的朝气蓬勃，像一阵迎面而来的清风，让他充满了干劲。年轻的贺财霖，挂起了云帆，预备驾着理想之舟驶向那有了无限可能的广阔未来。那未来不独属于学生，也属于他。他要在这片天地里大施拳脚，有所作为。

为了方便教学，杨木小学特意为他和几位老师都安排了宿舍。说是宿舍，其实就是在教室边的走廊里划出的一个隔间而已，最显眼的家具，不过是一张床，供他休息。条件简陋，但是新鲜的生活还是让他满怀热情。

张主任说得很清楚，自己之所以能够被看中，是因为从前做过一些宣传相关的工作；调自己来学校，也不是单纯地让自己做一个授课的老师。他被赋予了更高的期望。而他，要证明自己配得上这个期望。

果然，教学工作只占用了贺财霖很少的一部分精力——他每日上一两节数学课。其余的时间，便是协助杨木大队做好政治宣传工作，走访、调查、开会，把大队工作的进展和成绩写成一篇篇报道。

初来乍到，校园里的老师们窃窃私语：一个小学毕业的人，拿腔作调，怕不是个花架子罢了。

他们偶尔会拿着一些题来问他："贺老师，你看看这题能解吗？"

贺财霖知道他们的用意，却不急不躁，认认真真地给分析解析。日子长了，这些老师也觉得没趣，反而觉得在贺财霖的厚道面前，自己实在有些失礼。更重要的是，贺财霖凭借着自己的成绩折服了他们。

他授课的班级，数学成绩原本在公社年级段十三个学校的统考中排第七名，后来提升到了第二、第三名。更让人惊叹的是，在公社组织的数学比赛中，他总能预测到部分试题，有针对性地授课，学生比赛名次都名列前茅。

他写的报道，不断地被公社、县里的广播站播送。

杨木小学的地位，在这些成绩中一点一点累积着。随之累积的，还有贺财霖的声望。

但是对贺财霖来说，这些只不过是基础工作。他想做的，还有更多。他年轻的生命，期待着发出更大的光和热。

也是个性使然，一当上校长，贺财霖就想在这个岗位一显身手，实现心中的抱负。一番思索，灵机忽现，贺财霖决定先把“学农”与学校的教育结合起来。

“我们不是有劳动课吗？劳动课上去学农，岂不是一举两得。”贺财霖向全校师生这样说道。

在和学校的老师商量之前，他先独自去学校周边转悠了很久，选中了距离学校三里之外的一片荒地。若是能在荒地上种上庄稼，这将是多么有意义的一件事啊。

学校里几位老师却很犹豫。他们很多都是出自农民家庭，自小不是没种过田、吃过苦；如今来到了学校里，难得洗去了一腿的泥巴，怎么如今又要踏进田里呢？况且那可是荒地，能种出什么花儿来吗？但贺财霖的坚定似乎有一种强大的说服力，让动摇的人心安稳了下来。

贺财霖并不是只动嘴皮子。他身先士卒，率先在劳动课上带着一班学生向着荒地进发了。他要让学生们亲自去感受在荒地上结出果子的成就感。

山道崎岖，初春的暖阳照耀在身上，也照耀着生机勃勃的大地。大地给了贺财霖力量。

他知道开荒不是件容易的事，哪怕是对成年人来说。地理位置好、土地肥沃的田地早已被勤劳的乡民们辛勤耕耘，种上了庄稼。他们看不上的地，说明条件实在太差。

但是容易的事早就有人做了，既然说要“学农”，自然就该迎难而上才对。

贺财霖看着眼前的这块荒地，岩石交叠横生，稀薄的山土上只有粗犷、顽强的杂草才能生存。想要在这样贫瘠的土地上种庄稼，必须先进行修葺整理。而其中最苦的一项工作，便是农村里所谓的“剥石头”。

“剥”字很是形象，石块本是山体的一部分，两者紧密相抱。而且这些石块往往并不规整，以各种方式镶嵌在山体里。要把石块从山体里剥离，不得不用上相当多的气力。学生年纪小，做这项工作难免力不从心，也不安全。贺财霖就让他们做些简单的拔除杂草的活，自己先尝试着将一块块的石头从大山的“身体”里搬运出来。

他的执着与热诚终于打动了其他的老师们，没有什么比行动更有说服力的了。他们扛着锄头、拎着簸箕赶来了。

埋得深的，他们就用锄头先挖去面上的泥土；体积笨重的，就几个人合力将它翻到旁边。最后，这些大大小小的石块竟然被垒成了一圈矮矮的围墙。

就这样，经过数周的辛苦，三亩的田地，硬生生地从这荒僻的山上被开垦了出来。这块模样整齐的田地，就是他们胜利的第一步。初尝战果的师生们，有了信心。

田是有了，可该种什么呢？大伙儿又商量了起来。

水稻是不行的，山上没有这么多的水；果树的话，耗时太长，而且果实也填不饱肚子。

“不如种红薯吧。”贺财霖提议道。

红薯适合山地种，对土质的要求不高，好养活，而且又能用来填饱肚子。大家一合计，确实最合适。可是虽说几位老师也有干农活的经验，但是谁都没有种过红薯。

“学农学农，当然是要向农民学啊。”贺财霖提醒道。

大家笑了起来，只顾着开荒，都忘了开荒的初衷了。贺财霖好说歹说，请来了住在不远处的一个老农，让他来指导师生们种红薯。

老农见一帮教书先生带着一群学生娃子在山头忙活，也觉得新鲜，就教得分外认真：怎么培土，怎么插秧，多久浇水，多久松土。大家聚精会神地听着，俨然是课堂上的好学生。每次从山上下来，两只手上的泥土味道都好闻了不少。

师生们的心血没有白费。初夏时节种下的秧苗，原本稚嫩细长的叶子渐渐变阔了，覆盖住了原本赤裸的土地。谁能想到，这里曾经是片无人问津的荒地呢？

随着秋天的到来，学生们的兴趣越来越高涨，三三两两地结对去给红薯浇水、松土。比起课堂，生活才是充满生机的啊。从荒地上长出的叶、结出的果，都是他们的成绩。

终于，收获的季节到了。曾经的荒地上，一个个壮硕的红薯，静静地等待着他们的掏挖。整个杨木小学的学生们都兴奋了。每一个人，都在这里流下过汗水，也留下过祈愿。

而这份收获，也为贺财霖带来了人生中的第一个重要的荣耀。

他充分发挥了自己笔杆子的专长，将杨木小学垦荒学农的事迹做了详尽的报道。他们的初心，过程的艰辛，最后的收成，以及师生们从中学到的知识……一篇篇报道，像鸟儿扇着翅膀飞向各地，同时也通过报纸、广播等传到了市里、省里。省里的广播电台，也转播了杨木小学学农示范田成功的新闻。

不久之后，杨木小学作为学农典范，被评为了先进学校，而贺财霖也被各地邀请去做讲座，介绍经验与心得。

当他看到眼前黑压压的人群，听着安静的会场只有自己的声音回荡，被烈日灼烧的痛、被石头磨出的茧，全都化作了一个叫作“光荣”的礼物。

青春，就应该这样来燃烧。

贺财霖激动地想着，他能做的事还有很多。只要这片土地上的人有需要，那么他愿意尽己所能。学校是他事业的起点，但他要看得更高远——学校之外，还有一群人在渴求着知识——那些因为贫困而上不起学读不起书的人。

扫盲运动其实很早就开始了。中华人民共和国成立后不久，全国就开展了这项群众性文化教育运动。毛泽东主席说得很实在：“如果绝大部分的农民一不能看通俗书报，二不会记普通的账目，三不会写简单的便条和信件，怎么去建设社会主义的新农村！”

看报、记账、写信，这些如今看来几乎人人都能做到的事，在当时的农村里，对很多人而言却是奢望。贺财霖对此深有体会，他自己就经常被左邻右舍们请去做这些事。

建设社会主义是理想，而扫盲需要一步步地开展。需要有人教，也需要有人愿意求学。这些想要求学的人自发组织了夜校——因白天要忙农活，只有晚上有时间，而贺财霖主动承担起了教学任务。

这些学生都是成人，年纪和他差不多，有的甚至比他还要大。他们因为家境贫寒，年少时没有机会上学，成了文盲。字词、文章对于他们而言，是另一个世界。

贺财霖，成了帮助他们打开那扇门的人。

他们上夜校，不是为了写锦绣文章当秀才，而是为了实际的生活用途。学以致用，才是出发点。

一个说："活了这么久，连自己的名字都不知道怎么写。"

一个说："去买肥料，都不知道包装袋上写的是啥。"

应他们的需求，贺财霖认真地编写了教材。课余的时间，他躲在办公室里，把编写的教材刻在薄薄的蜡纸上。这些他亲手编写、印刷的教材传递到学生的手上，散发着淡淡的油墨香。

他站在讲台上，看着"学生们"笨拙而认真地从一笔一画开始学习。想到自己可以为他们弥补过往的遗憾，这何尝不是自己生命的意义呢?

一滴水，在大海中获得了自己的力量。贺财霖的心中涌动着这样的力量。

在学校的日子里，贺财霖如鱼得水，春风得意。但是他并不准备止步于此。他想要走得更远，而在当时，要求进步最重要的表现，就是积极入党。

组织上早就看好他，杨木生产大队党支部大会顺利通过了他的入党申请。如无意外，一切都将水到渠成。可万万没想到的是，意外还是发生了——当入党申请书送到霞浦公社党委会上讨论时，却没有通过。

起初，讨论的氛围很热烈。贺财霖的品格、履历、成绩如此扎实且亮眼，大家都觉得这个年轻人年纪轻轻，干劲十足，非常难得。

但这个和谐的声音被突然冒出来的一声"反对"给打破了。

提出反对的，是公社党委委员老郑同志。他扬起了手中的文件，说："知道现在的政治形势吗? 全国上下都在割资本主义的尾巴。可贺财霖这位同志呢?"

老郑又继续道："贺财霖的成绩我当然也看到了，他的能力，我也认可。但是大家要注意，作为一个入党积极分子，更要在头脑中绷紧阶级斗争这根弦。我之前在柴桥市集上路过，恰好碰到了他。你们知道他在做什么吗？一个老师，一个校长，守在摊上卖自己抓来的鱼！这不是资本主义的尾巴是什么？我们要发展的党员同志，是这样的觉悟吗？"

会议室里霎时鸦雀无声。

得知申请未能通过，贺财霖懵了。

"资本主义的尾巴"，这顶帽子扣下来，他知道入党再无可能了。贺财霖时常需要接触政治宣传工作，他知道老郑说的是实情，也明白自己卖鱼的风险。可他不能不如此，因为家中已经揭不开锅了。

自从到了杨木小学之后，贺财霖一心扑在工作上。学校离家有十里路，他一两周才回一次家，家中的杂事都压在了新婚的妻子身上。只是贤惠的妻子很少说起，他也很少过问。毕竟，学校的生活忙碌而丰富，占用了他几乎所有的精力。

最初的时候，他还想过，现在自己一个月可以拿二十六元钱，虽比在家当农民挣工分赚得稍多些，相对于极度窘迫的经济状况却无异于杯水车薪。好在他的心思都放在学校里，每次回家，都是匆匆往返，也不觉得日子有什么不一样。

直到那一天。

他见妻子提着空空的米袋回到了家中，觉得有些奇怪："怎么了，米呢？"

妻子眼睛发红，撇过脸："没钱，生产队不让分粮。"

他跑去米缸旁，伸手一探，早已见底。

妻子看他手足无措的样子，拽着米袋子道："我去向邻居借借看。"说着就跑出了门。

贺财霖这才想起来，自己家早就成了“超支户”。生产队分给每家的口粮，需要每户人家所挣的工分去抵扣，工分不足的，就是“超支户”。贺财霖家中，只有妻子一人作为女劳力在生产队挣工分。而他的那几元工资远不够还清先前背下的那一笔沉重债务。再加上其他的开支：父亲与弟弟住一起，每月要给弟弟五元。而孩子请人照看，每天也要两角。如此一来，家里早就成为“超支户”。此前生产队就以自己家多次超支为理由，拒绝再分配粮食。

贺财霖环顾屋内，所谓的家徒四壁，也不过如此吧。能卖的东西都卖干净了，凉床卖了，方桌卖了，茶桌卖了，甚至连妻子陪嫁过来的嫁妆——橱头箱和夜桶箱也卖了。空荡荡的屋子，还有什么能卖的呢？

愣在原地的贺财霖，心中五味杂陈。自己在学校看似风光无限，可事实上，连家人的温饱都照顾不到，实在是枉为男儿。他第一次觉得，自己是那么的无力。所有的那些荣誉，仅仅是荣誉，并不能让家中的米缸满起来。精神的满足，抵消不了物质的匮乏。眼下，他急需做的，便是多赚些钱。

钱从哪儿来呢？他想到了在周末或假期的时候抓些小鱼小虾到市集上去卖卖。这也是海边农民通常用以糊口的路子。

别人卖得，我就卖不得？唯一顾忌的，大概是自己的教师身份。可是在生计面前，也顾不得许多了。

贺财霖起了性子，说干就干。一到周末或是假期，他就吆喝上三两好友往海边去。他实在是个爱热闹的人，有朋友一起，就不寂寞了。

他原先只在老家礁禊的海滩里碰碰运气，可惜那里的鱼虾早被乡人捕捞得差不多了，这才越走越远，一路到了三山。

三山那边的滩涂虽然远了一点，有差不多三十里路，需要走上两个多小时，而次日一早就得早早起床，但把歽来的鱼拿到柴桥的早市上卖——柴桥公社比霞浦公社要大，人流多，生意好。

命运的转折点就发生在这条街道的早市上。

这一日，贺财霖正守着自己的摊位。所谓的摊位，其实并不固定，哪里热闹，又有空隙，就摆上了。眼前摆着一个装着海水的塑料桶，里面十几条各种小鱼闪着银光，吸引着买菜人的眼睛。

“这不是贺财霖吗？”

一个熟悉的声音传来。贺财霖心一惊，抬头望去。一个戴着土灰色帽子的男子正居高临下地望着自己，眼睛盯着水桶，很快又移到了他脸上。

贺财霖认了出来，是霞浦公社党委委员老郑同志，因工作关系接触过几次。

贺财霖忙起身，讪笑道：“这不是家里实在揭不开锅，放假了，就补贴点家用。”

老郑那张紫黑色的脸膛看不出什么表情，也没吭上一声，就径自走了。

贺财霖的心怦怦直跳。当时全国上下正在割资本主义的尾巴。卖鱼这事，说大可大，说小可小。口号一直在喊，可私下里穷怕了的农民还是偷偷摸摸地做着那些小买卖。

提心吊胆了几日，一切似乎都风平浪静。他侥幸地以为这桩事翻过去了，可没想到，当日埋下的雷，一直在等着引爆的机会。

“资本主义的尾巴”，在讨论入党的党委会上，这一顶帽子扣下来，无人再敢顶雷为他说话。

从备受组织期待的好苗子，一夜之间成了被组织拒之门外的“弃儿”。这巨大的落差，像乌云压在了贺财霖的心上。

这一次，他精神有些恍惚，便没有叫上任何人，走出家门，往熟悉的海边走去。从前都是匆匆赶路，而这一次，他重新审视了这个他称为家乡的地方。

深秋的季节，田野已是灰蒙蒙的一片。被收割完的稻田里，一茬茬稻梗被卑微地丢弃在天空下，无人再去关心它们的命运；种在盐碱田地上的棉花，即便只开了区区几朵棉絮，也已经被采摘干净，只剩下发育不良、低矮稀疏的褐色枝干。他所在的村庄，全是零落破败的泥地和矮房。偌大的村庄，竟找不到一座像样的楼房。这里的农家每天从这样的屋子中醒来，走出，干活，再回到这样的屋子里，日复一日。

是的，这里的生活，他太熟悉了。没有电灯，煤油灯芯燃起微弱的火焰将墙壁熏得黑黑的；衣服少有不打补丁的，补了又补，经长年累月的洗刷后，早已看不出原来的颜色；家里的米缸，随时都有见底的风险；而他们指甲缝里，掺着永远也洗不干净的黑泥。

祖祖辈辈都是这么过来的，像野草一样，一茬在秋风下枯萎了，新长出来的，还是相似的模样。他们的足迹，固守在这海滩边，却没觉得什么不妥。对于单调而重复的生活，他们早已麻木、习以为常，甚至认为，这就是“天生的命”，不如安贫乐道，凑合着过吧。

难道他贺财霖，也不得不重复这条道路，被淹没在这个生他养他的故乡中，从此终生劳碌、贫穷？像海水那样越不过堤坝，像乡人那样走不出这片萧疏的草莽之地？

他望着远处即将陷入黑暗的海平面，陷入了沉思。

他当然不甘心。虽然他把教学当作了事业，想要以此为依托，去追求更长远的发展。可现在，他茫然了……

坐在暮色中，他第一次觉得，命运竟然是如此冷漠、无情。

一轮明月自海面升起，映衬着他孤寂的身影。

上卷

“你的幸运方向是往西落南。有军火大旺之命。虽然要花上九牛二虎之力，但一定会马到成功。”眼前的算命先生双目微闭，缓缓吐出这几句话。

贺财霖听得一头雾水。西南方？是哪里的西南方呢？镇里的，宁波的，还是中国其他地方的？军火又指的是什么？难不成还能和军队扯上关系？不可能，怎么可能呢？实在让人匪夷所思。

贺财霖想再多问问细节，可算命先生一副天机不可泄露的模样。没办法，贺财霖只好将信将疑地递上几张钞票，裹了裹衣服，随后踏上了去西安的旅程。

吉名寄愿

“快……快起来，你妈要生了！”

这夜，劳累了一天的秀菊刚刚进入梦乡，就被父亲一阵急促的叫唤声吵醒了。她睡眼惺忪地坐起来，披上衣服，在昏暗的光线中，只看到父亲急匆匆出门的背影。

她有点发懵：“难道母亲要生了吗？”

赶紧下床，小步跑到隔壁房间。母亲正躺在床上呻吟着，开始还试图压抑声音，怕惊扰了邻居的清梦，可随着疼痛的加剧，头上沁出了密密的汗珠，声音也随之变得尖利。看到女儿来了，双手紧紧地抓着被单，也说不出什么话来。

秀菊有些手足无措，想了想，拿来毛巾，尽量轻柔地给母亲擦拭额上的汗水，但一层擦去，很快新的一层又冒了出来。

母亲的身体好烫啊，她想着。

“去，烧点热水。”母亲艰难地吐出两个字，嘴唇干得厉害。外面北风呼啸而过，整栋房子都在颤抖。冰冷的空气与母亲的汗水交织在一起。

秀菊这才有点清醒过来。她跑到厨房，从水缸里舀起水，倒进锅里，盖上；然后抓过一把干燥的柴草，熟练地生起了火。火焰在灶头里跳跃着，像她紧张不安的心情。

随着火越来越旺，她也慢慢平静下来了。她已经十八岁了，是到了可以独当一面的年纪了。

温暖的火焰驱散了寒意，也抚慰了她的心灵。她把几根燃烧得正旺的柴火夹到火盆里，又添了点柴，然后把火盆端到了母亲房间。

母亲还是方才那个样子，只是双目有些失神，似乎连呻吟的力气也没有了。

会是弟弟呢，还是妹妹呢？快点出来吧，别让母亲这么痛苦了……她不由得再一次心乱如麻。天能不能早点亮呢，爸爸现在到了哪里，能不能顺利找到人……她焦急地给母亲擦着汗。

惦记着厨房烧的水，她又跑了回去。灶台上腾起了白色的水汽，锅盖被水汽冲得上下颠簸着。

她把刚滚开的热水舀进水盆里，又在锅里添了几勺冷水，在灶口添了把柴，这才把水盆往母亲房间端去。刚放下，门口就传来了脚步声。

父亲风尘仆仆地回来了，手被风吹得发皱，脸上却一头汗。身后跟着一个喘着粗气的接生婆。

接生婆看着已有六十岁了，腿脚却很灵便，人也精神。这样的情况她应该经历过不止一次了。

她先用手揉了揉被风霜冻僵的两颊，扫了一眼屋子："热水都准备好了啊。"

秀菊下意识地点点头，退到一边。有经验的老人家来了，她心里安定了很多。她瞄了一眼父亲，他的目光锁在母亲身上，一脸愁容。

接生婆坐到床沿上，手脚利索地把随行的包袱打开，掏出了剪刀等工具。掀开粗厚的棉被，用手顺着产妇的腹部轻轻地推压了一下。妇人眉头一皱，又是一阵呻吟。

“姑娘家的，还是别在这待着了。”接生婆扭过头，对她说。

秀菊这才回过神，红着脸，跑回了厨房。

父亲也有些不忍心，走到墙边蹲了下来；又按捺不住，不时伸着脖子往这边瞧瞧。接生婆对这场景却已是司空见惯。从她手底下来到这个世上的孩子，不说上百，也有好几十个了。她一只手不停地在妇人的腹部摩挲着，另一只手从水盆里捞起毛巾，拧干，不断地为她擦拭着脸上、身上的汗水。

人被汗水粘住，力气也像是会被粘去一样。擦了汗，身子就轻快了，力气似乎也回来了。果然，产妇的眼睛亮了起来。似乎找到了同盟者，现在，她不再是孤军奋战。

接生婆一边手上动作着，一边还和产妇说着话：“今天晚上的风呀，那个叫得。得亏我身子壮实，才没被吹走……你之前生的娃娃，也是我经手的吧？一眨眼，都能跑能跳的了……”

她这么做，是想分散产妇的注意力，帮她卸下压力，打起精神。

“哇——”一阵清脆的啼哭声打破了寂静，产妇的眉头终于舒展了开来。

“恭喜恭喜，是个男娃。”接生婆熟练地剪断了脐带，给娃裹上准备好的小毯子，送到妇人面前，又看向父亲的方向，脸上堆起了笑。

贺至勲，这个刚刚满五十岁的农民，迎来了自己的又一个孩子。他小跑着过去，伸出粗糙的大手碰了下新生儿的脸蛋，又很快收了回来。他一边忙不迭地向接生婆道谢，一边从怀中掏出早就准备好的红包。

接生婆伸了伸腰，收拾好包袱，口中道着喜，推门而去。此时东方渐白，远近依稀有鞭炮声响起。

1947 年 2 月 5 日，农历正月十五，正好是元宵佳节。

拂晓之后，贺家添丁的消息很快即传开了，左邻右舍纷纷前来道喜。一夜没睡的贺至勲强打起精神，招呼着。劳累并没有遮住他脸上的喜色。

这时，一位老者从人群中走了出来，他脸色祥和，眉目慈善，口中道着“恭喜”。贺至勲眼睛一亮，赶忙迎上前去。

来人慰定公，是贺至勲的姐夫。他是清末的举人，学问好，威望高，在乡里地位非常。所谓的举人，是指乡试中举之人，考上举人，就说明有了当官的资格。虽然大清早就亡了，科举更是被废黜了好多年，但是乡人对有学问之人的尊崇还是一如既往。更何况，在这远离皇城之地，读书人向来就稀缺，也就更显得宝贵。

慰定公虽年事已高，此刻却精神矍铄，举手投足、言谈笑语间，满腹书卷气，自有一种文人的从容雅静。贺至勲生平最佩服的，也正是这个姐夫。他只觉得奇怪，姐夫住在霞浦，离这里还有好几里的路程，当时通信不发达，没有电话，更无网络，村与村之间消息的传递多靠人捎带口信。而他还没来得及叫人传话，姐夫怎么就赶来了呢？

慰定公似乎看出了他的疑惑，笑道：“我啊，一早去菜场买菜，碰到了老丁，他说你生了个大胖小子。这么大的一件事，我当然要来恭喜你了啊。”老丁是一墙之隔的多年邻居，与慰定公也熟识多年。

听到有这样的巧事，贺至勲欢喜道：“那正好，不然我改日还得过去专程请一趟。来，快来进屋里坐坐。”

家徒四壁，却也算干净。没什么好招待的，贺至勲让秀菊倒一碗茶来，暖暖手也好。随即恭敬地问道：“之前家里那大儿子的名字就是你给起的，要不今天，你给这娃也起一个？”大儿子即是贺沛霖。

慰定公依旧是盈盈笑着：“乐意效劳。”他捻着胡须，慢条斯理地说道：“你的大儿子命中缺水，所以我为他取名‘沛霖’以补水。这个孩子嘛……”他接过孩子看了看，又问了出生的情形，想了想道：“孩子是寅出生的，从命理上看五行缺金，缺金则当补金。明金不足暗金补，我看不如叫‘财霖’吧！日后财源滚滚，如甘霖天降！”

贺至勲和几位热心的邻居听得入神，只觉得玄乎又吉利，就纷纷说好。

慰定公又道：“既然这孩子是‘圣’字辈，那族谱上的名字就叫‘圣镇’吧”，这‘镇’字也是明金不足暗金补。两个名字殊途同归啊。”

慰定公越说越高兴，贺至勲也跟着高兴了起来。这名字听上去就富贵吉祥，熠熠生辉，像是可以把眼前生活中的暗淡一扫而空一般。

就这样，贺财霖带着两个“金”字来到了这个世上。

看着这个可爱的孩子，贺至勲心中喜忧参半。喜的是，孩子生得虎头虎脑，一看就是个壮实的小子；忧的是，不知道自己能否给他好的生活条件。

贺家的祖上可追溯到唐代著名的政治家、文学家贺知章。据现存光绪年《灵岩贺氏房谱》及《贺东澜朱卷》记载，蛟川灵岩（北仑大碶）贺氏皆以他为始祖。贺氏在浙江绍兴一带是望族，清朝时，贺家后人从绍兴迁居到宁波大碶，后分布各地。到贺至勲这一支时，在礁碶这个村庄已定居八代有余。他是贺知章的第三十一代孙，出生时已是晚清。数百年间，王朝更替，家族动迁，曾经的辉煌也早已如黄鹤杳然，一去不返。

家中子女众多，贺至勲上有两个兄长和一个姐姐，下面还有一个弟弟。世道艰难，也无人可以依托，兄弟们不得不各谋生路。

村庄靠海，不远处就是穿山码头。络绎不绝的船舶带来了远方的消息，也带给人无限的想象。贺至勲的闯劲在海风的吹拂下渐渐鼓足了起来，他决心要去外面的世界看一看。

穿山码头上有轮船往来于上海、宁波之间，他便托同乡介绍，登船去做了茶房。所谓茶房，主要是为客人提供茶水，也做一些别的杂事。自此开始了海上漂泊的生涯。海上风波不定，一出行，少则三五天，多则半个月。往来客商各色人等，他都要看人眼色，小心伺候。至少，要保住这个饭碗。

贺至勲脑子灵活，肯卖力气，与船上的伙计们相处得也好，很快就被提拔为“茶房头脑”，收入也稍微多了一些。偶尔也有大方的旅客看他辛苦，会给些小费。但这些加在一起，也只能勉强糊口而已。

既然出来闯荡了，怎么能满足于此呢？他想起了做生意。他的大哥当时在离家不远的柴桥镇上一家木行里当账房，耳濡目染之间，他对出账入账、放账收账这些，多少也有了些了解。

可是自己做什么生意呢？最好能和现在自己干的活搭在一起就好了。在往来客商的闲谈之中，贺至勲意识到或许可以做景德镇瓷器的生意。他所在的轮船到了上海之后还会驶往海门。海门位于长江入海口，水路便利，景德镇的瓷器沿长江顺流而下正好可抵达此处。而他再借由所在的轮船将瓷器从海门运抵穿山港（现通称为北仑港），岂不正好是借了东风？

贺至勲是个实干派，打定了主意后，很快就行动了起来。考虑到自己人力财力有限，就拉上了自己的连襟合伙——此时他已成婚。两人都在船上工作，负责进货和运货；然后由两人的妻子，即这对姐妹负责卖货。小店就这样在家乡开张了。虽然规模不大，收入微薄，但总算有模有样，能够支持生活。

若是生活能够这么平稳顺遂地过下去该有多好。作为最普通的老百姓中的一员，他们所求无多，只是希望能够依靠自己的劳动来挣得一餐一饭，养家糊口。然而即便是这样简单的愿望，在那时落后、破碎的中国，也成了奢望。

1937 年 7 月，卢沟桥事变宣告抗日战争全面爆发。战争打破了所有的平静，一时之间，人心惶惶。报纸上，广播上，往来匆匆而过的行人耳语之间，谈论的都是战争。每个人，都在不得已间，卷入了历史，见证了历史。

牵一发而动全身，贺至勲很明显地感觉到上海以及周边的形势也陡然严峻了起来。而因为长年待在航船上，他格外关注水路消息。很快，一个“江阴沉船”计划便传开了。

当时国民政府决定由南京迁往重庆。考虑到日军必将沿着长江水路向西逼近重庆，而中国军队又无法在水面上对抗日军，因此沉船断航成了阻止其进攻唯一切实可行的策略。

中国的航运企业在这一历史时刻大放异彩。8 月 12 日，国民政府正式实施了“江阴沉船”计划，除了国营的招商局外，两家民营的轮船公司也给予了充分的支持和配合——三北轮埠公司和大达公司。

从报纸上，从电台上，从往来客商焦虑的闲谈中，听说了大致的经过。三家公司的二十四艘船只，被凿沉于江苏省江阴市的鹅鼻嘴。一来可以阻断长江航线，二来可以堵住长江内日本军舰的退路，形成包围。可惜因为汉奸的告密，计划泄露，日本军舰在江面尚可通行时，连夜逃离了长江。

这波澜壮阔的沉船计划让听闻此事的每一个中国人都热血沸腾，贺至勲更是激动不已。激动，并且自豪。因为三北轮埠公司的创始人虞洽卿，正是宁波慈溪人，说起来也算是半个老乡。三北轮埠公司在这次计划中凿沉了两万吨轮船，占全部沉船吨位近一半。除此之外，三北公司还有三万吨轮船被政府无偿征用，赶在上海沦陷前，将军队、企业以及人员物资等运往内地。

历史将铭记这些爱国企业家的情操，而他们的勇敢与付出，也打动了随着轮船漂泊海上的贺至勲。他既敬佩，又深感自己的渺小。自己的生计尚未着落，又如何去为国家做更多的事呢？

覆巢之下，安有完卵。国家的危机，波及的是每一个平民百姓的人生轨迹。长江航线动荡，贺至勲所在的轮船航班同样处在风口浪尖之上，不仅无法像以往一样准时，而且随时有停航的可能。其实哪怕不停航，因时局动荡，出行的人少了，做茶房的收入也必然锐减。与此同时，景德镇瓷器的运送也无法保障，小店的生意也无法维持。

就这样，遥远的卢沟桥枪声一响，这个叫贺至勲的男人失去了两份收入来源。国家的命运，小民的命运，从来都是一体的。

失去了茶房工作的贺至勲不得不回到家乡，开始务农生涯。从家乡出发时，他还是个意气风发的年轻人，满怀着憧憬与希望，以为天下之大，总有他一席之地；而他归来时，已届中年，带着凄风苦雨。风雨飘摇的神州大地，没有他的容身之处。最后接纳他的，依然是祖祖辈辈留下来的那片贫瘠的土地。

上海的繁华与他无关，家中的拮据境况也没能改变。人世艰难，现实的残酷把他磨砺成了一个严厉甚至严苛的人。似乎是在外多年所受的磨难，在他心底生了厚厚的茧，唯有以它们为铠甲，才能保护自己。

可是我能守护这个家吗？面对刚刚降生的小生命，贺至勲的心底升起一股难得的柔情，这是生命传承带来的奇妙的感觉。但他很快就冷静了下来，作为一家之主，他要考虑的是更为现实的问题，那就是如何养活这个孩子。

是的，生活。生下来，活下去。听着多么简单，可在当时，并不是一件容易的事。

在此之前，这个屋子里面陆续迎来过好几个孩子，可大部分并没有待多久；似乎冥冥之中，他们也知道，此刻诞生不是一个好选择，日子实在太苦了，索性一一选择了离去。只有一双儿女留了下来——这年，女儿秀菊十八岁，儿子沛霖十一岁。

这世道实在磨人啊，每一个夭折的孩子，都在贺至勲心上留下了一道深深的伤口。他被折磨得几乎麻木了。如今，这个新生的孩子在他天命之年到来，不知道将要面对的，是怎样的人生。

尚在襁褓之中的小财霖，自然还无法理解日子的清苦，不知道这个家庭所承受的巨大压力。而这些，他的姐姐秀菊早早地就感受到了。

对穷人家的孩子来说，读书是件奢侈的事；而对于穷人家的女儿来说，就更是如此。因为读书不仅要交学费，还意味着家里少了个劳动力，平白多了张要吃饭的嘴巴。何况，女儿迟早要嫁人的，在当时农村人的观念里，嫁出去了，就成了别人家的人。

所以和同村的其他姑娘一样，秀菊小学还没读几年，就辍了学，早早地扛起了家里的重担。对她来说，童年很早就结束了，尤其是弟弟妹妹们相继出生后。

在小财霖出生前，她一直在照顾比她小七岁的弟弟沛霖。很多弟弟妹妹她还没来得及记住他们的模样，就没了。只有沛霖一路健康地成长着。现在沛霖十岁了，上了学，而她又要开始照顾新生的弟弟——财霖。

其实她要照顾的不只是弟弟，还有母亲。父亲一直在田里头忙活，农活已经压得他喘不过气，每天到家都已经筋疲力尽。他往往板着脸，话也不多说，似乎这样可以节省力气。而母亲怀孕后，身子一天比一天沉，很多家务活就转移到了秀菊手上。

烧饭洗碗已经算不得什么，六七岁时秀菊就已经围着灶台转了。天气好的时候，她还得去山上捡柴，割猪草，煮猪食——家里养了一头猪，等年底的时候就可以卖了补贴家用。现在，十八岁的她，俨然已经是个能干的小妇人了，她在家务上的娴熟不亚于任何一个主妇。而她的青春，她最美好的年华，都奉献给了家里，就像她眼前的这堆柴火，发出全部的光和热，而自己，慢慢地变成了灰烬。这似乎就是她的价值所在——帮助这个家支撑下去。

她心情复杂地看着眼前的这个弟弟，时间像是倒退回了十年前。那时沛霖刚刚出生，也是那么小。她给他喂饭、换衣服、洗尿布，哄他睡觉。沛霖稍稍长大一些后，她还教他说话、走路，带他玩。有时上山回来，还带着松果和野花给他看。

现在，又一个弟弟到来了，生活似乎开始了新的轮回。秀菊有些茫然，但是她不能让自己想太多。她已经知道，把一个孩子养大并不是一件很容易的事。她曾一次又一次地看到，自己照顾的弟弟或是妹妹，因为生病或是营养不良而离去。这种情感上的折磨，让她更加难以释怀。

可是父亲和母亲，他们所受的痛苦不是更多吗？她不止一次看到那种无可奈何的痛苦神情出现在父母脸上。

那就，自己多做一些吧，她看着一旁躺着的脸上刚刚恢复了血色的母亲，暗自想着。可事实上，留给她与这个弟弟相处的时间并不多。她已经十八岁了，成年了，很快，媒人就上了门。

接下来的事顺理成章。两家都是普通人家，仪式之类的，一切从简。简单，但热闹。鞭炮高高地挂起，红盖头遮着新娘的脸，左邻右舍还有双方的亲戚们起着哄，看着新娘迈出了大门。

贺至勲和妻子依依不舍，更多的还有愧疚。生活的重压之下，他们能给这个女儿的实在太少了；事实上，他们也无法给予更多。但脸上，他们还是努力挂着笑。这一天迟早要来的，而且，这是件喜事啊，他们告诉自己。

秀菊的身影随着鞭炮声，慢慢地消失在街角。人群散去，一个男孩子还站在原地，望向街角的方向。与自己朝夕相处的姐姐嫁人了，下次再见是什么时候呢？十一岁的沛霖感到了一阵孤独。

这一切，幼稚的贺财霖茫然不知。他还不懂何为离别。但他已经模模糊糊感受到了兄弟之间的内在关联。

贺至勲还有三个兄弟，他们所住的，是格局为五间两弄的院落。几兄弟早早地分了家，但是因为穷，没有能力另外盖房子，所以就这么住着。

他们的命运各不相同。

财霖的大伯性格稳重，早年在柴桥镇上的木行做账房先生，可算是半个文化人。虽然经常要去做讨债之类的事情，但好在工作稳当，大部分时候也不用经受风吹日晒，生活算是顺遂。

贺至勲则是另一种性格，敢拼敢闯，所以早年跟着航船跑。但是在外没有闯出什么名堂，受了打击后，变得严苛而不爱说话。不过回乡务农的生活虽然不容易，但总归没有出什么太大的波折。

财霖的二伯和小叔这两房的命运就要不幸得多。

二伯在一次给乡亲盖房子时，突发脑溢血不幸去世了。小叔也在中年时遭遇变故突然离世，留下孤儿寡母。

好在财霖的哥哥沛霖和小叔的儿子都很争气，他们通过自己的努力，走出了这个房子。小叔的儿子成人后，回到故里，在镇海县委工作。而沛霖自小就聪明，仅仅三年的时间，就学完了小学六年级的课程。长大后，又在农村信用社谋到了一份体面的工作，生活就此安稳了下来。这都是村民们所羡慕的，闲谈时提起，总会说，他们家可真争气啊。

沛霖长大后，在自己力所能及时，也会帮忙补贴原来的家庭。只是，当那一天到来时，与他感情最深、他想要回报的姐姐秀菊，早已嫁为人妇了。当然，这些都是后话了。回到当时的历史节点，贺财霖的家中，最大的变故是，姐姐嫁人了。

人世浮沉，悲欢离合，从不缺席。

在后来的日子里，贺财霖将一次次体验其中的滋味。

艰困童年

很快，小财霖尝到了第一种滋味，贫穷。

贫穷是跟着卖货郎的拨浪鼓声到来的。

因交通不便，外界的消息远隔山海，总是断断续续地送到乡人的耳朵里。走南闯北的卖货郎，就经常充当消息的传递者。哪里又打仗了，谁赢了，哪里的轮船沉了，哪位大官跑路了，哪里的物价飞涨了……甚至美国的什么总统说了什么话，苏联的军队跨过了什么山，日本的天皇下了什么诏书，他们都能有模有样地说上一段。而村人连美国、苏联具体在哪里都不知道，却听得津津有味。

货郎一路走，一路吆喝，扁担上挑着两个箩筐。针头线脑、镜子片、洋火、香烟、牛皮糖……那里装的像是另一个世界，琳琅满目，新鲜好玩。有买主来了，卖货郎就掀起棉布的一角，一手接过钱，一手利落地把买主要的东西交给对方。小孩子们最关心的，自然是糖果。村里物资匮乏，好吃好玩的本就不多，对他们来说，甜甜的糖果是奢侈品。

和其他孩子一样，小财霖最爱的是玫瑰糖子。这糖果白白的、软软的，像棉花一样，吃在口中甜丝丝的。可当其他孩子扑上去，围着卖货郎嚷嚷的时候，他却总是定定地站在稍远处看着。他手里没有钱，拿什么去买呢？可又舍不得离开，只好这么眼巴巴地张望着。

“财霖财霖，我买了好几颗，来，一起吃啊。”也有热情的小伙伴过来招呼着他。

玫瑰糖子的诱惑，压过了他的倔强。

真甜啊，沁入心底的甜。在那段时光里，一听到拨浪鼓的声音，小财霖的舌尖就生出了甜意。

可不能总吃人家的啊，模糊的自尊意识，让小财霖无形中感受到了压力。他想去向父母要，可他们似乎总是很忙碌，忙得看不见小财霖听见拨浪鼓时那放光的双眼。

或许在潜意识里，他觉得自己不该提出这个请求，觉得父母不会答应的。所以每次话还没出口，就咽了回去。

但那一天，当拨浪鼓再次在村口响起时，小财霖还是没忍住。他在家里找了找，柜子里，枕头下，最后在母亲挂在墙上的外套里翻到了零钱。他慌忙抓了几分零钱，就循着拨浪鼓的声音追去。他跑得很快，如果不快点跑，他怕自己会因为后悔而把钱放回去。

他的手有些发抖，但是对玫瑰糖子的向往盖过了一切。他匆匆地追上卖货郎，递上钱，也像其他小伙伴一样，强作镇定地嚷了一声：“玫瑰糖子。”声音很大，像是为了掩饰自己的心虚。

小财霖终于如愿以偿了，雪白的玫瑰糖子落在掌心，香香的。他小心地品尝了几颗，咂摸着甜甜的味道。又跑到小伙伴身边，分给他们，算是之前请自己的回礼。

回到家之后，等待他的是母亲严霜般的冷脸，以及半旧的鸡毛掸子。小财霖的心骤然紧张了起来。

“钱呢，是不是你拿的？”母亲的声音冰雨般压了过来。

小财霖试图张嘴，却不知道怎么说。这是他第一次擅作主张拿家里的钱。

“钱拿去做什么了？”母亲拽过他的衣角，继续逼问。

小财霖羞愧地低下了头，小声说道：“玫瑰糖子，我去买了那个糖……”

听到这里，母亲抡起了鸡毛掸子，“玫瑰糖子，就为了个玫瑰糖子！这是偷你知不知道？！这钱是用来买粮食的你知不知道？！你想让一家人饿死吗？！”

在鸡毛掸子的飞舞中，一重厚重的门在小财霖的世界里打开了。对门后的世界，他也曾有过某种直觉，模糊的、不好的直觉。他不想去看，更不想进去。可现在，由不得他了。他看清了，由玫瑰糖子带他认识的，被命名为“贫穷”的苦涩现实。

小财霖咬着牙，没让自己叫出来。当鸡毛掸子终于停下，他看见母亲迅速用手擦去了眼角的泪水。他原本的倔强忽然软了下来，但还是什么都没说。

母亲依然板着脸，可语气却明显带着哭腔：“打疼了吧？以后知道了吧？小孩子怎么能偷拿家里的东西呢，要买什么得和大人说，知道了？”

小财霖点点头。屁股还发着烫，但他觉得自己的脸上更烫。后来卖货郎再来的时候，他就远远地跑开，再不去张望了。

他守在自己小小的角落里，那个角落大部分是寡淡无味的，甚至是带着苦涩的。为什么日子是这样的枯燥？难道一直都会是这样吗？没有人告诉他。

所以当那个光头班长出现的时候，他格外兴奋。童年因此而拥有了难得的光亮，他也因此一直铭记到现在。

那是1949年的某个夏天，湿热的海风一次次掠过村庄。年幼的小财霖正睡着，忽然梦里闯进了嘹亮的军号声，铿锵有力，声音越来越近。醒来后，才发现自己并不是在做梦。

这时国共战争已接近尾声。1948年9月至1949年1月，中国共产党陆续取得了三大战役的胜利。通过艰苦卓绝的辽沈战役、淮海战役、平津战役等战役的胜利，国民党的主要军事力量被消灭。

1949年5月，宁波解放。国民党残余势力依旧占据着与宁波隔海相望的舟山群岛。当年7月，根据浙江大陆基本解放的局势，由毛泽东任主席的中共中央军委向解放军第三野战军和华东军区下达了“为保障沿海之安全，粉碎敌机敌舰对我大陆之进扰，便利今后设法攻占台湾，首求攻占定海，肃清舟山群岛之敌”的战略意图。

国民党军队且战且退，一路退到了舟山群岛一带。霞浦正好与舟山隔海相望，这里就成了解放军驻军的前线。其中一个班，正好住在贺家院子里。

就这样，无形之中，小财霖的生命轨迹就与祖国的命运交叉在了一起。

因为解放军驻扎，贺家所居的三合院突然变得热闹了起来。外面的世界以这种戏剧性的方式展现在了贺财霖面前。

小财霖只觉得新鲜，第一次看到这么多穿着军装的人在晒谷场出操。他们走队列，练刺刀，唱《三大纪律八项注意》……小财霖就站得稍微远点，也跟着做动作、哼歌。

时间一长，解放军就注意到了这个可爱的男娃子。某次操练结束后，一个脑袋锃亮的老兵走到小财霖身边，一把把他抱了起来。

"小家伙，你叫什么名字啊？"

小财霖知道这是解放军的班长，大家都叫他"光头班长"，也不害怕，就大声回答说："我叫贺财霖！"

他奶声奶气的样子逗笑了光头班长："你怎么跟着我们练啊，是不是想加入我们？"

"想！"

"你知道我们要去干什么吗？"

"我知道，要去打坏人！我也要去打坏人！"

光头班长扑哧一声又笑了出来，黝黑的脸上像开了一朵花。"那你要好好练啊，将来可要靠你了。"

小财霖认真地点了点头。

熟了之后，小财霖就常常趁着部队休息时，去找光头班长，想听他讲故事。

光头班长的肚子像是一个仓库，什么故事都有。在那些故事里，小财霖也去了延安，去了井冈山，还翻过了雪山、渡过了草地……尽管那些地方究竟在哪里、长什么样、有什么人，他全然不知道，但是他觉得自己已经无比熟悉了。讲述中那种昂扬的激情，更是触动了他的小心脏。

小财霖最爱听的，就是游击战的故事。战士们真是又聪明又勇敢，把敌人耍得团团转。听着听着，他自己好像也成了一个战士，得意地看着敌人失魂落魄的模样。而当听到有战士牺牲时，他也会忍不住落下泪来。为什么自己不能在那里保护他们呢？敌人真是太可恨了……

就这样，懵懵懂懂中，他心底已经升起了对新中国的向往之情。

除了光头班长，其他的战士们也很喜欢他。碰面的时候总喜欢摸摸他脑袋，有时候把他举得高高的。这样热闹的氛围正是小财霖所喜欢的。父母太忙了，忙得没有时间陪伴他。他所需要的温暖，有一部分就从这些战士身上得到了。

当然，小财霖喜欢去找光头班长还有另一个原因，那就是偶尔能吃到大饼。

家里穷，锅里的米汤总是煮得稀得汤汤的，干粮也总是有上顿没下顿。光头班长看到他瘦瘦小小的模样，很是心疼，手里有饼的时候，总是留着让他吃。他记得很清楚，有一次，他竟然还吃到了年糕。这在当时的条件下，是难得的美味了。事业成功后的贺财霖尝过无数山珍海味，可那些都抵不过从光头班长手上递过来的那块年糕。

大饼和年糕又厚实又香，和光头班长讲述的故事一起，构成了小财霖童年最美好的记忆。

“我也要当兵，以后，也能吃这个。”

光头班长摸摸他的头：“傻孩子，放心吧，以后你们都能吃饱。”

“以后？是什么时候？”小财霖抬眼望着他，眼睛里闪耀着星星。

“什么时候？快了快了，等着吧，你马上能看到了。”他咧嘴一笑，黑黑的脸上露出白白的牙齿。

很快就能吃上饱饭了啊。怀着这样的念想，小财霖美美地睡去了。

光头班长其实很忙，一边操练，一边等待着上级的命令，偶尔也帮村民们干些庄稼活。上级的指令什么时候到，他们什么时候就要跟随大部队出发去收复舟山。所以他也格外珍惜和小财霖在一起的时光。

为了孩子，现在的一切付出都是值得的，他想。

而此时，小财霖的父亲也四处奔走，帮解放军找寻船只。

去舟山，要渡海，就得有船只。船只不够，父亲就挨家挨户地去找村民们游说。小财霖有时候也跟着父亲一起去，他听着父亲一遍遍地说：

“我们自己不上战场，就有钱出钱、有力出力。有了渔船，就能过海啦。”

“你看解放军这个模样，肯定能打胜仗。到时候，说起来也有自己一份功劳不是？”

……

船只备好了。很快，出发的日子也到了。

小财霖清楚地记得那天凌晨的情形。他和父亲，还有许许多多的村民一起，早早地就来到了海边。

战士们已经列好了队，向着东方齐步行进。小财霖踮起脚，想找寻光头班长的身影。可是人太多，人头攒动着，一晃眼睛就花了。可他分明又觉得，每一个战士都像是光头班长，有一样的轮廓和气质，器宇轩昂地大踏步往前走着。

长大成人后，贺财霖唯一的遗憾，是自己忘了光头班长的样貌，毕竟他那时候实在太小了。但是他记得他的英姿，以及那些和他相似的解放军叔叔的英姿。

他们脸色肃穆，手里点着一炷香，那是在祈求此行的平安和顺遂。舟山，普陀山，山上的不肯去观音，就在前方。祖国的未来，也在前方。菩萨一定能够明白他们的心思。

香烟缭绕着，和海上升起的云雾融为一体。一点光亮、两点光亮、更多的光亮……它们像星火一样，热烈地汇聚在一起。东方，红色的太阳即将升起。

部队走了，小财霖心里空落落的。

是因为听不到故事了吗？还是因为吃不到大饼或年糕了？都

不是。他想念那有力的大手、爽朗的笑声，还有他们操练时的英姿……

小财霖常常一个人跑去晒谷场。正是夏天，烈日高照。阳光落在摊开的谷粒上，金黄色的一片。只是没有了那些挺拔的身影。他捡了一根树枝，学着战士的模样，握拳、举枪、射击……一个人，像一支队伍……

几个月后，晒谷场上的大喇叭里传来了浑厚的男声：中华人民共和国中央人民政府成立了！

晒谷场上，田野上，院子里，所有劳作的人都放下了手里的活，望向声音的方向。

继而是巨大的欢呼声淹没了一切，淹没了一个旧时代。所有人都在欢呼着，小财霖虽然不明白发生了什么，但是仿佛又感受到了什么，也跟着欢呼了起来。

中华人民共和国就在这欢呼声中到来了。

然而国家伤口的弥合还需要时间，而穷困的惯性太大，依然笼罩在不同的家庭之中。而随着成长、随着懂事，贺财霖对穷困的感触也越来越深。

1951 年，小财霖五岁的时候，弟弟根林出生了。一夜之间，他就从家中的老小成了“哥哥”，角色的转变，是随着一场滂沱大雨到来的。

怀根林时，母亲年纪偏高。可是生产前，她还在劳作，直到感觉到了肚子里的动静，她才忙让小财霖去把父亲叫来。

虽然有了多次生孩子的经历，但是这一次反应特别大，父亲决定将母亲送去柴桥街上的芦江卫生院。

掏不出钱，他就临时向左邻右舍借了一些。没有车，他就借了船，准备渡河去——礁碶和芦江河刚好有河流相通。

“妈妈，我也跟你去。”小财霖拉了拉妈妈的衣角。他不想一个人在家。

母亲点点头，三个人就一起上了船。可是船还没开多久，天空一声炸雷，雨水簌簌而下，愈下愈大，很快将这小舟吞没了。

小财霖惊恐地缩进母亲的怀抱里。母亲心疼地给他套上麻袋，又遮上油纸伞，才勉强抵住了风雨。雨水不断地灌进小船里，在风势下，更冻得人发冷。天地之间，只有母亲的温暖，是他唯一的依靠。

财霖，这是个好名字，可他还没有见到财富的光芒，就先见识到了雨水的威吓。雨水如林，而他们的生活，也就像这叶飘摇的小舟，在严酷的环境中颠簸着。他们试图突围，却在这茫茫的水上，找不到方向。

小财霖不知道时间过了多久，船漂了多远，自己又是怎么上的岸。等回过神来的时候，他已经在卫生院了，而且有了一个弟弟，根林。

他踮着脚看了看新生儿，觉得很神奇。自己当年也是这么小吗？

“以后，你就是哥哥了，知道吗？”母亲躺在床上，心疼地摸了摸他的脸蛋。

他似懂非懂地点了点头。

弟弟的到来，让家中原本拮据的日子更捉襟见肘了。

家里多了一个人，开支自然增大。母亲很大一部分精力要用在照顾弟弟上，劳动力受了影响。

为了养活一家老小，父亲就不得不利用所有能利用的时间，拼命干活。当时村里成立了劳动互助组，村民们每天都要按时去指定的田地里劳作。父亲与哥哥沛霖被指派的田地与家相距五六里，若是要回家吃饭，路上的时间要耗去近一个小时。为了让他们能够节省下这一个小时的时间，每天能够多挣工分，年幼的小财霖踏上了送饭的道路。

第一次接过母亲为父亲准备好的饭菜时，小财霖有些兴奋，又有些紧张。他看向母亲，多希望母亲能和他一起去啊。

可是母亲没有注意到，她实在太忙了，忙着照顾刚出生的小儿子根林，而她的身体尚未完全恢复。

“路上当心点啊，慢慢走。”她嘱咐了一句，就转身晾晒刚刚洗好的尿布了。

小财霖点点头，他拎起篮子，踏出了门。

一路上，偶尔有熟人见到他，都好奇又亲切地问：“财霖，你怎么一个人，要去哪里啊？你爹妈知道吗？”

“知道的，”小财霖回答说，“去给我爸送饭吃，他在田里干活呢。”

听到回答后，熟人都惊叹道：“真是个好孩子啊，这么小就帮家里做事了。”

这些夸赞，给了小财霖鼓舞。他的步子虽然小，却像小鹿一样跳跃了起来。如果不是怕篮子里的菜洒了，他真想跑过去，让父亲马上看到自己的身影。

可这条路比他想象中的要漫长。怎么看不到头呢？手里的篮子似乎也越来越沉了。他想休息一会儿，可是还没见到父亲呢，怎么休息？

他一边走，一边向田里张望。手脚都酸得不行了，那个熟悉的身影终于出现了。

筋疲力尽的小财霖，一看到父亲，还有哥哥沛霖，高声嚷道：“爸，哥！我给你们送饭来了！”

旁边好多乡亲听到这稚嫩的声音，都笑了起来。父亲抬起了头，眯着眼睛看了一会儿，疲惫的脸上浮现了一丝笑意。哥哥则抬起胳膊向他挥手。

两人在田水里冲了冲手，慢慢地走到田埂边。父亲想说几句夸赞儿子的话，但这个不善言辞的农民只是接过了篮子，然后说："路上还顺利吧？没碰到什么事吧？"

财霖点点头。虽然胳膊酸得不行，但现在的他只觉得自己是一个英雄，顺利地完成了一项光荣而艰巨的任务。

他说起一路上碰到了谁和谁，又说起了家中的情况。

父亲只是"嗯嗯"地应答着，快速地扒拉着碗里的饭菜。他风卷残云般扫完碗里的最后一粒米饭，才抬起头说："我还得下地干活，你回去路上小心点。"

父亲转身走入了庄稼地里，头埋在地里，肤色几乎和泥土混在一起。小财霖心中怅然若失。他还太小，说不清自己怎么了，只觉得刚才的兴奋没有了，心底泛上来一些莫名的滋味，鼻子酸酸的，有些难过。

只为了养活这一家子，父亲似乎像他所伺候的一茬一茬的庄稼那样，被种在了地里。

回去的路上，篮子空了、轻了，可小财霖却比来时花费了更多的时间。似乎他的脚上也沾了泥，似乎有一些担子，潜移默化中从父亲那里，转移到了他稚嫩的双肩上。

后来的日子里，再去给父亲送饭的时候，他依旧努力想走快一点，却怀着另一个目的——希望饭菜不要凉得太快，能让父亲吃上一口热的。

风雨求学

送饭的路途遥远而漫长，小财霖来来回回走了很多遍，都没能把它走得短一些。只是在一个脚印与一个脚印之间，他慢慢长高了。

生活是一重辛苦，压着另一重辛苦。而在身体的劳累之外，他很快就发现还有更深的痛苦——当他的同龄小伙伴们一个个背上书包时，他却不能成为其中的一员。

多少次，他眼巴巴地看着那些小伙伴脚步轻快地结伴去往学校时，只能躲得远远的。

多少次，他想问父母，但始终没能开口。因为答案显而易见。学校，就像是卖货郎挑的那个担子。里面有他喜欢的糖果，却不属于他。

他明白，弟弟还需要人照顾，父母的辛苦只能由他来分担，家里养了猪，他每天还要割猪草。而他也愿意承担这份责任。责任就意味着牺牲。他在学会写这些字之前，就已经懂得了它们的含义。

其实，父母又何尝不知道呢？要是可以，他们也多么希望小财霖可以像他的同龄人一样，不必被家庭拖累。可是没办法，他们只能心怀愧疚，假装没有留意到他眼中渴求的光芒。他们不希望儿子因为自己的愧疚而娇气，在严酷的现实面前，顽强与坚韧才是唯一的出路。

终于，在根林五岁的时候，母亲能腾出更多的时间忙活家中别的杂事了，而她最为关切的，就是小财霖的入学问题。

这一年，财霖已经九岁了。他一次次地怀疑过自己，是不是以后只能在家里打杂了，或者长大后，像其他的村民们一样，把自己绑在田里。他甚至怀疑过，父母到底爱不爱自己。

但是，当母亲郑重地和他说起入学的事情时，所有的焦虑和怀疑都烟消云散了。

“财霖，之前因为根林太小，家里还养了猪，所以没办法让你上学，你也知道的吧？”财霖点点头。

“那，现在送你去西宫那儿读书，你愿意去吗？”

西宫位于家的南边，距离不算远，路上来回时间少，也方便照顾到家里。

财霖按捺住心中的激动，再次连连点头。

“你知道哥哥沛霖是怎么读书的吧？他六年的课程三年就读完了。你要向他学习啊。”

哥哥读书时的故事，财霖已经听过无数回了。哥哥自小聪明机敏，读书时连跳三级，所以才能在这么短的时间内完成学业。只是从前听讲这些，他崇拜哥哥，而现在，他从母亲的话中听出了另一重意思：像哥哥那样，凭自己的努力，用尽可能少的时间完成学业。

因为他已经九岁了，对一个一年级的学生来说年龄偏大。但如果像哥哥那样厉害，就可以把错失的时光补回来！

“还有，在读书的时候，家里能干的活，你也是帮衬着一点的，猪草还是你去割，知道吗？”

财霖痛快地答应了：“妈，你放心吧，只要能上学，什么活我都干。”

母亲欣慰地拍了拍他脑袋：“这是什么话，既然上了学，当然还是以学业为主。”

而此刻的小财霖，一想到上学，快乐得就像一只小风筝。现实的压力、家庭的重担，都暂时地被抛到了一边。东风快来吧，他要高飞了。

读书的机会来之不易，小财霖也就格外珍惜这上学的时光。上学之路，总是难免有波折，但他尽量都靠自己去解决，不让父母烦心。

冬天的某个早上，外面风雨大作。雨水伴着北风，呼啦啦地就砸了下来，把泥路砸出了一个个小土坑，土坑里不断地泛着水花。

小财霖盯着脚上母亲纳的布鞋犯了难。一双鞋子，母亲不知道花了多少的精力才做成。要是现在踩着泥、踩着水过去，不是全毁了吗？可是总不能光着脚去吧，不光冷，这一路上有什么石子、玻璃、钉子的，被扎到可不得了。

父亲早早地下了地，母亲正在灶台上煮猪草，并没有留意到他这边的尴尬。

小财霖左看右看，想找些能用得上的东西。忽然在墙角看到了几块造房子的时候闲置下的断裂的龙骨砖。龙骨砖和一般长条形板正的砖块不同，它一面平整，另一面是凹陷进去的弧形。这不正好可以用来做“垫脚石”吗？小财霖脑海里灵光一闪，很快有了主意。他把凹进去的一面朝下，把细长的两根绳子从那穿过，一双“龙骨鞋”就做好了。踩上“龙骨鞋”走了几步，就跟踩高跷似的。

“哥哥，这是什么呀？”弟弟根林跑过来，觉得有趣。

“这是龙骨鞋！”他神奇地回答。

“我也要，我也要！”弟弟嚷嚷着。

“你乖乖在家，等我回来就让你玩。”他就这么提溜着绳子出了门。

这样走路，自然有些笨重，左脚一下，右脚一下，速度也慢。好在够高，虽然布鞋多少还是会沾到些雨水，但还是干净的。

到了学校，几个同学们见了，都觉得新奇，围上来直呼：“哎呀财霖，你咋长那么高了呀！”

“这个好玩，你从哪儿找的？”

“一会儿给让我玩一下吧！”

小财霖就得意地向他们展示手里牵着龙骨的绳子，大方地让给了同学们。学校里一片其乐融融，好像外面的冷雨再大，也飘不进这里。

与同龄人一起在学校的时光，是贺财霖年少时难得的明媚与灿烂。在那里，他可以不必勉强自己做大人，也可以不必当哥哥，不去承担超过自己能力范围的责任。只是作为孩子、作为学生，尽情地享受知识的哺育，尽情地舒展自己的枝叶。

可是贫穷的底色太过厚重，他的读书生涯没办法完全置之度外。

有时候，他会羡慕哥哥沛霖。沛霖能安心读书，是因为家中有一个姐姐秀菊在。是秀菊的承担，才让他能够心无旁骛地投入学习，并且提前毕业。而现在，自己并没有一个这样的哥哥或姐姐可以帮忙分担家中的杂活。他不得不把一半的精力留在家里，另一半，才是完全属于他自己的。

为什么父母明明这么辛苦了，自己明明这么努力了，可生活还是这么艰难呢？很多次，他躲在被窝里，无法入睡。知识打开了他的眼界，也让他学会了思考。人生不应该是这样的，可又应该是怎么样的，又应该怎样去改变呢？他眼前所见的，都是劳劳碌碌。他不知道父母几时睡觉、几时起床的，似乎除了吃和睡，剩下的就都是劳作。这样的日子何时是个头呢？等自己长大了会不会好一点？可自己长大后，又会成为什么样的人呢？真的能让父母过上好日子吗……多少次，他都怀抱着这样的心事沉沉睡去。

第二天睁开眼睛，他就明白未来毕竟还遥远，眼下自己的能力还有限。无法改变现状，就只能做些力所能及的事，减轻家里的负担。

为了补贴家用，母亲在集市上买了一个小猪崽，打算养一年，然后过年前卖掉，有了这笔进账，年也会好过些。

小猪崽每日食量很大，小财霖就担负起了打猪草的活。每天一下课，他就跑回家，带上背篓和镰刀，跑到水边去打猪草。挨着水，猪草长得茂盛。但是草茂盛了，虫蚁也多。小孩子的皮肤又嫩，回到家后，手上、脚上总有一块块红红的，发痒，他就打一桶井水，冲一冲。有时割得急了，胳膊上也难免划开口子，他也装作若无其事的样子，不让家人发现。

猪草背回家，母亲就把它们倒出来，在水里涮一通，切碎后拌上糠，再给猪吃。小财霖蹲在猪圈前，看着小猪哼哼唧唧地卷着吃，心里默念着，快快长大吧，长大了，就能换钱了。

小猪崽变成大猪崽；然后又一个小猪崽，又一个大猪崽。时间就这么变幻着，小财霖也慢慢地长高、长壮了，能做的事也越来越多。

除了打猪草，到了农忙时节，他还去田地里捡稻穗、捡麦穗。

而作为在海边出生、成长的孩子，他对大海有着天然的情感。也是在这里，他发现了自己不仅可以帮着做家务，还能帮着赚钱——卖海鲜。

一日，他经过菜市场，路边有人摆着摊吆喝着卖鱼卖虾。这个情景再寻常不过了，可是不知怎么的，他脑子里突然冒出了一个念头：我也行啊。

是啊，这些鱼虾就在海里，只要不是有人专门养殖的，谁都可以去抓。那自己为啥就不可以呢?

可是自己年纪还是小了些，独自去海里父母肯定不同意，再说也没有经验。可是心思活络起来了，就按捺不住了。他想到了比他大十岁的哥哥沛霖。

沛霖这个时候已经成年了，找了个信用社的工作，但还住在同一个院落里，时常打照面。他也很愿意照顾这个弟弟。

这天见弟弟兴冲冲地找来说要去抓海鲜，他也爽快地答应了。

“但是要等我下班啊。”他说，“还有，不能耽误学习，知道吗?”

贺财霖自然一口应承了下来。

沛霖没有带他去海里，而是去了海塘。海塘是靠人力挖泥堆起来的，可以当作一道防范海水侵袭的安全墙。毕竟这是东海之滨，夏天的时候时常有台风。风力大的时候，海水会漫上村庄，而有了海塘，就可以起到蓄洪的功能。

海塘里，也有海水；有海水，自然有海鲜。而这里最多的，就是蟛元蟹了。沛霖就是带弟弟来抓这个的。

蟛元蟹背面隆起、爪子短小，常常躲在软泥洞里。为了引诱它们出来，哥哥教了财霖一个法子。

海塘边，长着一丛丛的狗尾巴草，在风中摇曳着，到了秋天，蟛元蟹肥美的时候，狗尾巴草也开始结籽了。这个籽，就是蟛元蟹爱吃的，正好用来做诱饵。

把狗尾巴草轻轻地捅到蟹洞，当发现那一头紧了，就知道是被蟛元蟹咬住或是夹住了。这时候千万不能急，一定要慢慢地往外拖，不然蟛元蟹发现了不对，立马就会松开，就功亏一篑了。而当把它拖到洞口时，就一手迅速地用“蟹撬”在它身后一插，截断退路，另一手迅速地按下蟛元蟹的背，把它捏起来捉进篓里。

所谓“蟹撬”，其实就是个长条形的竹片，在一端斜着削去，方便插入泥土里。

刚开始的时候，财霖有些急躁，不是没等蟛元蟹咬住，就是按得不够快。但很快，他就掌握了要诀。

第一次捉住时，他捏着蟛元蟹兴奋得大叫：“我看你往哪儿跑！”

哥哥就在一边笑：“赶紧扔进篓里，可别扎了手。”

这么一天下来，大概能捉上两三百只的蟛元蟹。蟛元蟹味道鲜美，用盐腌制了吃再好不过。财霖用编好的细草绳一串串地把它们挂起来，到了家里，弟弟根林凑上来看了又看，用木棍戳一戳，觉得好玩。

“这可是要拿去卖钱的。”他让弟弟轻一点。

父亲回到家，看到这一串串的蟛元蟹，愣了一会儿。用粗糙的大手摸了摸贺财霖：“小子，出息了啊。”

这就是父亲对自己的褒奖。财霖心满意足。

第二天，父亲就拎着把蟹去卖了。一串五分钱，一天的劳动成果就能卖上一元钱左右。虽然对这个家庭来说是杯水车薪，但是能够补贴家用，已让小财霖心满意足。

捉蟛元蟹的成功，让财霖信心大增。他又盯上了其他的海鲜，比如弹涂。但这次，他没有叫上哥哥。哥哥太忙了，加上他已在信用社上班，也分了家，有家庭了，没空经常带他；而且在抓弹涂这件事上，哥哥的经验也不多。他就只好自己琢磨、自己学。

弹涂又叫跳跳鱼，体形和泥鳅相似。有人这般描述："弹涂如小鳅，头有斑如星，潮退跳入涂中。"弹涂浑身滑溜溜的，又如其名，弹跳力极强，眨眼之间就从一处水坑弹跳到了另一处。因为颜色和泥土相近，难以辨认；浑身滑溜，难以徒手抓。所以，不能斗勇，只能斗智。

经过一番仔细的观察，小财霖发现弹涂从洞口爬出来后，因为两片鳍的活动，会留下一条淡淡的痕迹。于是他就顺势把一节竹筒放在这条线上。这竹节，一头是开着的，让弹涂误以为是自己的家；另一头则是封闭的，让有进无出。为了确保弹涂不会另寻出路，这洞口的周围还垒起了一圈泥墙。

这个法子简便易行，诀窍主要在于放竹筒，放得越多，可能捉到的弹涂自然也就越多。可是人在滩涂上走，半条腿都陷在了泥里，何况小财霖又瘦小，行动更是吃力。

"你这么走啊，腿都要酸死了。"不远处有个大伯也在抓弹涂，看他整个人都快扑在滩涂上了，就好心地指点说，"喏，你去找个泥盘吧。有了这个，就方便多了。"

小财霖这才发现，那些捉弹涂的人，通常带着个叫"泥盘"的工具。泥盘像一艘小船，前端尖尖的，微微翘起；中间插着根杆子，杆子上连着扶手，便于推行；后面则载着竹篓。用的时候，一脚踏在盘子上，另一只脚往后一推，泥盘就能像冲浪一样向前滑行了。

有了泥盘，效率果然大大提高。放一圈竹筒，等少许时间，再回到第一个竹筒开始检查。靠着这"请君入瓮"的法子，运气好的时候十个竹筒里八个都有收获。一天下来，三五斤不在话下，这可是一笔不小的收入啊。因为弹涂的营养价值高，市面上一斤能卖上八角钱，差不多可以换一斤大麦面。

就是到了家里，胳膊、腿之类的部位哪里都酸，浑身跟散了架似的。

见他背着竹篓进门，满身是泥，母亲惊呼一声，正要责怪，见里面装的东西，就明白了他的意图。

“赶紧洗手，准备吃饭。”母亲声音轻柔。

她接过竹篓，看了看里面的弹涂，把死的几条挑了出来——活的自然舍不得吃，而死了的基本卖不出去。母亲就着咸菜把它们炖成汤，这便是饭桌上难得的美味佳肴了。

平时他们吃得最多的，就是盐粽了。现在很多人都无法想象，曾经有那么一个时代，盐可以当菜吃。那时的盐是粗盐，直接吃的话，带有苦涩味。不知是哪位头脑聪明的人想了个法子，用箬壳把盐巴包起来，用箬壳细腻的清香中和盐粗糙的味道，外形和粽子类似，所以才叫作盐粽。平日里外面裹着一层箬壳，防潮防灰。要吃的时候，就放在火堆里煨热，然后剥去箬壳趁热浇上油，发出嗤嗤的声响后把盐粽打碎，用筷子蘸着吃，当菜下饭，这样口感会好一些。

可再好能好到哪里去呢？说到底也不过是盐巴而已。相比之下，弹涂炖咸菜确实可算是珍馐了。

这个时候，弟弟根林就会眼巴巴地看着那道菜。

“这都是哥哥捉来的噢，好吃得很。”母亲笑盈盈地夸着财霖，把一根弹涂夹断，分别放到两兄弟的碗里。母亲的夸赞，比弹涂的滋味更让他受用。

父亲夹了一筷子，放在嘴里，点点头。虽然没说什么，但小财霖知道，这就是父亲的肯定方式。

为了能把这些弹涂卖个好价钱，父亲宁可舍近求远，挑去宁波市区那边卖。原因很简单，霞浦这边离海近，卖的人多，价格上不去。市区那里就不一样了，人流大，这么新鲜的弹涂卖的人也不多。

父亲本可以坐船的，当时有一条内航河通往宁波的三江口，晚上 9 点左右出门，从家走到宝幢后再坐船到宁波刚好天亮。但是为了省下这四角钱的船费，父亲每天晚上 9 点到 10 点就摸黑出门了，赶上百里的路途进城。他肩上挑着两只桶。为了确保弹涂是活的，里面还盛着海水。走上一夜，七八个小时，他才能赶上宁波城里的早市，把弹涂换成钞票，然后再拎着空空的桶，走上七八个小时，原路返回。回到家的时候，已经是下午了。

有几次，小财霖迷迷糊糊地醒来，看到父亲出门时那模糊的影子。那时候的父亲，已经六十五岁了，他的身子，晃动得越来越厉害；他的腿脚，已经不灵便了。

后来，贺财霖无数次坐车在宁波城区与霞浦之间来回。他无法想象，在那么黑暗的夜里，走那么漫长的道路，父亲是怎么做到的。弹涂在水桶里挣扎着，而父亲，似乎也在某种看不见的罗网里挣扎着。

尽管已经想尽了所有的法子，但是生活的艰难并没有得以缓解；更可怕的是，你永远无法预料下一步迎来的是悬崖还是坦途。

1960 年的某一天，小财霖突然发现自己的肚子经常开始叫唤。尽管以往的日子里也吃不太饱，但是不至于饿成这个样子。可是从那天开始，“饥饿”成了一个让人恐惧的名词。

先是白白的大米吃不到了，锅里翻滚着的是黄黄的粗糙的糠饼。这是用番薯藤晒干后磨成的粉做的，口感实在好不到哪里去。

弟弟根林看着这个陌生的东西，咬了一口，忍不住吐了出来，“这个，怎么吃啊？”他皱着眉头，举着糠饼子，似乎想离它远点。

“怎么不能吃了啊！嚼起来不是挺有味道的吗？”财霖咬了一大口，示范给弟弟看：“这样牙齿是不是有劲了？”

根林看哥哥吃得起劲，也就像比赛似的嚼了起来。

“你嚼得细一点。”他忙叮嘱弟弟。碎末子在喉咙里挣扎，刺得他眼泪都快出来了。

这发硬的糠饼得吃到什么时候呢？财霖不敢问。糠饼当然不好吃，他也不爱吃。但是他知道这是没法子的事，因为他看到，糠饼子也快成稀缺货了。母亲把大部分的糠饼子都留给了他们，自己只吃半个，脸色一天天地变黄了，身体也一天天地瘦了下去。不只是母亲，村子里所有的人，脸色都像米糠一样，黄黄的，干干的。可是很快，连米糠也很难吃到了，取而代之的，是树皮、草根，只要能嚼得动的，都有了被当作食物的可能。人们把这些东西搜集来，洗干净，磨成粉，也做成了饼，就着开水，慢慢地咽下去。

可连这些东西也快被吃干净了。走出屋子，田地是干裂的，好像连一棵草也长不出来了。

因为饥饿，很多人开始大量地喝水。很快，干瘦的躯体就像气球一样浮肿了起来，一按，就是一个坑。营养长期无法补给，人一个个开始倒下。其中就有财霖的大伯。

还要多久才能结束？还有多少人会离开？财霖开始恐惧，夜里做着噩梦，很快，连噩梦都没力气做了。胃里的饥饿感充满了大脑。

长大后，他才知道，那几年，正是历史上所称的“三年困难时期”。大饥荒在全国各地蔓延，他的家乡自然也被殃及。一个简单的名词，对于历经过那段岁月的人而言，却是残酷而刻骨铭心的。不知有多少人、多少家庭，没能挺过去；而挺过去的人，心头也留下了难以磨灭的阴影。

那三年是怎么过去的，财霖不敢回想，也可能是有意识地想要忘记。希望那样的日子，再也不要出现了。

时间来到 1961 年的夏天，最饥饿的日子终于来到了尾声。可是对财霖而言，命运的第一道关卡才刚刚开启。

这日午后，班主任陈老师顶着热毒的太阳，踏进了院落。这个院子，他来了已经不下十次，每一次都想好了说辞，可每一次又只能叹息着离去。

他决定再做最后一次努力。

“啊，陈老师来了啊。”父亲扶着桌子想要起身。

陈老师看到他的一条腿，比上次来时晃动得更厉害了，整个人有些不稳，就忙上前说：“我来看看你们，也看看财霖怎么样了。”

财霖原本在门头吃饭，说是饭，其实就是糠饼。见到老师来了，也站起了身，头却低了下去。

“陈老师，你快坐。”母亲端上一杯水，家里实在拿不出什么能招待人的。她把桌上的几个碗推到一边，腾出块地方，让桌子显得不那么乱。

屋子里空落落的，是家徒四壁的空。唯一吸引眼睛的，是一面挂满奖状的墙，密密麻麻的，见证了贺财霖学业上得到过的成绩。

这是任何一个老师都不忍心放弃的学生。他聪明，尤其擅长数学，同学们还在苦思冥想的时候，他通常都已将答案算出来了；他负责，入学以来从中队干部当到大队干部，在班里有威望；他还写得一手好字，他写的决心书、倡议书等总是能受到来自老师和同学的好评。

当然，让陈老师印象最深刻的，还是他的懂事。可现在，懂事，却把这个优秀的学生推向了辍学的边缘。

陈老师还没开口，母亲的眼泪先掉了下来："陈老师，这孩子生在我们家，是可惜了。"

虽然得知了这对夫妻的想法，虽然相似的话他已经说了很多次，但陈老师还是硬着头皮，艰难地开了口："别这么说，现在大家的条件都不好，都难过。可再难，也不应该耽误孩子的前途……"

父亲犟着脖子没说话。

陈老师只好继续说了下去："要是经济上实在困难，我可以向学校申请，免去他的学费……而且你看，读书，也就这么几年的时间，说过去也很快就过去了……"

"是啊是啊，陈老师说得对。"母亲陪着笑，看了看父亲，又为难道，"可是你看，我们家这情况，他爹现在也干不了什么农活了，他弟也要上学……家里实在是缺人手啊……他认的字已经不少了……"

"可财霖现在才这么大，又能做什么呢？其实读完初中，工作就好找了。现在有文化的人不多，况且财霖这么聪明，初中毕业，差不到哪里去……以后挣了钱，你们肯定会觉得读书是对的……"陈老师越说越激动，她实在是出于爱惜人才，才一次次地前来拜访。

父母沉默着。道理他们自然也明白，财霖成绩这么好，若是可以，他们会毫不犹豫地支持他去继续读书。可残酷的现实像一堵厚重的墙摆在他们眼前，随时可能将他们压垮。

"陈老师，"贺财霖突然开了口，只是还是低着头，"我不去上学了。我知道上学好，但家里的事更重要。不上学，我也可以自己学习……"

"自己学？"陈老师愕然，而后一股夹杂着酸楚与欣慰的复杂情绪包裹了她。

她平静了下来。来之前她其实也已经知道一切已成定局，多说无益。只是，多么不甘心啊，眼前的这个学生何尝甘心呢？可现在，说得越多，越是往他们心里捅刀子。

陈老师缓了缓，拉过财霖的手，对这个自己极为欣赏的学生柔声说道："你说得对，不上学，不意味着不学习。以后有什么问题，你随时来找老师，好吗？记得，一定不要放弃学习。"

贺财霖缓缓地点点头，努力绷着脸，不想让眼眶里的泪水掉下来。

这一年，贺财霖十四周岁。小学毕业的他，没有迈进中学的大门。

后来，他得知自己其实是以第一名的成绩考取了霞浦中学，心中怅然若失，似乎有一块地方变得空空的。那是一种自己最珍爱的东西失去之后的空洞，没有任何东西可以填补的空洞。

但他没有后悔，也无法后悔。老弱的父母，年幼的弟弟，随时见底的米缸……现实没有给他选择权。况且，亲情在他心目中永远是排第一位的。读书是为了明理，如果连家人都不顾，又算什么读书人呢？

他还记得最困难的那段时间，正是长身体的时候，却总是吃不饱。哥哥沛霖见了，心疼不已，虽已分家，还是从自己的口粮里省出来一部分，让他能够稍微多吃点。

当时，他的哥哥沛霖已经成家，并在信用社谋得了一份差事，一个月的定粮也不过二十八斤，只能勉强维持生活。

想到兄弟之情、父母之爱，他默默地吞下了所有的不甘。但是，就像他对陈老师所承诺的，后来的日子里，尽管他被生活的洪流所裹挟着，他始终没有放弃学习。

听说同村一个上初一的弟弟是自己的远房亲戚，他心里的火苗就蹿了起来。这日，向人打听了地址后就忐忑地上了门。

这个远房弟弟与他并不熟，看到他，有些讶异。

财霖鼓起勇气问："弟弟，你初一的课本还要用吗？"

这位弟弟一听就知道了来意。都是一个村的，他也听说过贺财霖辍学的事，也为他惋惜。见他来，还是为了课本的事，心里有些高兴。

"暂时不用了。你要是想看，我借你。"

财霖感激不已。接过课本，还挺新的，可见这位弟弟平日里有多爱护。

他又大着胆子问："要是有看不懂的地方，能来问你吗？"

"你随时来都行，只要我在家。"

往来多了，他和这个弟弟家也就熟了起来。有一次，他见大哥的弟弟很喜欢玩弄棍棒之类的，还专门做了一把木头手枪给他。他什么都没有，这是他唯一能用来表达感激的方式。就这么着，财霖通过看书和求教，自学完成了大部分的初中课程。

其实，哪怕投身于劳作之后，他也常在闲暇之余看书。他最爱看的，是《薛仁贵征东》《隋唐演义》等。不仅自己看，很多次记熟了之后，还讲给小伙伴们听。

那些出身草莽的英雄人物，创造着光辉的事业，让他单调而贫瘠的生活变得丰富多彩起来。文字中传达出的生命力，更是给了年轻的贺财霖无限的希望。

——英雄不问出处，说不定有一天，自己也会是他们中的一员！

青葱蹉跎

出人头地的梦想对当时的贺财霖来说，还太过遥远。他先要面对的，依然是现实的困境。

退学对他而言，似乎是一个仪式，一个成人仪式。这意味着，他从此把属于自我的那部分暂时封存了起来。他不再把自己当成是一个孩子、一个学生。他需要把全部的精力，都投入这个家里。

可是，在当时的环境下，他又能做什么呢？选择余地其实很小。十四岁，说小不小，说大不大。无论谁，都无法把他当作一个大人。在当时生产大队的劳作模式下，大家参加的是集体劳动，统一计算工分。一天下来，男子十分，女子六七分。像他这样的年纪，能拿个六七分就不错了。

也是考虑到他年纪还轻，生产队给他安排了个相对轻松的活，那就是拔草、割田塍草。

江南的村庄，最为重要的粮食作物是水稻。一亩一亩的水田上，农民们日复一日地弓着身子整地、育苗、除草、除虫、施肥、灌溉、排水……他们洒下汗水，希望能够收获一斗一斗晶莹的稻米。

为了让稻谷茁壮成长，除草是一项重要的工作。贺财霖主要做的，就是割田塍草、拔稗草和整田、除虫等。

田塍草长在田塍上，它们通常贴地而长，有着极为顽强的生命力，哪怕用脚踩过，也不妨碍它们生长。有时候，田塍草反而有助于加固田塍，所以没必要去处理；但是当它们长得太高、太茁壮，影响到了通行，特别是越过田塍向稻田蔓延的时候，就必须割之而后快了。

割草，用的是镰刀。这个工具用起来简单，但是一不小心，就有可能伤到自己。贺财霖最开始的时候不熟练，手上或小腿上经常被割破。好在伤口很浅，不妨碍他继续干活。他唯一害怕的，是那密密的草丛里，可能躲藏着的黑色的影子。

好几次，可能是扰了那些影子的好梦，忽地就有一条长蛇穿过，潜入水中或去向草丛更密处，唬得他脸色发白。后来再去割这草，他总是先站得远一点，手拽着镰刀探出去，在草丛的上方扫几次，当作和那暗处的影子打招呼：我要叨扰啦，请你们先避一避吧。确定了没有动静，才小心地俯下身子去。

与割田塍草相比，拔稗草要更加辛苦些。稗草与稻草长相相似，混杂其中，根系特别发达。若是任由稗草生长，稻草被夺去了养分，结出的稻谷就会又瘪又少，一年的辛苦大打折扣。

而且，这草还不能割，割了根还在，还是会强劲地继续争夺养分，所以只能连根拔起。如此一来，镰刀就派不上用场了。

说起来，对贺财霖这样的农家子弟来说，拔除稗草本不是件难事。因为根部泡在松软的水田里，向上一拽就行。可是拔一棵容易，弯着腰这样一棵又一棵地拔，腰很快就开始酸痛了。况且，他比不得那些满手老茧的庄稼汉，细嫩的手上很快就被磨出了血痕，继而又成了血泡。满是血泡的手再去抓稗草，钻心地刺痛。

熬一熬，总会过去的，大伙儿不都是这么过来的吗？别人能干的活，我怎么就干不了呢？他咬着牙在心中勉励着自己。他抬起头，看向远处那些劳作的人，假装手中的血泡不存在。

晚上回到家，母亲已经准备好了饭菜。这一天下来，他已经饿得不行，连忙端起饭碗。

“哎呀——”他痛得倒吸了一口凉气。

“怎么了？”母亲紧张地翻过他的手，心疼道，“手怎么成这样了？”

原来他没什么经验，刚磨出的血泡碰到了冒着热气的饭碗。

他忍着眼泪，强笑道：“没事，忍一忍就好了。

等血泡长成茧，就不会痛了。

母亲没再说什么，她知道自己对此无能为力。这个家需要财霖的工分，而这是在众多的农活里，是自己这个儿子相对还能承担的工作。待了片刻，母亲起身去找了一根针，在烛火上烫了烫，开始小心地给他挑血泡。血泡破了，好得快。

贺财霖乖乖地坐着。昏黄的烛光下，他觉得自己正在长成一个大人，一个可以吃苦、可以担责的大人，像父母一样顶住家庭压力的大人。

慢慢地，贺财霖的手上磨出了一层又一层的茧，厚厚的，像台阶一样，见证他一路走来的劳作生涯。做起除草的工作，也越发娴熟了。随着年轻的身体变得壮实，他总想着能够为家里再多做些什么。

礁碶村坐落在一小片近海的平地上，无山可依，也就无柴可取。夏收秋收后的稻草不耐烧，棉花秆燃烧起来虽然火旺，但数量不够。到了冬闲时，村民们往往得徒步到十里多之外的上傅村去砍柴。那里树多，灌木也多，砍一次，就能用上好多天。只是十里多的路，来回一折腾，半天的时间就没了。为了不耽误下地干农活，很多乡人都得专门挑好时间。贺财霖觉得自己身子骨有了力气，跃跃欲试。

听说他有这个想法后，住在屋后的邻居小姐姐晓春就跑来说，可以一起结伴过去。

“怎么，你一个姑娘家也去砍柴？”贺财霖以为自己听错了。

晓春撇撇嘴：“你别忘了，我还比你大一岁呢。再说了，我弟也去，三个人还能有个照应，不是挺好？”

“我这不是怕你吃不消么，一起去当然好啊。”贺财霖觉得她说得有理，就点了点头。

“放心吧，我们不会拖你后腿的。而且我姑姑家就在那儿，还能给我们指点指点。”

双方一拍即合。

说得容易，但做起来，没有一项农活是简单的。砍柴一般都是冬天，这时候草也枯萎了，树木该落叶的，也落得差不多了，不复春夏时经雨水滋养而生出的葳蕤之态。更重要的是，天冷得让人跺脚。

冬天的风冷，从海上吹来的冬风更是透骨的冰冷。他们相伴着一路走过去，两边没有什么遮挡物，寒风就这么直愣愣地扫在了几个年轻人的身上。刚开始三个人哆哆嗦嗦的，好在劲头足，走得快了，反而走出一身汗。

上了山，一人一把柴刀，都操持得很利落。毕竟是农民的孩子，平日里也没少干农活。一个小时过去，脚边就铺满了或粗或细的树枝。贺财霖用事先带来的草绳一捆捆地扎好，才想起了一件事。这么远的路，只挑一担柴回去就太不划算了。可这么多柴，该怎么处理呢？

晓春“噗嗤”一声笑了出来：“你才想到啊，我早就和我姑姑说好了，先堆在她家院子里就成。过几天，一起找个船运回家不就得了。”

贺财霖高兴了：“看来和你一起来真是来对了。”

从上傅村到礁碶村，正好有河道连通着，用船运颇为便利。就这样，除了当日挑回家的那担柴，其余的就等着船来运了。

可这一担柴的分量也并不轻，少说也有七八十斤，而当时的贺财霖也不到百斤。为了省点船费，他还是决定挑一担走。他咬着牙走了两里地，肩头就痛得不行；稍微歇会儿，在汗水干了之前，换个肩膀继续往前挑。就这么走走停停地，近两个小时才能到家。

这点辛苦，尚可忍受，但总有些意外，让他们猝不及防。

这日他们下山后，看见水稻田边上的田塍茅草长得又高又茂盛，有些手痒。这么好的草，用来做引火的柴正好，而且还比山上的柴挑起来轻松。

三个人正弯腰在草丛里砍得起劲，突然听到一声严厉的呵斥声。

“你们干什么呢？哪里来的！”

三人惊慌地抬起头，是个四十岁开外、脸色黝黑的男子，皱着眉头，眼睛紧紧地盯着他们脚边倒下一片的茅草。

“我们，我们就砍个柴……”几人一时被吓到，低声嗫嚅着。他们才十四五岁，从来没有应对过这样的情况。

这人自称是生产队的队长：“这些可是生产队的柴，是公家的财产，轮得到你们来砍？”

贺财霖稍微回过神，镇定了一些。他把手边刚砍好的柴放下，“大叔，我们真不知道这个不能砍……那这些，给你们生产队留下，成不？”

队长冷笑一声：“这就行了？哪有这么便宜的事。”

几人面面相觑，毕竟是别人的地盘，就心虚地只能等着发落。

队长想了个法子："这样吧，你们把这里的稻茬都踩平了，我就放你们回去。"

秋收后的稻田上，只有又短又硬的稻茬纵横交错着。在第二年开春播种前，它们要被铁犁连根翻起，埋在泥土里沤肥。

踩稻茬，本不算什么，稻田里的泥土在春夏的时候软软的。可现在是冬天，泥土已经发硬，上面的水也冰得刺骨，一截截稻茬就像利剑一样簇立在那里，让人望而生畏。

队长真是想通过这种惩罚措施来威慑。

几个人没法子，只能脱下鞋子、卷起裤脚。一碰到水，就冻得一哆嗦。咬咬牙，还是踩了进去。

"记住，不踩完不准走，不然我上你们生产队去，看你们怎么赔！"

三个人沉默着。威慑起了效果。都是穷人家的孩子，只能靠一把子力气活着，哪有钱来赔呢？

空旷的田野中，只有"咔嚓咔嚓"的踩稻茬的声音，机械而呆板……不知道过了多久，这令人窒息的安静终于被打破了。

"晓春……财霖……"远远地，有人喊着他们的名字。

一听到自己的名字，三人齐刷刷地抬起了头，像是抓住了救命稻草。

来人是晓春的姑父。他气喘吁吁地跑到田埂上，拎起他们的鞋子，喊道："快，快回来穿上鞋子。"

原来姑父见他们迟迟没来，出门听人议论才知道这件事，就跑到生产队，好说歹说，那边终于同意放人了。

姑父心疼道："冻着了吧？哪有这么干事的，冻坏了可怎么好。快，把脚擦干，把鞋子穿上。天这么冷，快回去吃饭吧。"

晓春的眼睛红了，而财霖则感到了一阵屈辱。原来只要稍微有一点权力，就可以随意地惩处别人吗？在别人的痛苦里，能找到快感吧？我绝对不要成为这样的人。他告诉自己。哪怕以后真的有了成就，也不能这么对待比自己地位低的人。

在冰凉的稻田里，他感受到了生活残酷的一面、人心冷漠的一面。更残酷的地方或许在于，即便如此，以后的日子，他们还是不得不来这个村庄砍柴。

命运的转折点，来自礁碶大队的一次会议。礁碶大队原来的出纳因为年事已高，无法胜任工作，所以要选一个有文化底子又牢靠的年轻人。

说是选举，其实就是大家商量着来。有人提名，然后大家讨论。很快，有人提到了“贺财霖”的名字。

当初他辍学的缘由大家都有所耳闻，成绩如此优异，却没办法继续读书，淳朴的老乡们也都为他可惜。虽说生产队给他安排的活，已经算是轻松了，但还是觉得屈才。而出纳这份工作，好歹算是坐办公室的体面活，不用去外头日晒雨淋的。

大家一合计，都觉得财霖是最为适合的人，这件事就这么顺利通过了。

得知这个消息后，贺财霖自然高兴不已。虽然他像所有的村民一样，该干的活一样不落，但在心里，他依然觉得自己是个读书人，希望能够从事文职工作。

这一年，贺财霖十五岁。他自己盘算了一下：当出纳的话每个月可以拿到五元的补贴。而按照他当时的年纪，每天工分按六分计，每工十分按六角计算，五元差不多等于十四天的补贴工资。这对当时窘困的家庭来说，也是一笔可观的收入了。

贺家院子的正前间原本是小叔的儿子住着的，这个堂哥此时已去镇海县委工作，空下来的屋子正好作为大队办公之用。贺财霖也是在这里办公，这也方便了他照顾家里。

贺财霖明白，这个差事是乡人对自己的照顾。每个月五元钱，虽然也不算多，但他平时不用坐班，有账面上的事情要处理的时候，随时过去就行。

这片土地虽然挣扎在贫困线上，但乡人们的浓浓情意，总是以各种方式滋润着他的心田。也因为这份温暖与呵护，对于家乡，他始终心怀着感激之情。也是因为这段情谊，多年后，事业有成的贺财霖一再回到家乡，以自己的方式回馈故里。

虽说有了出纳的身份，但是贺财霖清醒地意识到，自己肩头的担子并没有轻松多少。所以其他能赚钱养家的活，再苦再累，他都愿意去尝试。

以前他年纪小，有些活干不了，几年过去，他已经长成了一个壮实的小伙子。虽说个子不高，但长年累月的农活，锻炼了他的体魄，也让他累积了经验。

现在的他，已经可以替代父亲去田里给稻子除虫了。

稻子其实是一种娇贵的作物，为了有个好收成，不仅需要不定期地除草，还需要除虫。稻子害了虫，就不容易长谷粒了，必须得喷洒农药。除虫是一项技术性比除草要高的活。当时的农民，没有接受过正规的培训，防护措施也不到位，都是凭经验配药水，有时浓度过高，毒性太强，人吸入鼻中，就会引起事故。但初次接手这个活的贺财霖并不知道，他只是依样画葫芦，学着别人的样子，背着药水箱子去田里。

这一日，财霖像往日那样背着农药桶去了田间。最初还好，可随着太阳越升越高，他觉得眼前有些发晕。之前也有过这样的情况，缓一下就好了。可这次好像不一样，胸很闷。是天太热了吗？

农药的气味都比往日更加刺鼻……他突然感到一阵恶心，人差点就栽倒了下去。

与他相隔不远也在喷洒农药的社员一抬头，看他脸色发白，知道不对，忙过来帮他卸下药水桶。

“财霖，你咋了？不舒服？”

“这气味……恶心……”又一阵眩晕袭来。嘴巴里一阵苦味，说不出话来。

好在这个社员颇有经验，当下就判断是药水中毒了。

“快去找辆车！”社员一边解开他的领子，让他呼吸舒服些，一边大声向围拢而来的人叫道。

手拉车很快就来了，几个人七手八脚地把他送去了霞浦卫生院。医生一听就知道是怎么回事，马上给他灌了药，这才捡回了一条命。

贺财霖听从医生的话，在空气流通的宽敞的地方休息了一会儿，还是有些后怕。如果当时只有自己一个人，或者没有人注意到，会发生什么事呢？他不敢再想下去。

虽然发生了这样的事，活还是得继续干。毕竟这样的事在农村并不罕见。当然贺财霖后来小心了很多，对药水的浓度多了份警觉，喷洒的时候也尽量站在上风口。

喷洒农药累，因为要背着个灌满药水的背桶，还要顶着日头，有时候还有危险，但是比起他后来干的活，却也算是轻松了。

一个是挑粪桶。

当时的农村，今天人们所习惯的冲水马桶远未普及，各家各户都有“便桶”。

对庄稼来说，粪便是很好的肥料，村民们自然不舍得浪费。平时都把粪便挑到农田边，倒在埋好的粪缸里，农作物有需要的时候可以直接浇到庄稼地里。

这是份显而易见的脏活、累活。当时有个掏粪工人叫时传祥，被选为全国劳动模范，还受到了国家主席的接见。对于掏粪工人而言，这是无上的荣耀，但荣耀的侧面，也折射出了这一行的艰难——有几个人愿意和粪便、粪桶、粪缸打交道呢？尤其是年轻人，谁不想每天穿着干净整洁的衣服，清清爽爽地过日子？所以愿意干这活的，多是三四十岁的中年人。他们吃过太多的苦，挑粪桶在他们眼里并不稀奇。可贺财霖还是个十六七岁的小伙子，却也加入了这个行列。

他顾不上考虑那么多了。因为细细地算了一笔账，只要挑上大半担就能抵上一上午大工，因为一上午按六点五工分的四折计算，只有二点六工分，挑一担有二点八工分，一上午能挑两担，就有双倍工分了，多跑几趟，多挑几担，就能抵得上一个壮劳力近一天的工分了。村里赚钱的机会本就少，由不得他挑挑拣拣的。

唯一的问题是，当时他还不满十七岁，而一担粪桶，一百五六十斤重，他根本挑不动。为了赚工分，他只好多走几趟，每次都挑个大半担到五里外的庄稼地去。

可即便只是这大半担桶，压在肩头也是让人火辣辣地疼。最初走不上半里地，他就累得扛不住，半道上不得不停下好几次，歇一歇。太阳一晒下来，被汗水打湿的衣服就散出了味道，和粪桶里传来的味道混在一处。

肉体上的痛苦他还能承受。只是有时候碰到熟人，对方总会有些惊讶。他不愿意看他们带着怜悯的神情，总是低下头，匆匆地打个招呼，就快步离开。

回了家，进门前他就先换下衣服，打上井水反复冲洗。工作脏些、苦些他都不怕，但能收拾的时候，他也决不含糊。

等年纪稍大一点，他可以整桶整桶地担着走了，脚步也轻快了很多。再碰到熟人，也大方了很多。靠自己的双手吃饭，不丢人。

现在回看，贺财霖的成长，似乎就是解锁一个个农活的过程。每解锁了一个农活，他就又成长了一个阶段。只是还有多少艰困的日子在等着他，他也一片茫然。

秋风一过，寒冬就不远了。田地里该收割的庄稼，都早已入库了，只剩下空荡荡的稻茬，固执地留在大地上。

累了一整年，既然没有农活可做，就该休息一下了，或者在家做些轻松的活吧。可贺财霖不，冬天到了，他向父母提出，要去“挑冰”。

当时空调还没发明，电扇也是只在城里能见到的稀罕物，这些在当时尚未通电的村子里闻所未闻。于是，就需要冰。因为靠海，很多海鲜都在这边上岸，为保证不腐坏，冰厂就雇人挑冰把它们冷冻起来保存好，然后才能送往其他地方。

海鲜多，对冰的需求量大，要招的挑冰工人也就多。因为一般都是临时招人，所以钱也会略微丰厚些。贺财霖就心动了。

但父母都不同意。他们当然知道挑冰是件怎样的苦差事。一是天气寒冷，冰更是在最冷的地方。二是路途遥远，没把子力气，干不下来。母亲反对得尤其激烈：“你去看看挑冰的都是什么人？你这身子骨吃得消？”

父亲的话永远都是短截有力：“挑什么冰？家里又不是没饭吃。”

他们实在是心疼这个儿子。为了这个家，已经放弃了学业。平日在村子里干活已经够辛苦了，没道理还要去受那份罪。

可是贺财霖已经打定了主意。他笑道：“不试试，怎么知道不行呢？别人能干的活，我怎么就干不了了呢？再说，家里多些钱备着，总是好事啊。”

其实他心里明白得很，虽然自己想了各种门道来赚钱，但家里用钱的地方还有很多。特别是他还筹划着办一件大事，需要不少的花费。那就是为父母修建寿坟。

这个念头，贺财霖早就有了。父母年事已高，修建寿坟是希望二老福泽绵长，同时也是作为儿子的孝心所在。只是之前家中勉强能揭得开锅，没有钱，也没有精力来操办这件事；这种状况，当他开始投入工作，才得以缓解。慢慢地，家中有了余钱，想法有了实现的可能性，他才提了出来。

当得知他的这番心意后，父母又心疼，又欣慰。儿子真是长大了。村里的哪个老人不想造个寿坟呢？只是没想到自己低着头忙活，这时候一抬头才发现，从学校出来还没有几年，儿子已经长成了家里的顶梁柱，自己的后半生有了依靠。

可家徒四壁，哪里来的钱呢？父母虽然高兴，但还是觉得不现实。

贺财霖却一直安慰说，放心吧，钱一定能筹到的。修建寿坟的事可不能等。

地址早已选定了，就在柴桥镇施隘周的后山上。那里静静地躺着贺财霖的祖父祖母、大伯以及二十多岁时病死的二伯。百年之后，能与亲人相聚，也是贺财霖父母的心愿。他们辛苦了一辈子，希望在那里可以获得宁静。

对这个家来说，修建寿坟是一个大工程，不仅原先积攒的钱投了进去，还外借了不少。为了尽快填上这个窟窿，贺财霖才想到了“挑冰”这条赚外快的路。

贺财霖早就听说过“挑冰”是件苦差事，但他不怕吃苦。他算过一笔账，力气足的话，一上午大概能挑个三四十担，这样就能挣五元钱。五元钱，相当于在生产队干十几天的工资，能用来做不少事了。就这样凭着一股子冲劲，他跟着同乡人踏上了挑冰的路。

尽管有心理准备，但这个差事的辛苦程度，还是超出了他的想象。原因在于，这里实在是太冷了。

挑冰的人不得不前往结了冰的水田里，而这里，铺天盖地只剩下了一个“冷”字。不仅水田里满是冒着寒气的冰，泥地也容易结冰，一结冰就溜溜的滑。为了保暖，他穿上了厚厚的山袜。为了走路方便，增加摩擦力，外面套的是草鞋或蒲苇做的鞋子——可这样的鞋子，又怎能挡得住风呢？可没办法，当时只有这样的条件。

冰挑到半路，就有冰水洒在了鞋面上，慢慢地渗透进了袜子里，打湿了脚。然后又重新结成冰，把鞋子、袜子和脚牢牢地粘在了一起。

脚上先是有些刺痛，慢慢地就有些麻了。看贺财霖不时地瞧向自己的脚，带他挑冰的大叔嘱咐道：“你别去想它，想也没用，只管把冰挑到。回家后用温水泡开就好了，记住得是温水，千万不能用热水。”

他点点头。如果老盯着脚看，担子不稳，人也容易打滑。于是咬着牙只顾着往前走，几十个来回走下来，脚已经没了知觉。

“不这么苦的话，人家凭什么给你那么多钱呢？”他在心里为自己打着气。

好在，钱到手了。他伸出冻成馒头般的手，小心翼翼地接过钱，揣在怀里，然后迈着冰棍似的两只脚，蹒跚着往家走。

脚盆装满了温水。他用手试了试水温，觉得可以了，就把两只脚连鞋带袜放了进去。过了半晌，两只脚终于有了知觉。先是微微的刺痛，他知道双脚又回来了。然后轻轻动了动，冰似乎化开了，鞋子和袜子也终于分离开来。他又稍微加了点热水，这才顺利地把脚从鞋袜中抽了出来，仔细一看，指甲全都黑了。

他愣了愣，仿佛这不是自己的脚了。不知过了多久，才长舒了一口气。

有时候，他也会怀疑自己，读这些书，是为了什么呢？就这么凭着蛮力来干活吗？可他又不能不低着头继续干，因为生活给他的选择实在不多。

但从前所学习的知识，终究派上了用场。1964年，十八岁的贺财霖迎来了新的机会。

当时，各地都成立了专门的毛泽东思想宣传队。礁硖大队的头儿老周一直默默地关注着这个年轻人的成长，这日派人把他叫来了办公室。

老周开门见山："财霖啊，你现在不仅是干农活的一把好手，在队里威望也很高嘛，还是民兵排长，又当了硖下大队的团分支书记，有没有信心，再多干点事？"

"我？"看着这个老领导，财霖谨慎地问，"我能做什么呢？"

"我听说你会不少乐器？可以发挥你这方面的专长嘛。现在到处都在宣传毛泽东思想，我们大队当然也不例外，想要组建一支文艺队伍。这个任务交给你，团分支书记当个文艺队队长，你干不干得了？"

财霖情不自禁地点了点头。点了头之后，他心中才生出了几分忐忑。自己这么年轻，也没有这方面的工作经验，可以胜任吗？但他分明又是激动的。投身于农活，是生活所迫。他所向往的更广阔的天地，此时正在向他掀开一角。虽然只漏出了一点光亮，却让他心中的热血沸腾了起来。

老周很高兴，拍了拍他的肩："那，你就放手去干吧，我等着看你的成绩啊。”

这是一个全新的世界。

与枯燥的、单调的甚至是带有危险性的农活不同，这里洋溢着属于年轻人的朝气与活力。贺财霖终于可以暂时从沉重的、灰色的现实中抬起头，把自己的精神能力释放出来，与时代产生碰撞。

很快，文艺队伍就组织了起来。生产大队里一收工，十多个年轻人匆忙地扒拉几口饭，就聚在一起排节目了。虽然都是义务的，但凭着一腔热情，活动也开展得有声有色。

在礁砚，西宫这个中心地段有个老戏台，不定期地就会有汇报演出。这么多支部，演出的节目却几乎都是由贺财霖带领的这个支部的文艺团队撑起来的。

这已经是一支训练有素的团队了，他们准备的节目类型多样，又亲近大众，受到了热烈的欢迎。

在差不多两个小时的节目里，他们表演的内容竟然可以做到不重复。而其中的重头戏，是他们排练了好久的舞蹈《苦菜花开》。这是支群舞，以抗日战争胶东战场为背景，刻画了昆嵛山区抗日军民团结战斗的场景，塑造了众多的抗日女性形象。为了达到更好的演出效果，贺财霖给女演员们讲解舞蹈的背景、主题，帮助她们更好地理解、融入，带着她们反复调整、排练，直到满意为止。

当舞台上的大灯照下来，当音乐声响起，当流畅优美的舞姿呈现在台上，底下传来观众雷鸣般的掌声……他们觉得，所有的付出都是值得的。

在灰色的生活里，他们难得地成了主角，而且是光芒万丈的主角。

文艺演出，是宣传的形式之一，需要组织协调整个团队，难度相对来说比较大。演出不能时时演，但是标语可以做到处处可见。十八岁那年，开始“墙头开花”，当时这些标语主要是粉刷在墙体上，因而又叫作“墙头标语”。

贺财霖觉得这是种很有效的宣传方式，很想亲自上阵，但是又怕露怯。他见一个姓胡的知青美术字写得漂亮，心里羡慕，就常在一旁看他粉刷。

小胡是个颇有些名气的“墙头开花”政治宣传员，他见贺财霖很有兴趣，就主动说：“财霖，要不跟我一起来刷标语？把能刷的墙都刷上，这样到处都能看见你写的字了。”

财霖心中有些激动：“我能行？”

“有什么不行的？你要愿意，我和大队去说一声。”

“那太好了。”

就这样，经大队的同意，贺财霖收工后就开始拎着白石灰和油漆，跟着小胡四处溜达，看到一面空白墙，就停下脚步。

“这里怎么样？”

“我看行。”

于是两个人放下石灰和油漆，目测好所需要的大概范围，然后用上下两条线做个界定，在两条线之间刷上白石灰。

一边等着石灰干，小胡一边拿着铅笔比画：“财霖，你说写啥？”

财霖随口就说：“抓革命，促生产。”

“想要什么字体？黑体、宋体，还是隶书？”小胡像是报菜名一样。

“要不来个仿宋？我看你之前的仿宋字体，那叫一个漂亮。”

“好嘞。”

小胡就认真地在墙面上勾勒出了仿宋体的这几个大字，然后财霖用刷子浸足红漆，在勾勒出来的线条里把字填实。

两个年轻人有说有笑，效率极高。

走到下一面空白的墙，两个人又停了脚步。

小胡说："你看这里，墙面这么宽，可以多写几个字了。"

等桶里的红漆快见底了，天也暗了。

可是小胡有时候忙起来，就找不见人影。财霖就留心跟着他学，一笔一画地，很快就有模有样了。有时干脆自己拎着两个桶，就出去刷标语了。

一天黄昏，他正抬手刷着，背后传来了一个熟悉的声音："哎呀，财霖，这个够干净漂亮的啊。"

他转身一看，是小胡和几个队员刚收工回来。

"那怎么办，你是个大忙人，神龙见首不见尾，我可不得赶鸭子上架了吗？"贺财霖嘿嘿一笑。

小胡站在标语前，认真地看了看，点点头说："不错不错，这么短的时间就能写成这样，可真有你的。我看，你可以独当一面了。"

得到小胡的认可，贺财霖心里就更有把握了。日子一久，标语也刷得越来越得心应手。

这个时候的贺财霖，真切地感受到了自己就是一块砖，放到哪儿，他都能发挥出自己的光和热。而且令人欣慰的是，他的这些付出，旁人都看在眼里。很快，他就被委派了更多的职位。

二十一岁的贺财霖，被霞浦公社的领导看中，被推荐到那里去做政治宣传员。

去公社，如同政治身份的重要转变。他与土地的关系渐渐疏远，虽然活还是要干的，但总归减少了，不再是那个起早贪黑完全把自己绑在田地里的农民了。

可尽管身上土腥味变淡了，但压力并没有减少。如果说农活是身体上的劳累带来心灵上的痛苦，那么做宣传员就是大脑的负担让身体疲惫不堪。

当时的他，负责的主要是宣传工作，宣传，就需要写稿。因此他平日里除了要给党委书记写大会报告材料，还要及时地发布很多活动的宣传稿。活动多，对稿子的需求就多。可白天的事务繁杂，不是上街刷标语，就是起草领导讲话稿。没办法，只能把晚上的时间给用上了。

吃了晚饭，他就把自己锁在房间里，泡上一杯浓茶，点上一支烟，然后对着一沓稿纸开始构思。有时候活动密集，写来写去，都写词穷了。他就只好站起来，推开窗，吹着风，发会儿呆，让脑子清醒一些。他就在那个时候学会了抽烟。一角多一盒的“雄狮”，他可以抽好久。

一个晚上，又一个晚上，就这么悄无声息地过去了。烟灰落满了桌面，他也如期交上了一份份满意的材料，领导看了连连称赞。

“你这支笔可不得了啊，写得又快，又清楚。”

谁能想到，这么多的文字，出自他这个只有小学学历的人呢?

也只有他知道，那些文字，是熬了无数杯茶水、无数支烟，以及无数个夜晚，才换回来的。

是的，读书、识字、写文章，给了他一个新的平台，让他的人生拥有了更多的可能性。想到那些帮助过自己的老师和朋友，他只有感激。

要是有机会，要让孩子们都能上得起学啊，不要让这样的遗憾再发生了。也正是这份念想，让他在后来的岁月里，如此重视教育领域的慈善投入。

床前孝子

1969 年暮春的一个下午，二十三岁的贺财霖忙完公社的事，回到了家中。一进门，就察觉到了异样。

太安静了。像是没有人在家一样。不应该啊，母亲平时不太出门，况且这个点，应该是做晚饭的时候。

他心里有种不好的预感，试探性地叫了几声："妈！妈！"

忽然，母亲的房中传来了轻微的声响。他推开房门，见母亲半倚靠在床上，双目微闭，像睡着了一样，口中却念着他的名字。

"妈，你怎么了？"财霖有点慌，跑到了她跟前。

母亲向来勤勉惯了，以前哪怕身体偶有不适，让她歇会儿，却总也闲不下来，装作若无其事的样子，手里的活一样不落下。

母亲也会有这么虚弱的时候啊。贺财霖心中一惊，第一次察觉到了母亲的衰老。

听到他的声音，母亲微微睁开眼，似乎有了点力气。她轻声道："你回来了啊。肚子有些不舒服，躺会儿就好了。"

"那就先好好躺一会儿。"贺财霖还是惴惴不安，他端了碗水，喂她喝下。母亲喝了两口，就摆摆手，又闭上了眼睛。

贺财霖只好先去做晚饭。淘米、下锅、生火……这些动作母亲不知道重复了多少遍。想到这里，他心里一阵愧疚。自己已经很久没有这样专心地陪伴母亲了，这些年一直忙着自己的事，家里也是来去匆匆。现在才发觉，母亲变得那么瘦小，头发稀疏了、发白了，脸上的皱纹一道道的，让她的脸凹陷了下去。而自己，正在悄然地，向着父母原本的位置趋近。

饭做到一半，父亲和弟弟从田里回来了，财霖道："爸，我看妈的样子不对。要不让医生看看？"

见老伴来了，母亲睁开了眼，有气无力道："有什么好看的，累了而已，休息休息就行了。"

可她的脸色依然蜡黄，还没有好转的迹象。饭吃不下，财霖就熬了点粥，凉了会儿，想喂给母亲吃，可母亲依旧摆摆手，嘴也紧紧地抿着。

父亲皱起眉头。一起走过几十年从不喊苦喊累的老伴，现在说自己累了，肯定是扛不住了。当机立断，对财霖和根林说："走，扶着你妈，我去借辆手拉车。"

母亲没再说什么。她像是被抽走了全部的力气，不再反抗，只好由他们去。就这样，贺财霖和父亲、弟弟三个人，一个拉，两个推，用手拉车载着母亲，摇摇晃晃地来到了霞浦卫生院。

到了卫生院后，贺财霖干脆把母亲背到了医务室。

值班的医生问了问饮食情况，没有吃什么特别的东西；按了按肚子，又得知躺了半天，还没有好转，就皱起了眉头。

"医生，我妈是怎么了？一直说肚子痛。"贺财霖有些慌。

"今天有吃过什么东西吗？"

"下午就喝了点水，饭也没吃，粥也喝不下。"

"这样的情况有多久了？"医生一边问，一边快速地在纸上记着。

"大概，大半年了吧？"父亲不确定地看向母亲。

母亲点点头，轻声补充道：“这两三年，有时候突然就这么痛一阵。但之前没有痛这么厉害。今天不知道怎么了……”

原来母亲这几年都在经受煎熬啊，可自己作为儿子，居然什么都不知道。他想着自己多做点，就能够减轻父母的负担。现在看来，还远远不够啊。父母所承受着的生活的压力，到底有多少是自己不知道的呢？

“我们这儿是小地方，卫生院的条件有限，说实话，我也查不出来。”医生也很坦诚，“我看，还是去市区看一下，放心点。那边有仪器，医生水平也高。”

贺财霖心中咯噔了一下。村里的人，每天早出晚归、日晒雨淋的，哪天一累到，有些不舒服，是很平常的事。一般都不会当回事，忍忍就过去了。怕耽误劳作，又怕费钱，实在不行，找村里的赤脚医生打一针，或者开两片药，省事。稍微严重些的，这家镇上的卫生院基本也能给看了。可现在，卫生院的医生都没法子，不是说明这病不轻吗？

他有些手足无措。他也不过才二十岁出头，还没有经验来应对这样的事情。

还没等他再问，母亲先开了口：“市里那么远，又浪费时间，又浪费钱。别折腾了，财霖你还得上班呢。我多歇两天说不定就好了。”

贺财霖知道母亲是心疼钱，就劝道：“妈，你这个样子，我们就算去工作也不放心啊。再说，工作总是做不完的，身体要紧。”

“我不要住院。那里我住不惯，还是家里躺躺吧。”母亲虚弱地坚持着。她一辈子没去市里的医院看过病，心里也很抵触。

父亲拦住了她的话：“该看就去看。”他平日话不多，但往往一锤定音。

母亲没再说话了。她顺从了父亲一辈子，现在，依然如此。

从卫生院回来后，天色已经很晚了。贺财霖托了人明天去公社告假，然后准备第二天去医院的事。

这真是无比漫长的一个晚上。夜半，财霖躺在床上，愣愣地盯着房梁，没有合眼。母亲老了，这也意味着，他要担负的，更多了。可他真的做好准备了吗？这个病，会有多严重呢，能治好吗？不知道要花多少钱……如果要借钱，该向哪些亲友去张口？真是不好意思啊……可该借就借，母亲的身体最要紧……还有哪些法子可以挣钱呢……千头万绪，脑海中乱哄哄的一团。过了很久，他才带着沉沉的愧疚与不安，心事重重地睡去。

第二天一早，海上飘过来的雾气还弥漫着没有散，贺财霖就和父亲搀着母亲坐上了开往市区最早的一班公交车。

天太早，有些清冷，他给母亲披上了一件厚实些的外套。摸到母亲胳膊的时候，发现母亲瘦得厉害，让原本应该合身的衣服看起来大了很多。

他们要去的，是位于宁波市中心的第一医院。这座年代悠久的医院，在当地人心中有着极高的权威性。县市区医院无法处理的病症，往往也汇集到了这里。

“人好多啊。”母亲说。一天过后，她似乎好了些。

“说明这里的医生好，大家才来的。”贺财霖想给妈妈一点信心，也给自己一点信心。

医院，大概是人群最集中的地方。不同的人，不同的痛苦，在此集合。嘈杂与静默，也以奇妙的方式在此结合。每个人，都带着自己的故事来到了这里。

贺财霖先找了个能坐的地方，让父亲陪着母亲等着，他自己先去挂号。挂号的队伍很长。等挂好号后，又是漫长的排队。

不知道等了多久，终于听见护士在叫母亲的名字了。

医生同样仔细看了看母亲的脸色，按了按腹部，问了几个简单的问题，就开始开单子。

贺财霖没忍住，问："医生，可能是什么问题？严重吗？我们是从柴桥那边过来的，大老远的，来一趟不容易。"

医生没有抬头，手上不停地写着东西："可能是腹部有积液。你们先去拍个片，等拍片结果出来，才能知道情况。"

贺财霖与父亲默然相对。进了这里的门，他们只能顺从地听任安排。

"要不你先回去吧，有你爸在就行了。"母亲还是怕耽误他的工作。

贺财霖摇摇头："来都来了，好歹也得先知道结果。"

"再等等吧。"父亲也说。

一个人又一个人，从他们眼前走过，去领取报告单。不知过了多久，报告单终于出来了。

医生拿着检查单，脸上还是看不出神情："胆囊炎，要住院。"

贺财霖等人都不懂胆囊炎，但是一听住院，心陡地悬了起来：严重到这个地步了吗？

"这个主要是腹痛，住院治疗一段时间就好了。不用担心。"医生看出了他们的紧张，就安慰了两句。

"一定要住院吗？"

"住院可以随时观察病人的身体情况，同时安排手术。"

"那要等多久可以动手术？"

"先把住院手续办了吧，然后再排时间。"

三个人出了办公室，一时间还没有缓过来。

"那，我先去办手续了。"贺财霖说。

母亲却牢牢地拽着他，摇摇头："咱回家，不花那个钱。"她这一辈子习惯了付出，早就忘了要爱护自己。

"听医生的吧，早点手术，早点好。"贺财霖已经打定了主意，试图说服母亲。

"可我不想住院啊。"母亲弱弱地试图争取一下。

"谁想住院啊，"贺财霖脸上勉强挤出一丝笑意，"这不是为了手术，没办法吗？"

母亲看向父亲，想让父亲站在她这一边。

父亲闷着头："让你住，你就住吧。"

贺财霖又继续劝道："赚钱不就是为了过日子吗？要是身子骨都不好了，那赚了钱又有什么用啊。"

话虽然这么说，这压力却是前所未有的大。家里能赚多少钱呢？他心里清楚家中的经济状况，根本无法负担这笔开支。

他的家，就像一艘航行在海上的破旧小船，勉强能够支撑着前行，却经不起丝毫的变故。一旦哪里出了问题，比如哪颗螺丝松了，哪块板裂了，就是一场大灾难。

现在，贺财霖就站在这条船上，眼睁睁地看着海水从木板的缝隙中渗了进来。

母亲老了，父亲也老了。也许，是该由自己去撑起这个家了。

当天他召集了几个兄弟姐妹，开了一个家庭会议，商量如何渡过这个难关。除了住院的开支外，比较重要的还有陪护人员的事。

大姐秀菊有四个孩子要照顾，家务繁重，分身乏术；哥哥沛霖在信用社工作，有固定的工作时间，而且也有两个孩子要照顾，也走不出；弟弟根林当时已经在生产队里挣工分，任务也被安排得很紧；而自己在公社政治宣传工作组，随时就有任务布置下来，同样离不了人。

他也想过，如果到霞浦这边来住院就好了，打个招呼，自己和弟弟就能抽空去看望。可是霞浦这边又没有动手术的条件。而第一医院在市区，来往一趟得好几个小时，都是被绑在工作上的人，偶尔一两次还好，谁能经常这么折腾呢?

讨论了一番也讨论不出个所以然来，最后，照顾病人的重任，不得不压在已经七十二岁的父亲身上。

父亲的身体其实一直不太好，何况现在年事已高。尤其当知道母亲生病了的时候，人更是肉眼可见的憔悴。陪护是一项辛苦的工作，本不该让他去，可是残酷的现实摆在眼前，并没有给他们更多的选择。

尽管有了父亲的陪护，但只要一有空，财霖就往医院跑，想要尽可能地多陪母亲一会儿，弥补过往的疏忽。

怎么去呢?当时霞浦与宁波市区之间的公路都是砂石路，热的时候尘土飞扬，扑在人脸上，都睁不开眼睛;雨后又是处处水洼，一不小心，裤腿就湿了。公交车少得可怜，有时候错过了一辆，就得等好久。

贺财霖就决定自己骑车去。新车是买不起的，就攒钱去修车铺买了辆二手车，二八大杠，试了试，还骑得惯。于是就这么蹬着它，从大大小小的水洼上颠簸而过，在尘土中穿梭而过，从霞浦一路往西来到市区。

为了赶时间，能在天黑之前到医院，贺财霖有时候饿着肚子就出发了。肚子咕咕地叫着，提醒他该吃饭了，但他充耳不闻。到了医院，他就给母亲喂饭、倒夜壶、洗衣服，然后向医生和护士打听治疗的进展情况。

有时候同一个病房的病人有什么要帮忙的，他也马上凑过去。

来的次数多了，同病房的人也慢慢熟起来了，医生护士们也都记住了他，这个冒着满头汗从远方赶来的年轻人。

“你真是生了个好儿子啊。”同病房的夸赞着道。

母亲听了，瘦削的脸上就浮现了笑意。这大概是住院以来唯一的慰藉了。

“这么远的路，太累了。别来了，很快就能回家了。”母亲心疼他：“就算要来，也少来几趟。你爸在，也没什么要紧的事。”

贺财霖却不觉得苦。只要母亲能够好起来，自己再折腾再辛苦，又算得了什么呢？

“单位也没什么事，就是人得在那儿，就当休息了。”他故作轻松道，“再说骑自行车还能锻炼身体呢，总比一天到晚坐着好。你不知道，这么几天骑下来，我走路都比以前快了。”

他没有告诉母亲，一天回去的路上，因为天黑没看清路，车子又骑得飞快，结果车轮蹦在一颗石子上，偏了方向，他连人带车飞了出去。车没事，他的膝盖却肿了很久。

是的，只要母亲能好起来，这些苦算得了什么呢？然而，现实的残酷似乎并不打算放过这个风雨飘摇中的家庭。

这天，贺财霖像往常那样来医院看望，却看到父亲和医生在病房外低头交谈。父亲脸色凝重，像挂了一层寒霜。

他有了不好的预感，快步赶上去。医生抬头见是他，有些畏怯地移开了目光。

“误诊？”他一时有些回不过神。

“嗯，不是胆囊炎，是肝囊肿。”医生有些为难地说道，“这两个病症状很相似。而且，因为是晚期，腹部积水，现在已经恶化成败血症了。”

一个个陌生而可怕的医学名词，让贺财霖头昏脑涨。他忘了追责，现在追责也于事无补。他只是一个患者的家属，他整不明白这些医学上的东西。正是因为不明白，所以才来医院，才要找医生的啊。可现实给他开了这么大的玩笑。

他呆呆地问："那怎么办，怎样才能救我妈？"

"唯一的治疗手段，就是换血。也就是说，需要不断地输血。"医生顿了顿，最后又补充道，"但是不能保证成功。你们，也要做好心理准备。"

什么心理准备？贺财霖张了张嘴，却没有问出声。

他不知道医生是什么时候离开的。他失魂落魄地来到母亲床前，母亲躺在那里，轻得像个纸片人一样。之前因为心怀希望，所以眼中的母亲，一天天在好转。而此刻，因这突如其来的消息，眼中的母亲像深秋的花儿一样，迅速地枯萎了。

"怎么又来了？"母亲像往日那样慈爱地看向他。

他忍住眼泪："今天公社事情少，所以可以早点过来看看。"

他帮助母亲掖了掖被角，转身去倒水。

夏日炎炎，贺财霖只觉得透心的冷。

接下来的几天，漫长而又短暂。

短暂，是因为他害怕，这母子相依的日子随时都有可能结束。

漫长，则是因为煎熬。

此时的贺财霖，恍然发觉一直以来自己只顾着埋头在现实中冲撞，却没有看到父母老去的身影。像是在布满荆棘的荒山中去开辟一条道路那样，光是挥舞着斧子，已经花光了他几乎所有的气力。他眼中的父母，也是这样一边在前方拼命劳作着，一边为他遮风挡雨。

可现在，他们在风雨中摇摇欲坠，他们曾经高大的身影变得单薄而弱小。风雨，像箭一样落在了他的肩头。

我的母亲，她何曾享过一天人世间的福气呢？独自一人时，他一次次回想着母亲的生平，一次次泪如雨下。

像旧社会时的很多贫苦家庭中的孩子一样，母亲还是个小姑娘时，就已经娴熟地帮着料理家务了。童年，意味着干活；而稍稍长成，因为她的能干，就经由亲戚介绍被带去了北京做佣人，补贴家用。那时她才不过十余岁。

她一路北上，还没有看清道上的景色，就被塞入了一户人家中。一个渔村姑娘，在远离家乡的陌生大城市，伺候着老爷、太太、公子、小姐，稍有不慎即被训斥打骂。

“手脚怎么这么笨！”

“轻一点，那可是瓷器，碰坏了你赔得起吗？”

“没听见少爷在哭？还不赶紧过去！”

……

她被圈在这里，很少有出门的机会。如果她曾对外面的世界有过美好的幻想，那么在这栋房子里，那些幻想也全都破灭了。少女的天真，也被一件又一件繁杂的事务给消磨了。在主人家眼里，她和一件好用的工具并无差别。

其中的孤寂与委屈，又能向谁诉说呢？谁又会听她倾诉呢？她的喜怒哀乐，在这里一点都不重要。多少次，她思念着家乡的父母，哭着入睡，醒来，依旧要像机器一样去工作。

生活的欢愉，似乎从来都与她无关。她被遗忘了。那个时代，像她那样的孩子还有很多。她们默默地忍受着，为了一点微薄的、补贴家里的佣金，贱卖了自己的童年与少年。

母亲是怎么度过那无数个黑夜的呢？长大后的贺财霖，断断续续地听说了母亲的那段经历，说不出一个字来。

数年后，回到家乡，瘦小的母亲经人介绍与贺家第三子成亲了。也许是在那之后，她的人生中终于有了一些亮色。

她有了自己的家庭。当她的孩子出生时，她像所有的母亲那样，看到了希望的光芒。这世上，她拥有了值得自己在乎的，孩子在长大，那是她哺育的未来。

然而，苦难却始终如影随形，以可怕的力量冲淡了那本就不多的幸福。在生下财霖之前，她相继迎来了几个孩子的来与去。而每一个孩子的夭折，让她都经历了一次死亡。

悠悠苍天，此何人哉！

这千百年前的诗人写下的句子，她未必读过，但她也一定同样地向天发问过：老天爷，为什么要这么对待自己啊？！她不懂，也无人可以解答。似乎身边的人，也是这么过来的。于是，她也只能努力地活着，照顾好活下来的孩子。可这何尝是一件容易的事？她的心一次次地泣血：当她扬起鸡毛掸子，抽打小财霖时……当小财霖因家境窘迫不得不退学时……当三年困难时期中，她的孩子只能靠煮野菜和糠饼给孩子果腹时……她拼命想要护住自己的孩子，可一次次触碰到的，却是自己能力的边界。任凭她再怎么努力，也无法越过那个边界。她只是一个普通的妇人。

好在，无论如何，这几个孩子总算慢慢长成了。女儿秀菊找了户朴实的人家，沛霖有了个稳定的工作，财霖的事业也上了正轨，根林也懂事了……这或许是她多难的人生中唯一的慰藉了……难道是觉得儿女们都长成了，所以她告诉自己，不用勉强自己了吗？她其实早就支撑不住了吧？

得知病情后，贺财霖悲痛欲绝，母亲却显得平静。虽然他们都没和她说明真实情况有多严重，但她似乎已经知道了，并且早有心理准备。也许从她踏进医院大门的时候起，她就有了预感。

像从前一样，她容忍了一切，吞下了一切，包括痛苦。大概三十天后，她提出了唯一的要求，那就是回家。

这一次，她无比坚持。她这一生顺从惯了，这是她第一次那么坚持地按照自己的想法去做。

医生也知道，留在医院的意义不大了，便同意了。六月初十晚上，医生给母亲打了一支强心针，为她办理了出院的手续。

贺财霖和父亲陪着母亲踏上了回家的旅程，正如他们来的时候那样。这次旅途同样漫长。

财霖有位堂哥正好是第一医院的工宣队队长，他帮忙联系到了医院当天晚上去往白峰的救护车——去白峰的路上会经过霞浦。就这样，搭乘着这辆车，母亲于晚上九点半回到了霞浦。弟弟根林和姐夫早早就等在了那里。他们用准备好的卧篮，将母亲一路抬回了家。

在亲人的陪伴中，母亲半睡半醒地度过了一夜。第二天，她的精神似乎好了点。

贺财霖有些欣喜，他想母亲也许是对的，也许根本就不应该去医院，在家里，她才能找到自己的位置。

他想要为母亲梳发。母亲的头发花白稀薄，像她所剩不多的生命火光一样。但愿这火光能够再久一点。贺财霖暗自希冀着奇迹的出现。

可是没有。一切只是回光返照。

当远远近近的亲友都赶来，围拢在她床边，母亲开始了她的告别仪式。

亲友的到来，触动了母亲柔软的心弦。她不再像在肃静的医院里那般平静，泪水慢慢地溢出了眼眶。一辈子的辛酸与委屈，压抑已久的辛酸与委屈，如洪水决堤而出。人生最后的时刻，应该允许她释放自己、倾诉自己了……

但她想得最多的、最不放下的，依然是这个家。

“沛霖，你已经有出息了，家里有事的时候，多帮帮弟弟……”

“秀菊，你还得再辛苦几年，等你的娃长大了，也许日子就好过了……”

“财霖，你该成家了。找个好老婆，两个人好好过日子……”

“根林，工作上的事慢慢来，别急……”

最后，她把目光放在了相伴几十年的老伴身上：“你啊，你年纪大了，别再那么拼命了……”

交代完了所有的事，她终于没了力气。可她分明还想说更多，只是说不出口了，只能用力地睁大眼睛，看着眼前的人，想记住他们的模样。

最后一滴泪流下，她闭上了眼睛。

屋子里静了片刻，慢慢地响起了呜咽之声，不知何时转成了嚎啕之声。声音越来越大，似乎一场大雨正倾盆而下。

母亲走了，屋子空了。贺财霖只觉得不真实。他没有哭，眼泪不知道去了哪里。巨大的空虚感包围住了他。

每当他回家，总觉得家里那个熟悉的身影还在。给他做饭洗衣服，偶尔偷偷递给他特意藏起来舍不得吃的馒头，在他做事毛躁的时候训斥两声。

“你衣服怎么弄脏了？线头都开了……快脱下来……”

“你都老大不小了，怎么不记得吃饭？”

“路上慢一点，小心点。出门去，和人说话要好好说……”

那些音容笑貌，像是刻在了贺财霖的脑子里。自己还没有开拓出一番事业来，让母亲过上好日子呢，她怎么能就这么走了呢？为什么不给自己一个机会，为什么不多给自己一些时间啊！

他一个人发着呆，把母亲用过的东西看了一遍又一遍。

可母亲的味道还是越来越淡了。日子还得继续往下过。

母亲一走，变化最大的是父亲。这几年，父亲的身体一直不好；母亲一走，已经七十二岁的父亲老得更快了。

在贺财霖的印象中，父亲是个严格，甚至有些严苛的人，像一块顽石般，冷而硬。他很少说话，现在说得更少了。父子之间，更是沉默的时候居多。

因为母亲的离去，贺财霖对父亲格外留心，他想尽到为人子的责任，尽量让自己少一些遗憾。可留给他的时间也并不多了。

母亲去世后的第二年，一日夜里，父亲想去上厕所。他多年来腿脚不便，这个时候越发严重了。但是自尊心极强的他不愿意麻烦儿子，就自己摸着黑出了房间，谁知在门槛那边被绊了一跤，整个人摔了出去。

弟弟根林被响声惊醒，出去查看，发现父亲躺倒在地上。

“爸，你怎么样？人还好吗？”他赶紧点亮了煤油灯。

倔强的父亲还是一声不吭，任由小儿子搀扶着自己回到床上，然后躺倒。

当时他并没有多想，直到第二日，父亲没有下床，才意识到情况的严重性。他赶紧告知了哥哥财霖，但因为财霖在公社还有事，就由根林找了辆平板车推着父亲去了医院。

这一天下来，贺财霖心神不宁。父亲年事已高，又患有高血压，恐怕经不起这一摔。他早早下班回了家，只看到躺在床上的父亲，身上缠着绷带，脸色苍白。

他揪着心，问弟弟：“什么情况？”

弟弟灰着脸，叹气道：“医生说是屁股脊摔断了，这个年纪，怕是很难好了。”

他看向父亲，父亲不看他们，似乎是不愿意在儿子面前示弱。

数月后，父亲终于能下地走路了。但是只能依靠一根拐杖，也走不了太远。身体的不适，让父亲变得有些暴躁，有时候无缘无故就发火。贺财霖和弟弟知道他心里不好过，只能小心伺候着。

可是不久之后，高血压引起了中风，父亲从此瘫倒在床上，再也没能好转过来。躺在床上的父亲，渐渐被消磨了精气神。他不再严厉，不再生气，眼睛里的光亮也黯淡了下去。

贺财霖出生时，父亲年纪已经大了，在生活的风浪中被打磨成了一块沉默的岩石。他很少笑，很少说话，留在贺财霖心中的，就是这么一个严厉甚至是严苛的父亲形象。

但他知道父亲的付出。家里这么多的人，如果不是父母两个人的拼命努力，怎么可能迈过生活中的那么多道坎呢?

可他能回报给父亲的，又有什么呢?什么都没有，这时候的他，依然一无所有。他能做的，就是陪伴。

每次喂饭的时候，贺财霖都把父亲扶起来，后面垫上被子做倚靠，让他尽可能地舒服些。

哪怕再骂我一次也好啊。他在心中呐喊着，送别母亲时那种无言的悲痛与苍凉之情再次袭来。可父亲再也说不出话来了。

母亲去世五年后的12月14日清晨，父亲离世，享年七十七岁。

当把父亲送上山，与母亲合葬，贺财霖在那里待了很久。

寿坟几年前就造好了，这是父母都满意的地方。

从此，我是一个没有父母的人了。贺财霖想。他望向山下，那里的尘世，对他而言，已经变了模样。

情丝缱绻

父亲病倒的时候，在床前伺候的，主要是财霖的媳妇郑佩凤。父亲原本和弟弟根林住在一起，后来因根林到了结婚的年龄，为了方便他成家，财霖就把父亲接到了自己那边，让媳妇郑佩凤照顾。

说起这桩婚事，郑佩凤的脸上飞起了红晕。

那是一个冬天，彼时十九岁的郑佩凤刚在家里换上一件新衣服，准备去吃喜酒——亲戚结婚，她要去送轿。刚出了门，迎面碰上一个年轻的男子。那男子脸很生，正朝着这边看。她心中一动，慌忙移开了视线，若无其事地随着热闹的人流往前走。

这就是两个人的第一次会面，带着那个年代特有的含蓄与单纯。

郑佩凤心里怦怦跳。她心知眼前的这个人就是姑姑此前和她提起过的男子，但她对这次会面毫无准备。只庆幸这件新衣裳给了自己一些自信。

那一年，贺财霖已经二十三岁了。这在当时的农村，年龄已不算小。在成婚前，很多人觉得奇怪，虽然家境贫苦，但是贺财霖的能干与孝心远近闻名，相中他的人也不少，怎么迟迟还没找到对象呢？

贺财霖当然也知道，自己到了该成婚的年纪。只是世事岂能尽如人意，人间多的是阴差阳错。他也是在历经了几次波折后，才得以找到那个与他相伴一生的人。

其实二十岁时，他也曾遇到了一段不错的缘分。却因为年轻人强烈的自尊心，以及一连串的误会，两人没能走到最后。后来的他无数次想过，如果不是因为太过青涩和冲动，两个人也可能开花结果。可惜，青春，就是伴随着躁动与负气，总会留下些遗憾。

后来又陆续有人为他介绍，却总不能如贺财霖的意。他留着与那个姑娘的信件，并且总是不自觉地将后来介绍的姑娘与这个初恋相比较：是学识不够？是气质不行？是才艺欠缺？其实都是因了他心底的执念。美好的影子，尤其是已经无法追回的过往，始终在他心头萦绕，让他无法挣脱不切实际的幻想。那段时间，他的青春是灰色的。

终于，父母有些着急了，尤其是父亲。

这位暴躁的老人，最见不得自己的儿子神思恍惚的模样，气不打一处来："一天天的和游魂一样，脑子里想些什么东西啊？除非你一辈子不找老婆了，我就服你。"

贺财霖只能默默地听着。日子就伴随着父母的唠叨，静静地流逝着，直到郑佩凤的出现。

郑佩凤是柴桥镇的人。她的姑姑嫁到了礁碶大队，对贺财霖这个小伙子的事也有所耳闻，只是原本并没有太上心。一日，她去柴桥镇上买番薯干，正好碰上了贺财霖的父亲，两个人不知怎的就聊起了这桩事。

"你家的财霖怕是眼光太高了吧？稍微放下来点，多少姑娘都踏进门了。”

父亲摇着头无奈道："人家姑娘要能瞧上他就谢天谢地了。”

她姑姑忽然想到娘家正好有这么一个年龄相当、待字闺中的姑娘："要不让他们见见？”

“好啊，要是能成就太好了。”父亲的眼睛亮了起来。

于是，才有了那一次匆忙的相见。五十多年过去，这段记忆对于贺财霖而言也模糊了不少。但他一直记得那件新衣服，还有那个女孩干练的短发，以及一双明亮的眼睛。

应该就是她了吧？贺财霖心动了，却又没有十分的把握。而且随着接触的深入，贺财霖心中又犯起了嘀咕：姑娘哪里都好，就是没读多少书，很难有精神上的交流。

他又不自觉地和初恋做了比较。那个姑娘，可是上过初中，能够与他写信沟通的啊。

但此刻的他，已经成熟了很多。世上哪有什么真正的天生一对呢？两个人生活，更重要的，是风雨同舟的信任与默契。何况，他也老大不小了，再拖下去不是事。

郑家姑娘对贺财霖心中的疑虑一无所知。这个淳朴的农家女，只是凭自己的本能对他好，而这又让贺财霖觉得受之有愧。自己已经错过了一个好姑娘，别再辜负这一个了，不然还得后悔。

很快，两家父母就见了面，双方都很满意，婚事也提上了议程。

一日，他上老丈人家喝酒，两个人相谈甚欢。

老丈人眼光独到、颇有见识，几杯酒下肚，就和财霖说起了掏心窝子的话："财霖啊，说实话，你对我们家阿凤是怎么想的？”

财霖放下了酒杯："阿凤人实在，对我好，长得也漂亮。”

老丈人点点头："人都说姻缘天注定，你和阿凤能走到一起，就是缘分。既然是缘分，就要牢牢守住。不是我自说自话，我们家阿凤，除了读书少，挑不出别的毛病。”

财霖点点头，恭敬地听着。

“你有想法，有能力，是个干大事的人，我看得出来。但是干什么事都好，自己的家庭得先稳住，你说是不是？你眼睛不能只放在家里，得往远了看。可要是没有一个稳当的家，人也走不远啊。”

一番话说得财霖茅塞顿开，郁结在心中的闷气忽然消散了，眼前一片清朗。

他给老丈人满上酒，端起杯子郑重地敬道：“您放心，我以后一定会对阿凤好的。”

是啊，天地如此广阔，要做的事这么多，自己却一直纠缠在儿女情长上。已经耗费太多时间了，是时候真正地给自己一个交代了。

而不久之后，家中的变故，更让他看到了家庭的重要性。那就是母亲的住院。

人，还是需要一个家的。

那段时间，他在医院跑进跑出，看惯了生生死死。人生苦短，世事繁杂，情爱也不过是其中之一而已。是时候把自己解脱出来了。

他从心底接受了郑佩凤，只是出于情感的感性，还保存着初恋的信，放在屋子的一角，偶尔想起。直到三十一岁那年，他才把这些泛黄的纸张付之一炬，做了正式的告别。

1970 年阴历十一月二十二日，离冬至还有两天，贺家迎来了新的女主人。

前一天一大早，贺财霖这边就请了几个年轻些的男子过去搬嫁妆了。吃过午饭，他们就一个个扛着物件踏上了回来的路：一副箩筐，橱头箱子、夜桶箱……还有四床被子。这被子中有两条是男方事先拿去的，为的就是女方家送嫁妆时场面热闹些、好看些。在那个物质贫乏的年代，平民百姓们用这种方式装点着生活，寄托着朴素的愿景。

现在，郑佩凤就踩着同一条路踏上了人生的新征程。这个年轻的新娘子，脚步轻快，和身边的亲友们说说笑笑，一个半小时的脚程，竟也不觉得累。但她心中何尝不是怀着忐忑。未来的家，对她而言还是一个陌生的村子。此前她从未去过，只听前去“考察”的妈妈还有婶子说，这户人家人老实厚道，靠得住。她脑海中浮现出贺财霖的模样，嘴角不自觉地就带了笑。

渐渐地，村庄近了。

“新娘子来喽！”不知谁的大嗓门一喊，鞭炮声就在空中炸开了花。

就这样，郑佩凤被人群簇拥进了房间里。不知道过了多久，热闹的人群退去，门口只剩下一地残留的红纸。像花瓣一样，被风一吹，就散开了。

“我贺财霖，成家了！”年轻的新郎官对自己说。可惜母亲，没能等到这一天。

积债累累

屋子里，烛光晃动着，照着新婚不久的女主人的愁容。

“能不能再想想别的办法？卖床，说出去实在不好听啊。再说，马上要过年了……”

贺财霖也耷拉着脑袋，叹了口气，“要是有别的办法，我也不会这么干啊。欠着债，年更过不好啊。”

结婚时，贺财霖身无分文，东拼西凑，最后向亲友们借了二百二十元作为聘金。当然，这主要是为了挣些面子，让结婚仪式显得好看。这钱过个场，就又还了回去。那个时候的农村，很多人家都这么干。

那些钱虽然还了，但是负债的压力丝毫未能减轻。债务主要是母亲生病时欠下的。那时，为了给母亲治病，家里本就不多的积蓄如水泻般流了个干净。最后不得不向银行贷款。一百五十九元，三兄弟每人平摊五十三元。后来，哥哥沛霖将妻子的嫁妆中的一只茶桌柜作了抵，弟弟根林东拼西凑了自己的那份交到了财霖手上。如此，银行的欠债，就落在了他身上。而几年过去，随着利息的增加，加上因为操办母亲葬礼等事，零零散散地，又欠了些债，这些债随着年岁累积起来，债务已经累积到了四百多元。

不知不觉间，债务就在他背上累成了一座大山。

屋漏偏逢连夜雨，家中遭遇变故，贺财霖在事业上也遭到了挫折。随着政治运动的大批判浪潮已经过去，原本抓政治宣传的办公室解散了，他也回到了家乡。转了一圈，回到了原地。收入的锐减，带来的直接后果就是生计的艰难。

穷途末路，他想到了变卖这个屋子里最值钱的物件——梁床。

郑佩凤坐在梁床上，手轻轻地抚摸着，眼泪几乎要掉了下来。现在还是冬天，两人新婚不过一个月，屋子还没暖热呢……自己嫁过来后，何曾添过一件新衣服、买过一件首饰？现在，反而连床都守不住……一想，心头又是一阵委屈。

见妻子如此，贺财霖心头又何尝是滋味。可问题摆在眼前，不能不解决。这么拖下去，早晚会把这个家拖垮。

“阿凤，我知道对不住你。但说实话，我比你还舍不得呢，这不是没办法吗？”他坐到妻子身边，平复了下心情，和她讲起了这张梁床的来历。

“你捉过弹涂不？”

妻子摇摇头。“不过我见过，那家伙全身滑溜溜的，难抓得很。做成汤也好喝。”

财霖嘿嘿一笑：“我可是抓弹涂的好手。十五岁到十八岁的那几年，我得了空，就去滩涂上。虽然说徒手不好抓，但给它在回家的路上埋个竹筒，它就乖乖地掉进陷阱里了。”

妻子听得新鲜，像是忘了方才的事：“这弹涂看着机灵，原来也这么笨的啊。”

财霖见妻子心情好转了，继续道：“是啊，那个夏天，我抓了好多呢。一天下来能卖上好几块。这个，”他说着拍了拍床，“就是卖弹涂的钱买来做的，漂亮吧？那时候我还不认识你呢，这床就先来家里等着你了。”

听到这里，妻子的眼睛又有些红了：“这得去抓多少天，才能攒够这买床的钱啊。”

财霖知道妻子是心疼自己，安慰道：“这有什么，我还年轻嘛，多干点活有什么呢？现在，日子是苦了点，但你信我一次，好不？把床卖了，把债还了，过了这个坎，就会好的。”

梁床，因为四角有支柱，柱上有梁，像一个小房子一样，让睡觉的场所自成了一个空间，所以价格不菲。

妻子终于点头了，但她还是有点犹豫：“没床，我们睡哪里呢？”

是啊，总不能睡地上吧？贺财霖动起了脑筋。他托人去杨木大队买了几根松木。松树生长速度快，所以木材相对比较便宜。他动手把松木剖成了板，拼在一起。然后找来两个长凳放平整，上面架上松木板，板上铺稻草，稻草上垫毯子，一张简陋的床就制作好了。

妻子一边打扫着木屑，一边笑道：“这床也算少见了，不知道谁家也有？要是想要的话，你去给他们做一个。”

财霖知道妻子已经放下了心结，也跟着笑道：“说不定，这比原来的还暖和呢，你多躺几次就知道了。”

新床有了，贺财霖就把原来的梁床拉到了柴桥镇上的调剂商店寄售，让店家留意着点儿有没有买主。

床还没卖出去，年关却逼近了。没有钱，怎么过年呢？贺财霖想了想，床是大物件，买的人肯定少，一时之间未必能周转过来，就又盯上了屋子里的其他家具。

桌子不能缺，得吃饭；凳子不能少，得坐人……他盘算了一遍，留下了必不可少的家具，其他的都被列入了售卖清单：哥哥当年用来抵债的骨木嵌镶的茶桌、红橱、房桌，还有橱头箱和夜桶箱——这两件是妻子带来的嫁妆。

家也不像家，成了个仓库，放着准备出售的物件。但这次妻子什么也没有说，默默地一起把东西打包，搬到车上，送去调剂店。

每一笔账，贺财霖都刻骨铭心地记着：茶桌柜三十四元，红橱八十九元，房桌三十二元，嫁过来的橱头箱三十八元，就是嫁过来的马桶也卖了十一元……几个月后，梁床也终于找到了买主，卖了二百二十元。

掂量着这些钱，贺财霖的心颤抖着。这几乎是他所有的家当换来的。可这些钱，虽然抵销了绝大部分债务，但并未能完全还清。他的心依然悬着，并没有放松。

上哪儿赚钱呢？贺财霖心中有些慌乱。虽然面对妻子的时候，他总是装出若无其事的模样，不让她担心，可实际上一天比一天焦躁。

在困顿之际，霞浦公社负责教育工作的张主任上了门，推荐了贺财霖去杨木小学当老师——半年后，他又被提拔当了校长。对这个一贫如洗的家庭来说，这无疑是个雪中送炭的天大的好消息。

妻子松了一口气，看到日子有了盼头，脸上绽开了难得的笑脸。而贺财霖，也因为这份工作，看到了事业发展的可能性。实际上，也正是从进入学校开始，一条通往创业的道路已悄然埋下了。而这一点，要在很多年后，才被注意到。

当了老师，就是文化人了，说出去也体面，况且还有固定的工资。过了年，贺财霖就兴冲冲地去上班了。

可事实上，当老师的收入依然微薄，一个月不过二十几块钱，只能勉强补贴家用，很难抵上债务。所以他不得已之下才又干上了老本行，去海里捉鱼、卖鱼……也因为这个，他的入党之路被卡了壳。

如果不是穷，我会放下面子去卖东西吗？他气愤地想，很是不甘心。为此，他消沉了好长一段时间。但好在，凭着骨子里的倔强和不服输，他没让这件事绊住自己。

一块地，不种稻子就种不了麦了吗？他已经不再是从前那个不谙世事的青年了，而是早已磨砺出了韧性。人生有太多的未知，只要活着，就有希望。是的，最重要的，是活着，而且是要好好地活着。走出低谷的贺财霖，重整旗鼓，积极地投入了生活。

既然入不了党，那就还是多挣钱吧，养家才是最重要的。男人的责任感，让他暂时放下了关于自己前途的思考，而是把注意力放在了小家庭中。

那时候他想得最多的，就是开源节流。除了捉鱼捉蟹，他还在自留地里种上了各种瓜果蔬菜，省了一大笔买菜的开支。假期的时候，去做油漆工，去外面不认识他的学校漆黑板，补贴家用。他搬过糖渣、挑过窑泥……只要能赚钱，他什么都干。

用家徒四壁来形容当时的生活，毫不夸张。贺财霖有时候回到家里，都觉得滑稽：没了梁床，被子只能放在临时搭起来的松木床上，一览无余；没了橱柜，衣服只能叠在凳子上；要用凳子的时候，再把衣服挪到床上。

日子原来还能这么过，真是富有富的过法、穷有穷的过法，他在心里苦笑着。

不过他并没有忘记那些被迫卖掉的家具，而是一直想着怎么样通过自己的法子再置办起来。所以一攒下钱，他就又托朋友买来松木和刨花板，亲自动手，把木材剖开、刨平，将衣橱、箱柜等做了起来。

模样虽然不太好看，但不妨碍使用。最重要的是，有了这些家具，总算又像一个家了。

看着家里的东西一一被添置完整，妻子的眉头也舒展了很多。让她安心的不只是家具，更重要的是家具背后丈夫的那份责任心——虽然有些勉强，但他还是兑现了自己的诺言。

嫁过来后，郑佩凤最初时常觉得委屈。

她实在没想到贺家穷成了这样，不光穷，还欠了这么多债。对生活的唯一信念，就是丈夫贺财霖。

我认定的是这个人。只要他人好，只要他对我好，日子总能过下去的。这是她最朴素的想法。

但日子的艰难还是让她手足无措。作为家里的女主人，她担起了家中的大部分家务事，但很快就面临着一个大难题——巧妇难为无米之炊。是的，家里的米缸经常见底，而贺财霖对此并不知情。

“那个时候，我回娘家，就常常拎个袋子，装米回来。”多年后，提起那时候的窘迫，郑佩凤脸上带着羞涩的笑意，彼时的相濡以沫，成了今天回忆中的宝贵财富。

“说不定我妈他们也知道，知道我也拿。”说着她一手捂着嘴又笑了起来，显露出了女孩子的活泼情态。

正是这样断断续续的一些接济，才让她的小家庭磕磕绊绊地支撑了下去。

不能只让丈夫一个人去赚钱啊，郑佩凤决定一边照顾公公，一边去生产队参加劳动，赚工分。按当时生产队的算法，一工是十分，算六角钱，而妇女一天下来只能算七分，如此每天她只能挣四角多。这无疑是杯水车薪。

贺财霖家的困境很快被公社有关部门得知了，他们研究了一番，向党委提议为他妻子安排一个工作。当时十公里外的九峰有个校办厂需要人手，郑佩凤就这样每日走二十多里路，往返于两地之间，每月能领取十八元的工资。

日子虽然辛苦，但是能有这些钱补贴家用，郑佩凤已经是非常感激了。她明白，这是公社教革会对自己家里的关照，只能拼命工作来回报。

但是新的开销很快就来了。这一天，她吃着饭，忽然觉得一阵恶心想吐。刚开始以为是肠胃不舒服。结果连着好几天都是这样，就去卫生所问询了一下，才知道腹中有了胎儿。

想到即将为人母，郑佩凤既甜蜜又担忧。钱，还是钱。没钱真是寸步难行啊。

到了领取工资的时候，她满心欢喜，却被浇了一盆冷水。她被告知，她的工资早被丈夫贺财霖给预支干净了。

她整个人有些发愣。这笔钱，她早就想好了用途：添置些家具，给快出生的孩子准备衣裳，给卧病在床的老人家买些好吃的，还有丈夫的鞋子也该换了……可现在，一切都成了泡影。

她整个人呆坐在房中，不言不语。温顺的她从来没有这样过，贺财霖终于有些慌了。

“其实，还有些债，没还干净……”他自知理屈。

郑佩凤心知肚明，丈夫好结交朋友。朋友们来家中做客时，她尽量维持着家里的体面，热情地招待。而丈夫在外聚餐时，哪怕是借钱，也常常嚷嚷着请客。这些年下来，朋友多了，可债务不仅没清，反而又增加了。

这时候的贺财霖已经在杨木小学担任了校长，可每个月的薪水不过二十四元。对他这么一个爱好结交朋友的人来说，根本不够开销，才有了各种预支。预支前，还忘了和妻子说一声。

想到尚未出世的孩子，郑佩凤不由得垂下泪来。

“你别哭啊，你放心，以后我肯定赚更多的钱。”他胡乱地许诺着。

郑佩凤终于开了口：“要是只有我们两个人，我随你去做什么。可你别忘了，你快当爹了。以后孩子出生了，用钱的地方多着呢。”

“对，你说得对，就是有时候一上头，就忘了。”他确实还没有做好当父亲的准备。虽然妻子的肚子一天天大了起来，可他几乎每天往学校跑，也不觉得生活有什么变化。

“朋友当然要交，只是得有分寸啊。”妻子再次说。

“是，我这习惯一定改。”他难得地向妻子认了错。

想到即将为人父，贺财霖有种不真实的感觉。自己还没创出一番事业呢，孩子怎么这么快就来了呢？至于养孩子要花费多少精力、耗费多少钱财，他心里也是全然无底的。

他只有强笑着安慰妻子说：“放心吧，没剩多少债了，别担心。”

果然，随着孩子的出生，他感受到了人生新的挑战。

1973 年 3 月，大女儿贺群艳降生了。女儿的到来，让他又惊又喜。欢喜的，自然是自己当了父亲，家里从此热闹了；担忧的则是，自己还没想好怎么当父亲。甚至女儿出生时，他还在学校里上班，等工作忙完了才匆匆赶去。

但是孩子可由不得他准没准备好。做产要钱，住院要钱，添置孩子用的东西也要钱。而当时他的兜里比脸上还干净，连医疗费都掏不出来。

丈母娘看出了他们的窘境，主动帮忙垫付。然后把贺财霖拉到门外，委婉地说：“财霖啊，阿凤刚生了孩子，家里很多事，肯定得由你担着了。”

贺财霖脸上有点发烫，只能连连点头称是。

“你现在，不是一个人过日子，有了老婆，现在又有了孩子，心思不能全在外头，也得放些在家里对不对？”

他知道丈母娘说得对，默然无语。现实如此，自己赚的钱不足以支撑起这个家，而家中也没有人手可以照顾刚出生的女儿和刚生小孩的妻子。

“当然，男人嘛，事业上也不能放松。我先把阿凤和娃带回去，这样，你也就不用担心了。”

贺财霖松了一口气，又是连连道谢。他知道老丈人和丈母娘年事已高，理应被人照顾才是。可现在，还要为他们这个家庭付出，不免有些惭愧。这时候，他深切地体会到了自己来到这个世界上时父亲的复杂心情。现在自己一无所有，又能给女儿什么呢？

他时常陷入茫然，但脚步并不能因为他的茫然而停下。更何况，他的妻子郑佩凤一直默默在身边用行动与他一起分担着生活的辛酸苦辣。

他知道，眼下的当务之急，还是筹钱，至少要把债务这个问题给解决掉。

可哪有来钱快的路子呢？除非像以前一样，变卖家当。可能卖的早就卖了，现在屋子留的基本都是他自己做的替代品，拉到市面上，换不了几个钱。

贺财霖环顾四周，忽然一抬头，看到了房梁上的搁栅。四根搁栅架在房梁上，在高处隔出了一个空间，平时可以用以堆放杂物，大大提高了这个逼仄的小房间的利用率。

这几根搁栅可是好材料，值钱。可在此之前，他得先做个搁栅的替代品，不然原本放在那儿的东西没地方安置。

于是，贺财霖又托人买了几根松木，又叫来了做木匠的朋友。因为做搁栅是个手艺活，必须做得严整平稳才行，不然架在高处也不安全。

木匠朋友看了看松木，有点为难："这个材料不一样，尺寸也不一样，肯定做不到原来那种。"

"这个不要紧，不需要和原来一样，搁上了能用就行。"

"那行。"朋友明白了他的意思，"就按照你的意思做吧。"

朋友拎着工具，来到家中，就吭哧吭哧地刨起了松木。他手脚麻利，没几天就把活给干好了。

看着眼前这几根白白的、有棱有角的搁栅，贺财霖很满意，夸赞道："嘿，还真是有模有样。"

话虽这么说，做好了才发现太细了。可这几根松木比较小，没有原来的整洁大方。再加上没有刷漆，看着很糙。再去买木材，再请人做的话，又花时间又花钱。贺财霖想，这几根也不是不能用，就是得再稍微做下改造。

他环顾房间，看看有什么能用的。瞥见了堆在墙角废置不用的报刊，心里有了主意。他用报刊包住松木的两端，这样就粗壮了很多，然后外面再用白纸裹上。这么一来，不细看，就美观了很多。

"真有你的，这办法都想得出来。"朋友佩服道。

"我这不是被逼的吗。"贺财霖无奈地笑笑。

这样，新的搁栅有了，老搁栅就可以出手了，每根五十元，一共两百元，全用来还之前欠下的并房费了。家里空空的，啥都没有了也不成。他竟打起了木"腰壁"的主意。他干脆把所有的木"腰壁"拆了下来，做成了大橱、箱子、两张床等家具。然后又到柴桥砖瓦厂旁边的河里捞来了碎砖砌墙。

贺财霖心中明白，这些不过是替代品，只是权宜之计。尽管妻子默默接受了这一切，但他始终觉得有所亏欠。那一件件被卖掉的家具，妻子坐在床边垂泪的模样，常常浮现在他脑海里。

所以后来，当他所办的电配厂走过创办时最艰难的这段旅程，他终于有资金、有精力去弥补过往的清贫时，所做的第一件事，就是还给妻子一个像模像样的家。

记得那天他把木工师傅请到家里时，郑佩凤有些愣住了："这是要做什么？"

木工师傅笑道："老嫂子，我来给你家添家具啊。"

"家具？我家缺什么吗？"她都快忘了这个家本来应该有的模样。

师傅笑着撂下工具，打量了一下房间，和贺财霖商量起家具的尺寸来。

妻子还是有点不敢相信，但是在一旁没说话。晚上只剩下两个人的时候，才问贺财霖："好好的，做什么家具？还得花那么多钱。"

贺财霖知道，这么多年来的清贫日子，妻子已经习惯了。十多年过去，当初的年轻姑娘，脸上已经有了细密的皱纹。但不变的，是她那单纯而质朴的心地。她不求大富大贵，只是默默地陪伴在丈夫身边，无言地支持着他。

想到这里，他羞愧又感动："你放心，好日子在后头呢，钱的事你别操心。"现在的他，已经有底气说出这番话了。

妻子虽然嘴上说着不要浪费钱，但脸上却止不住地洋溢着笑容。木工师傅再来时，她殷勤地端茶送水，偶尔忍不住问问到底做成什么模样，还要多久。

木工师傅看到她期待的样子，有时候也开玩笑道："嫂子，你现在的样子，就像等出嫁的大姑娘一样，等得心急是不？哈哈。"

妻子羞红了脸。时间好像真的回到了多年前，她出嫁的那一天，有准备已久的陪嫁和装饰一新的新房等着她。

经过两个多月的打磨，精致美丽的七弯梁床和骨木镶嵌的二口沙橱，一齐展现在了郑佩凤眼前。

光滑的弧度，在梁床上勾勒出了祥云；白骨嵌香，让沙橱显得典雅而大方。郑佩凤觉得整个屋子都亮堂了。

“真好看啊，真好。”她不住地抚摸着，说不出更多的话。她试着在新床上坐了坐，这种稳当而踏实的感觉，真是久违了。

她抬头看向丈夫，正巧贺财霖也笑着看向她。当初的许诺，他终于兑现了。好在，不算太久。

但电配厂的创办要等到十余年后的 1984 年。现在的贺财霖，依然被繁重的债务问题压迫着。

事情一桩接着一桩而来，几乎没给他多少喘息的机会。当弟弟根林到了谈婚论嫁的年纪时，最愁的便是房子的问题。

这个问题其实早就存在了，只是大家相互妥协，勉强忍让着而已。但结婚就意味着成家，既然要成家，这个问题就被摆上了台面。

当时的居住条件已经相当拮据。院落的正间是堂哥和哥哥沛霖等人的，东边与正间隔着个弄堂，一堵薄薄的腰壁把一间屋子隔成了前后两间。说是两间，隔音效果极差。前一间是财霖的，根林就住在后面半间。

根林拥有的就是这半间，通往这半间屋子的弄堂，以及连着弄堂的披头（所谓披头，就是挨着墙面搭起来的斜斜的小屋子，看着像是人的头发披在肩上一样，故有此名）。披头里的空间很窄，只能用来堆放一些杂物。

之前他是个单身汉，这样的房间住也就住了，但是要成婚的话，就不适合了。兄弟两人焦头烂额。

自己是兄长，总不能只顾着自己过日子，不顾兄弟吧？贺财霖想着，这事情就该由自己去解决。无论如何，都得让弟弟有个稍微体面点的新房。他突然想到了堂哥家正间的房子平时是闲置着，基本不来住。既然如此，能不能卖给他们呢？

一商量，双方一拍即合。堂哥此时已在镇海县委工作，育有四个子女，负担很重。这房子既然住不上，不如卖掉，既能卖一笔钱补贴家用，又算是送个人情。而且卖给知根知底的堂弟，也比较放心。

就这样，以弟弟根林的名义，花五百元把堂哥的这间屋子买下。而贺财霖的那部分房间，加上半个披头空间给弟弟，也作价三百二十元，另外加一百八十元，凑成了五百元。然后两处的房子做了置换：贺财霖一家搬到了堂哥卖出的正间里。而两兄弟原来房间中的腰壁凿通，重新成为一间宽敞的房子，给弟弟根林。有了这间房子，根林就可以成婚了。

弟弟婚房的问题解决了，但为了解决这个问题，买房子又欠下了一大笔钱。

有段时间，为了能多挣些钱，妻子郑佩凤还做起了“季节工”。每年十月、十一月，地里的甘蔗到了收获的季节。这些甘蔗主要是用于熬糖出售的。时机一到，就会有机器在甘蔗田里架起，机器启动后，一端缓缓地，就有汁液流出，那是糖水，晒干后就凝结成了糖；而另一端则会吐出干瘪的甘蔗渣，也就是糖渣。糖渣堆着不及时处理的话，就会影响后续的榨汁工作，所以得雇用专门的劳力把它们挑到指定的地方去倒掉。这就是郑佩凤干的活。这样，每个月她就能拿到三十二元，比校办厂里的工资还要高很多。

但挑糖渣并不是轻松的事，每一担都按压得严严实实的，通常是男劳力才会去干，但郑佩凤还是咬着牙去了。而就在大女儿出生的次年，她怀上了第二个孩子。即便如此，她还是坚持挑着担子挣辛苦钱。

郑佩凤承受着来自肉体上的艰辛和精神上的压力——她既要干活，又在担心自己胎儿会不会受到影响，只能一边挑着重重的担子，一边留意着肚子的动向。好在小家伙很配合，乖乖的。

而这年九月，随着二女儿贺频艳的到来，家中的经济状况更加前所未有地紧张了起来。

虽然有老丈人和丈母娘的帮忙，但是老人家也快吃不消了。一个孩子还能勉强帮衬，两个是无论如何带不过来了。

夫妻二人相对发愁。

“还是我们自己想办法吧，”贺财霖说，“做子女的，不能总让爸妈操心。”

郑佩凤默然同意了，决定请邻居帮忙照看小女儿。说是照看，其实是让孩子坐在一个稍高些的脚盆里，这样不会乱跑。

只是郑佩凤要比往日更加辛苦了。她一早给孩子喂好奶，就要送去邻居那儿，然后下地。中午急急地回来，先去邻居家把孩子接来，喂好奶，然后自己胡乱做些饭吃，陪一会儿孩子，又得下地。

更磨人的，还是债务。邻居们虽然很热情，都是知根知底的穷苦人，能帮的都愿意帮。但于情于理，托管费总是要给的。虽然不多，每天也就二角，但这笔固定的开销也让人喘不过气来。而且此时正好又遇上哥哥卖房的事——五百元一间已卖给了弟弟，经兄弟协商，财霖把半间舍头半间片头并给根林作价三百二十元，财霖再找出一百八十元给弟弟，一间主屋给财霖。如此一来，债更多了。

一只蛹，被虫丝一层层地包裹着，密不透风，何时才能破茧成蝶呢？还是说，这只是一个虚幻的梦想，永远实现不了？

美好的未来，太渺茫了。即便是几十年后，早已功成名就，贺财霖回想起那段岁月，还是觉得辛酸，不知是如何挺过来的。

唯一的安慰，或许来自孩子。可每次难得回家看到女儿，女儿看向自己的眼神却总是有些陌生，他心中不免一阵伤心。

应该多陪陪女儿才是。每次他抱着女儿时都这么想。可是一踏出家门，他又不知道何时才能回来了。生活的车轮滚滚向前，也推着他不得不把孩子暂时放在了一边。也因为陪伴的缺失，在后来的人生里，想到女儿，他总是有些愧疚。

但这些细腻的复杂的情感，都暂时被搁置了起来。

债怎么就还不完呢？贺财霖有时候会陷入困惑之中。难道人生就这么陷在欠债—还债的轮回中，挣脱不了吗？唯一让他感到庆幸的是，自始至终，他的妻子郑佩凤都默默地陪伴在他身边。

为了尽快地还清债务，两人在能种的地方都种上了瓜果蔬菜。除了自己吃之外，多少也能卖上几元钱。积少成多，生活有盼头就行。

一日，家里收了酱瓜装了筐，贺财霖把筐挂在自行车后座上，想着出门去热闹点的集市上卖。因为有了之前卖鱼的教训，他现在总是选择夜半时分出门，凌晨集市上人少，也不容易撞见熟人。

刚上青峙岭，贺财霖稍微松了口气，往下坡的方向飞快地蹬着，忽然一阵风吹过，筐上用来固定的绳子散了开来，卷入了车轮里。贺财霖只觉得轮子一紧，整个人连带着自行车飞了出去。

难道我的人生就到此为止了吗？他脑海中闪过一个念头。但还来不及多想，突然被一根硬硬的东西给挡住了。他勉强爬了起来，才看清楚原来是一棵树，刚好长在坡道上。

真是不幸中的万幸啊。他心有余悸。呆立了片刻，检查了一下胳膊和腿，好在都只是皮外伤。歇了会儿，扶起车子，又在黯淡的星空下找寻散落的酱瓜，一一装好。

他忍着疼痛，慢慢地骑车向前。还是要去集市，还是要去卖菜。家人们还等着他带钱回去呢。

这段路程，也仿佛是他人生这一阶段的缩影，隐藏着或明或暗的凶险。再难，他还是要往前走，战战兢兢、如履薄冰地往前走。

正是因为这样的坚韧不屈，家中陈年的债务终于慢慢偿清了。

乍暖还寒

“你听说了吗？北京那边开了个会。”

“北京不是天天都开会吗，有什么稀奇的。”

“但这次，好像不一样……”

1978年12月，冷风依然吹拂着北仑这个偏远的海港，但有什么事似乎正悄然发生着变化。

匆匆而过的行人，交流的话语传到了贺财霖的耳朵里。他也听说了，广播、报纸都在报道，党的十一届三中全会召开了。

这个会，有什么特别的呢？起初他并不在意。直到后来的日子里，这个名称被反复提及，他才心头一动：风向，真的变了。

虽然，广播上经常播放大大小小的会议消息，但这一次，明显有所不同。会议召开的时候，很多人并没有在意。只是在接下来的日子里，会议的名称一次次地被提及，才渐渐被人所熟知。

“拨乱反正”“经济建设”“改革开放”……这些新鲜的、从前不敢提的词汇，像海浪般，一波又一波地冲击着当时人们的思想。贺财霖听着广播里传来的各种新闻播报，心中涌起了某种力量，一种想要破土而出、有所作为的力量。

政治风向变了，连这个东海之滨的村庄都感受到了什么新鲜的事物正在这片古老的大地上悄然生长。走在街上，来来往往的人群，大家的穿着、神态、气息，似乎都发生了微妙的变化。是的，人们在路上再相见时，从前那种灰扑扑的暗淡的神情不见了，取而代之的，是闪烁着渴望眼神的双眸。

从前缓慢而迟钝的时光，此刻忽然焕发了生机。像刚刚解冻的春水，即将为万物带来光辉。春水涌入了贺财霖的心中，他的眼睛顿时亮了起来。

蓄积已久的力量，正待破土而出。

古人说三十而立。自己现在刚过三十岁，是该做些什么了，他想。

此时的贺财霖，已经从杨木小学调到礁碶学校，又调到了下洋小学任教务负责人。因为下洋离他家近，他可以每天回家，方便照顾家里。

虽然贺财霖密切地关注着新闻的动向，但只是在观望着、思虑着，努力压抑着激动的心情。是的，尽管他想要有所作为，等待这样的风气开放已经很久了，但他现在必须谨慎。那场浩劫才过去不过两年，“资本主义尾巴”这顶大帽子，会不会再次扣下来呢？而如果再被扣上这顶帽子，可想而知，自己的家庭必然又会遭到重创。但是如果这是个难得的机会，自己难道就这么白白放过吗？人这一辈子，能遇上几个这样的节点呢？而且自己能做什么呢？

那段时间，他格外留心报纸上的新闻和身边的动向。实际上，同事们闲聊中这些内容也多了起来。

“隔壁镇那个老赵你听说没？原来摆摊卖鱼的，说是要去承包海塘了。”

“他家原本就靠海，倒也方便，就是不知道能不能做下去。别说老赵了，我们家隔壁的张木匠都准备去开个家具厂了。”

“真的？不过也好，反正试试呗，至少人家有这个魄力。”

贺财霖也凑了上去：“我听说那两个人也没什么钱，怎么承包的？”

“具体也不清楚，不知道是向亲戚朋友借的，还是向银行贷的。”

“哦。”贺财霖若有所思，“看来时代真的是变了。”

“怎么？你也有想法？”一个人打趣道。

贺财霖正要回答，却被另一个人打断了：“能有什么想法？教教书，养养家，差不多就得了。”

贺财霖觉得有些尴尬，不好再多说，笑笑就过去了。

虽然没说什么，但他心里已经有了主意，那就是一定要干起来，否则不是辜负这么好的机遇吗？翻来覆去想了好几天，他决定先去找校长老秦谈谈。两个人是老搭档了。说来也巧，贺财霖在杨木小学当校长时，老秦是教导主任；现在他来下洋小学当教导主任，又碰上了老秦当校长。人间的机缘真是妙不可言。

夏日的黄昏，吃过晚饭，他敲了敲老秦宿舍的门，正巧老秦也准备饭后散步，两人就往学校操场走去。

“这操场，都破成什么样了。”贺财霖踢了一脚脚边的石子，“要是能修整一下就好了。”

“哪来的钱啊？课桌都用了十几年了，你没看到有的桌子腿都在晃吗？教室都顾不上，还管操场呢。”老秦摇摇头。

“是啊，要是学校能赚点钱就好了……”

老秦一听，停下脚步，似笑非笑地看着自己的老搭档：“财霖，你老实说，今天和我散步，是不是有事说？”

“是有事，”财霖斟酌着道，“就是吧，我自己还没怎么琢磨明白呢，不知道怎么说。”

“少来了，你是那种人吗？你要心里没主意，还会来找我，还会说这些？”老秦拍了拍他的肩，“赶紧说。”

“那要是说得不对，你别放心上。”

“你怎么回事，和谁学得这么罗里吧嗦的？”

“行行，那我就说，”贺财霖笑道，“我听说现在很多学校都在办厂，一个呢，可以利用学校的场地和人力资源，另一个呢，还能赚些钱，改善下学校的教学条件和财务情况，把可以置办的东西置办一下，也是件好事。我们学校，是不是也可以这么干？”

老秦笑了起来：“我就知道你脑子灵，其实我也想着这件事呢。就是不知道交给谁办好。既然你有想法，也就省得我找人了。那这件事我可就全权委托给你了？”

贺财霖见事情如此顺利，也爽快地答应了：“既然你都这么说了，我也没啥好推辞的。就是有些事要请示，你可别不给通过啊。”

一席话后，两个人达成了默契。很快，一个校办厂筹建小组的队伍就拉起来了，贺财霖任组长。既然有了人手，又有了名目，他就紧锣密鼓地开始筹划了。

先要考虑的是做什么业务。必须是卖得出去、能挣钱，又是自己力所能及范围之内，大家不需要太专业的技能就可以上手操作的。他想了几天，想了一个，推翻一个，一直没想出个所以然来。

最后，他决定拉着朋友一起想。三个臭皮匠赛过诸葛亮，人多了，思路总会活泛一些。

贺财霖朋友多，平日里经常拉上一伙儿吃个饭喝个酒聊个天什么的。听他有意向办厂，大家都来了兴趣，纷纷出谋献策。

一个叫小张的小学同学突然提到，橡胶业务也许可以做，他可以负责销路。

“橡胶？”贺财霖对这个行业也不熟，就问，“这个好做吗？做出来有人买吗？”

“放心吧，我有路子，”小张信心十足地说，“只要你生产出来，我就能给卖出去。我的亲戚是搞采购的，在采购汽配橡胶，你知道油封汽配不？橡胶正好可以用来做这个。”

贺财霖心中一动。现在路上跑的汽车越来越多了，说明这一块的市场肯定是有的。或许真的能做？他答应回去想想。

而他从小玩到大的两个朋友贝根法和张敏法听说了他要做橡胶生意，也嚷嚷着说要加入。三人的关系向来很铁，还得了个诨号——“贺贝张三家村”。张敏法和他一样，在学校任教，而贝根法原先就在生产队里参加劳动挣工分。和贺财霖一样，挣得不多，也想做点什么事。

“哥们几个，终于要干大事了。”两个发小摩拳擦掌。

贝根法还建议可以做纸盒生意：“你认识小毛他老婆大梅吧？她姐夫是药厂厂长，需要很多纸盒做包装。要是能把药厂的业务拉过来，这纸盒生意就能开张了。”

贺财霖听着觉得像那么回事，忙问：“人家愿意把业务给我们？”

“你把大梅也拉进厂里不就可以了吗？她现在整天在田地里干活，累死累活的。要是也进了厂里，能不感激你？她去她姐姐那边一说，我看问题不大。”

贺财霖点点头，觉得可行。

这时，一直没开口的张敏法突然也开了窍，赞成道：“对，做纸盒好。我有个朋友是个鞋厂厂长，生产了鞋子，总得要鞋盒来装吧？要是我们能做出来，我也把这块业务给拉过来。”

大家聊得兴起，气氛热烈而欢快，似乎美好的未来已尽在眼前。而贺财霖被他们鼓动着，信心更足了。回去把人手和橡胶业务与校长老秦一商量，老秦也觉得不错。于是业务就这么定了。

既然是做橡胶和纸箱，厂子的名字也就随之而定，简单直接明了——“下洋学校纸品橡胶厂”。

这是 1981 年的秋天，贺财霖三十五岁。

执照申请好了，接下来，就是正儿八经地要准备生产了。但是在此之前，还有几个难题需要解决。

首先是厂址。这个问题不大，学校里空着几间教室，正好派上用场。

其次是人员。考虑到厂子需要用人，同时也是为了照顾各家的经济状况，筹建小组中的每个人，可安排一名家属在厂子里工作，每个月二十块钱。于是人员的构成大体上也定了：贺财霖任厂长，贝根法任供销，张敏法的妻子周亚珠任出纳，贝根法的妻子郑佩芬任车间主任……还有能为厂子带来销路的大梅，也进了厂子。

最后是资金问题。没有钱，添不了设备，发不了工资，采购不了原材料，生产也就无从谈起。可偏偏当时学校也拿不出钱，大家大眼瞪小眼的，一筹莫展。

贺财霖想了想，提议集资，由参与其中的人员每人出钱，等赚了钱再退还。

“学校财务上困难大家也知道，既然想把这件事做好，那么我们一起出点钱怎么样？只要大家把厂子办好了，不愁赚不到钱。”

大家一方面跃跃欲试，另一方面又有些犹豫。本来就不富裕，还得出钱。出多少钱合适呢？而且万一赚不了钱，这些本金还能拿回来吗？

贺财霖看大家没有动，又说道：“大家放心，现在纸盒和橡胶，我们都已经找好销路了，能生产出来，就能卖出去。能卖出去，怎么会赚不到钱呢？”

大家听着觉得有道理，很快就热情高涨、纷纷应和。

贺财霖算了一下大概的成本，原本想要每个人出一百元钱。

可当时一个教师，比如贺财霖，每个月的工资也不过二十四元，粮贴也只有两元。而如果因为厂子安排了家属，两个人都在厂里，一人一百元的话，一个家庭就得出两百元了，这无疑是个巨大的负担。大家商量后，采取了个折中的办法：以家庭为单位，家境困难的、对办厂有功的、有业务支持的、有技术支持的，出一人资即一百元即可。

“万事开头难，困难是暂时的。大家一起挺过去，一起做成这件事。只要东西卖得出去，这钱不迟早还是我们的吗？”贺财霖鼓舞道。

为了这一百元，大家勒紧裤腰带，硬是从牙缝里把这钱凑了出来。凑成的一千三百元，就是校办厂的启动资金。

钱有了，设备很快也到位了。接下来，就是技术的问题。纸盒的生产看着简单，但具体怎么做，还是有诀窍在，需要人来指点。

贺财霖看了看现在厂里的人，经验都为零。磨刀不误砍柴工，得先请人教教大家才行。

他就四处留心适合的人选，最后打听到有个童师傅在老纸盒厂工作了很多年，经验丰富，也在镇上。贺财霖就和贝根法登门拜访，想请老师傅帮忙。

童师傅见这群年轻人如此有想法，也爽快地答应了下来：“厂子办好了，学校有好处，对上学的娃娃们也有好处。有啥能帮忙做的，尽管开口。”

就这样，下班后或是休息日，童师傅就过来给大家做培训，并带来一个师傅进行指导，手把手地教他们做纸盒，定期检查他们的成果。大家干劲足，学习能力强，很快就把这门手艺给掌握了。

技术之外，就是原材料的问题了。做纸盒，得有纸张作为原料。贺财霖跑了几家都觉得不适合，最后还是靠童师傅介绍，才找到了杭州的华丰造纸厂。

贺财霖跑去杭州谈了谈，觉得品质、价格等各方面都不错。只是因为资金有限，就协商好买桶纸的钱先赊着，等纸盒卖出去了收回款项再结账。

最后就是销路问题了。医疗厂和鞋盒厂这两个渠道进展得也很顺利，几乎没让贺财霖费什么心。

就这样，每个环节都理顺了，纸盒厂就热热闹闹地开张了。这些年轻人知道，自己不仅是在为学校做事，也是在为自己谋出路——好歹得把本金收回来呀。而且只有产品质量过硬，才能维护好并进一步打开销路，所以大家学得认真、做得仔细，最后的成品也都令人满意。第一批货销出去后，很快又有订单来了。

而与纸盒业务相比，橡胶的业务有些许波折。

纸盒主要是卖给制鞋厂做鞋盒，给医疗厂做包装。这两家厂的业务量大，需求也稳定。可橡胶不同，原本是想给汽车做配件的，可因为汽车配件后来变成单位统一采购，他们失去了这个销售渠道，业务很快就中断了。而为了这个业务，他们反复试验了好多次才让产品达标，付出了很多的时间和精力。

好不容易才试制成功，而且生产橡胶的设备又那么贵，现在这么闲置着，大家既不甘心，又没法可想。那段时间，所有人都愁眉苦脸。

好在天无绝人之路。一日，一个从大榭来的客户来考察厂里的情况。了解了厂子的运营模式，又看了看产品质量，非常满意。得知厂子正在为橡胶的销售发愁，忽而说他或许有办法。

一听这话，贺财霖眼睛顿时亮了起来，连忙请教。

“是这样，我们和杭州的灯具厂也有业务往来，他们需要橡胶做的灯脚。要是有兴趣的话，可以去谈谈。”

“去，肯定要去。”贺财霖道着谢，问什么时候方便。

“我和那边联系好了，再找你。”客户很热心，“我看你们的产品不错，问题应该不大。”

“那也得靠人帮忙啊，要不是你这个贵人，我这个橡胶业务还指不定怎么样了呢！”

很快，那人就带着贺财霖去了杭州。临行前，贺财霖又特意把自己所掌握的橡胶配方的相关知识复习了一遍，又打探了一下市场上的价格，做了充足的准备。

杭州之行很顺利，接到了灯具厂的单子，机器又开始启动了。大家一扫之前的忧虑，又信心满满地开始劳作。而随着产品受到好评，更多的订单也从其他厂家雪片般地飞来。由此，橡胶也有了稳定的销售路子。

纸盒和橡胶这两块业务都上了正轨，所有人都跟陀螺似的转个不停。累，却快乐。因为他们知道，做得越多，厂子办得就越成功，收入也就越高。但是年底一算账，所有人还是惊呆了——居然盈利了一点六万元！

这么一个小厂，十几个人，几个月的时间，居然能取得这样好的成绩！虽然知道业务量一直在增长，但是得知这个数据后，大家还是有些不敢相信。

那段时间，每个人脸上都挂着笑，谈论着这笔钱怎么开支：置办教学仪器、修缮校舍，或是补助困难学生……这些规划里，完全没有他们的个人利益，他们也没有想过要从中多得到一些什么。在集体主义的氛围中，精神上的满足对于他们来说就是最大的享受了。

归还了大家的出资，结算了他们工资，如此而已。所有的人，都是怀抱着一腔热情，为学校的未来在付出，为取得的成绩而高兴。

为了犒劳大家的辛苦，贺财霖特意请大家一起聚了顿餐。

他举起杯子，敬大家，朗声道："辛不辛苦，大家都知道，感谢的话我也不多说了。今天，大家吃痛快、喝痛快，明年我们再接再厉！"

"好！"大家都举起杯子，欢呼声几乎要把小店的屋顶掀翻。

但是谁也没有想到，这却是校办厂的鼎盛期。美好的愿景，在第二年落空了。

开春的时候，似乎就有了预兆。工厂上了正轨，贺财霖却察觉到身体有些不对劲。为了办好这个厂，他辞去了教导主任的职务，一心扑在工作上。那段时间，他以学校为家，只顾着忘我地工作，早已超出了身体的负荷。

压力最大的，是没有业务的时候。他知道大家的投入和期待，害怕辜负所有人的信任。可他自己何尝不是从一无所知、慢慢摸索起来的呢？就这样，他在摸索中解锁了一个又一个的环节。他不仅要常常出去谈业务，接待客户，还要负责设计图纸、检查质量。

因为启动资金的不足，他还格外留心成本管理。一日他看到生产纸盒用剩的废纸板，觉得就这么当作废料有些可惜。他叫来了技术骨干小顾。

他捏起一块较大的纸板递给他："你看看，这个是不是还可以用？"

小顾接过来，用手比画了一下，点点头："再做下处理，还可以的，用来装小物件。"

他又瞧了瞧地上，明白了厂长的意思，笑道："不少还是能用的。"

"那就交给你了。每天下班后，我找人把废料扫在一起，你挑选一下。实在不能用的，再当废品卖掉，也能省不少钱呢。"

"行。"小顾高兴地答应了。

在高强度的工作压力下，贺财霖的身体也出现了不适。一日，他正在厂子里查看机器的运转，看着看着，忽然眼睛就花了，同时感到胸口一闷。刚开始他没在意，以为缓一下就好了，就没和旁边的人说。谁知越来越难受，同事见他不对，忙赶过来问询。

“厂长，你怎么了？”

贺财霖用手捂着胸口：“有点不舒服。”

同事见他脸色苍白，赶忙送他回去休息。很快，亲友们都知道了这件事，他们竭力要求贺财霖去医院。

要不要去呢？贺财霖有些犹豫。一方面是工厂离不开人，另一方面则是经济原因。很多人都想不到，虽然工厂盈利颇丰，贺财霖家中依然一贫如洗，连求医的钱都拿不出来。他那么辛勤地全心全意地扑在厂子里，只是为了做好这件事，对得起学校，对得起自己和同事们的辛苦。而他自己，从中并没有得到额外的收入。

最后，去医院的钱还是兄弟姐妹们掏的。他清楚地记得，姐姐与堂姐夫各自掏出了一百元钱，弟弟也给了他价值一百元的全国粮票，然后哥哥沛霖请了假，带他去医院。这艰难的时刻，是家人陪伴他度过的。手足之情，弥足珍贵。这大概就是家的意义、亲人的意义所在吧。当你在外面风雨中打拼，受伤归来，他们永远会是让你安心的港湾。

从医院归来后，贺财霖在家里歇了一个月。虽说歇着，但是经常忍不住去打探工厂的状况。一等身体好转，他又迫不及待地回了工厂。

此时的工厂，已悄然发生了变化。

虽然有校长老秦的支持，之前向公社汇报的时候，那里的领导也让他们放手去干。可现在，原来的领导调走了，新的领导对厂子的管理左右看不顺眼。

一日，这个领导来厂子里调研，皱着眉头道："听说你们这里做销售的，一天到晚在外面跑，人影也找不到。"

任供销的是发小贝根法，他见领导连工厂的基本情况都不了解，就这么颐指气使的，气不打一处来，不客气地说："销售当然要去跑业务，在厂子里坐着，难道业务会从天上掉下来？"

领导更生气了："那也得讲组织、讲纪律，以后出去，都得经过学校审批才行！"

贝根法也是个犟脾气："我究竟是校长管，还是厂长管？"

领导拍案而起："这是校办厂，还是厂办校？"

两人争得面红耳赤不可开交，贺财霖夹在中间，既想为发小说话，又知道不能得罪领导，两边为难。

"我来这个厂的时候，你还不知道在哪呢！"贝根法向这个领导撂下话，"大不了不干了，也不在你这儿找气受！"

领导被气得脸色发白，说不出一个字来，眼睁睁看着贝根法扬长而去。

贺财霖找了个时间想和贝根法谈谈，希望他能够从长计议，回来继续干。

可这个时候的贝根法已经冷静了下来，也铁了心。他直白地对这个多年的老朋友说："财霖，我不是信不过你，可是你看，现在还怎么做事？事情都是我们在干的，累死累活的不说，现在一句好话没有，还想把我当孙子训。"

"对对，回头我向上反映反映。"贺财霖劝慰着。

贝根法摇摇头："我看悬。说实话，这个领导不是那种好通融的人。财霖，我看你也要小心，这个厂不好待了。"

贺财霖当然也有所察觉。可是没办法，他是这个厂子的负责人，既然当初是由他牵头办起来的，而且已经办得有模有样了，怎么能就这么放手呢？

可是他的朋友贝根法说得没错。之前两人的交火只是前奏，是公社中心学校干涉校办厂的第一步。这年下半年，他们任命了一个新的教导主任，并调来一个人说与厂长二人负责，这分明是不信任自己了。

他想到自己辛辛苦苦拉着一众人把这个厂从无到有地办起来，不仅办了起来，还办得那么成功。其中的心血，岂是外人可以知道的？他们只看到了厂子盈利，却不知道这盈利背后，是多少人日日夜夜的付出。可现在，教育部门的领导明摆着是不信任自己，还用这种方式来膈应自己：说是共同负责，其实就是来分权；说是帮他减轻压力，实则是来窃取成功。

办厂的时候，一无所有，凭的是一腔热血。现在心既然冷了，贺财霖觉得待着也没什么滋味。他索性也递交了辞呈，离开这个伤心之地。厂子既然不打算办了，也就没必要留在学校里了。况且，他的心思早已不在教学上了。

听说他要走，一起办厂的同伴们神色黯然。

有的激愤："凭什么你走，要走也是他走！"

有的劝慰："要不再看看？再说，财霖你已经三十六岁了，好歹留下来教书也行啊。"

可贺财霖心意已决："天下这么大，我就不信我离不了这里。等我在别处有了着落，有愿意再来一起干的，到时候再聚。"

拿到辞呈后的校长老秦也一再挽留，同样没有成功，最后只能叹气道："你要走了，我看这个厂子也办不下去了。"

一语成谶。贺财霖离开后，校办厂勉强维持了八个月，还是倒了。原因显而易见：一是人心涣散，贺财霖走了之后，校办厂没有了事实上的主心骨。新来的那位教导主任威望不足，又缺乏经验，管理无从下手。二是原来的销售渠道都是贺财霖管理时苦心铺下的，现在人换了，很多客户也就不愿再合作了。内外交困，倒闭也在意料之中。

前一年，热火朝天欣欣向荣的一个厂，就这么憋屈地沦为了尘埃。得知盈利时那种胜利的喜悦仿佛还在昨日，可这喜悦却是如此短暂。

得知这个消息的贺财霖没有幸灾乐祸，只觉得百般滋味涌上心头，唏嘘不已。

那个倒闭的校办厂，埋藏着他的青春、他的热血、他的希望与失望。不能说没有遗憾。他也一次又一次地想过，这个厂原本是可以活下去的，而且是很好地活下去，如果他还在那个位置上的话。可世上没有如果……

而他也不能回头，因为前方还有更广阔的天空、更漫长的旅途在等待着他。他要带着过往的这份珍贵记忆，负重前行。

闯海弄潮

“你的幸运方向是往西落南。有军火大旺之命。虽然要花上九牛二虎之力，但一定会马到成功。”眼前的算命先生双目微闭，缓缓吐出这几句话。

贺财霖听得一头雾水。西南方？是哪里的西南方呢？镇里的，宁波的，还是中国的？军火又指的是什么？难不成还能和军队扯上关系？不可能，怎么可能呢？实在匪夷所思。

贺财霖想再多问问细节，可算命先生一副天机不可泄露的模样。没办法，贺财霖只好将信将疑地递上几张钞票，裹了裹衣服，随后踏上了去西安的旅程。

车站里人来人往，闹哄哄的一片。他找了个角落坐了下来，头歪在靠椅上，陷入了沉思。

1982 年的秋天，离开了下洋小学的贺财霖准备去镇海县教育局和老领导知会一声，说明一下自己离开的决定。他在学校里待了十二年，有太多的熟人、太多的情感羁绊在一起。如今告别了这个行业，无论如何也得和老领导打个招呼才是。

下了公交车后，他走上胜利桥，忽然对面来了个人，叫住了他：

“财霖，你怎么在这儿呢？”

贺财霖一抬头，原来是霞浦公社的党委书记老关，就简单地说了下自己此行的目的。

得知了财霖离开校办厂的事，老关连连摇头：“办得这么好的一个厂，怎么能放你走啊。可惜，可惜。”

“我走了，自然会有人接上的嘛。”贺财霖笑着，也向老关讲了校办厂由二人负责，自己就不必要了。既然已经作出了决定，再可惜也没用。

老关还是嚷着“可惜”，突然像是想到了什么，一扫方才的惋惜之情，似笑非笑地看着他：“那你还想不想办厂？”

贺财霖察觉到他话中有话，就道：“有适合的，当然去。但是呢，要能让我做得了主。若是束手束脚的，那啥事也干不成啊。我可不想再遭受一次同样的罪。”

“你可能也听说过，就是我们的良种场啊，也正想找人接手呢。”

“这不是公社里的吗？怎么能轮到我？”贺财霖有些意外，这个场的规模可比之前自己办的校办厂要大得多。

“你别管这么多，就说有没有兴趣。”老关看了看手表，“这样，我现在有点事，你也先去忙你的。什么时候有空了，来我办公室一趟，我们再仔细聊聊。”

再见的时候，老关很干脆地说了自己的想法：“你知道公社里那个良种场吧？前段时间倒闭了，但是厂子这么放着也不是个事。党委研究了一下，想在原厂址的基础上重新开一个。怎么样，愿不愿意来干？”

贺财霖先是有些错愕。倒闭了？时代真是变了，这样公家的良种场居然会倒闭。可能自己真的在学校里太久了，不知道外面的世界吹着什么风。不过现在看了，这风，说不定是站在自己这边的。

他抽出一支烟，递了上去："办呢，是想办。可你也知道，我现在一没钱，二没人啊。"贺财霖递了一支烟给老关，点上。自己也点了一支。

"又是'雄狮'？"老关看了看烟，打趣道，"这烟的名字还真不错。说不定你还真是只'雄狮'呢。"

"嗨，我现在能抽得起什么好烟啊。"

"等厂子办起来了，自然有好烟等着你。"老关吐了吐烟圈，"你刚才说的，都不是问题，只要你愿意接手，别的都好说。你有经验，也有才能，不继续办厂就太浪费了。这件事党委会议上先讨论一下，我把你推出去说一说。就这两天，给你消息。当然，你要是有什么困难，或者是顾虑，也尽管说。"

贺财霖笑道："领导信任我就行。我就是个干活的命，像一块砖，哪里需要哪里搬。"

他知道这件事稳了。老关是党委书记，说的话一锤定音。果然，没多久就给他带来了好消息，并代表公社和他签订了承包合同。

事情竟然进展得这么顺利，他简直有些不敢相信。莫非自己的好运气真的来了吗？但是看着签订好的白纸黑字的合同，他很快就回到了现实。内容如下：

新办的厂定名为"霞浦电讯零件厂"。

公社提供厂房和两千元启动资金，安排四个人作为员工。

推行借款办厂，向十来个人借款，每人款项一百元。

收益分配上，因厂房的所有权归集体所有，该厂每年需上交集体一千元作为租金。剩余的利润四成用于发展生产，六成作为员工的奖金。而这六成中，百分之四十作为厂长贺财霖的奖金。

厂子之所以取名为"霞浦电讯零件厂"，是因为在此前办厂经历中，贺财霖已经发现了五金这块领域的商机。与纸盒厂与橡胶厂比，五金业务销量大、利润高，只是技术、人员上的要求都比较高，而校办厂并没有实施的条件，所以他也没有提出来。而现在，时机来了。

当得知财霖要拓展这方面业务的时候，哥哥沛霖也积极地表示支持。他在某家五金厂做供销，看好其前景，认为可以做，他自己多少也能帮衬上一点。

想法很好，但厂子的当务之急是先生存下来。为了稳妥起见，他决定重回老本行，先把纸盒生意做起来。

这个生意，对他而言早已是熟门熟路了。让他欣喜的是，听闻他又办了厂，原来校办厂的员工们纷纷从那边辞了职，过来和他一起重新创业。都是老搭档，知根知底，又是做熟悉的纸盒生意，彼此早有默契。

“你一走，我们其实也不想待着了。可是没办法，总得挣钱。现在可好了……”

“我们就知道，你肯定还会办厂的。”

“只要你要人手，我们就来。不做这个生意，我们也来。”

老同事的信任，让贺财霖的干劲更足了。人心，才是最重要的。自己做得如何，他们才是最好的评判者。

而之前校办厂时积累下的生意上的人脉，又为新厂的发展铺好了道路。不少厂家得知是贺财霖办的厂，就主动找上门来谈业务，放心地将单子发了过来。

内部和谐，外部协作，纸盒生意就热热闹闹地开张了。

令人唏嘘的是，当这家新厂如星星之火呈现燎原之势时，原来的那个厂却是另一番处境。贺财霖一手创办又被迫离开的校办厂，生意江河日下，日渐惨淡……人员流失，订单锐减，资金周转困难……

一家厂子如果没有了主心骨，也就失去了灵魂。校办厂，并不是最后一家有此劫难的工厂。只是当时的贺财霖还没有意识到这一点，他只是想着眼下手里的自主权比之前多了，可以把自己的命运与厂子的命运关联在一起了，再次将全部的热情投入工作。

随着纸盒业务的利润悄然增长，新厂的根基稳了，可以图谋再发展了。以此为依托，贺财霖决定将生产重心逐渐转移到五金的生产上，如此，“电讯零件厂”才算名副其实。

这是两个截然不同的领域，贺财霖也必须从头开始，在摸索中前行。

首先是设备问题。五金厂不比纸盒厂，仪器设备成本颇高，按照计划买十台仪表车的话，就需要三千多元钱。五金厂的本钱，公社出的两千加上十几个人每人出的一百，总共不到四千元，如果全都投入其中，风险太大，流动资金也会面临短缺的危机。

思前想后，贺财霖找了个朋友当中间人，去仪表车厂问了问，看能不能先把账赊着，等业务有了，赚了钱再支付。资金流，也是当时很多初创企业的痛。

没想到对方得知是贺财霖的厂子，一口就应承下来了。

“他之前办的厂，我也听说过。人脑子灵活得很，又肯吃苦。这样的人不赚钱，谁能赚钱？”仪表车的厂长很大方。

信誉是硬通货啊。贺财霖告诉自己，一定要守住自己的信誉，这样未来的道路才能越走越宽。

就这样，凭借着他的信誉，十台仪表车就拉到了厂子里。员工们围着它们，像是迎接期盼已久的朋友。

有了这些“威武”的机器坐镇，五金厂终于有了雏形。

设备有了，下一步的问题，就是如何打开市场了。这是关键的一步棋，关系到厂子能否立足。

那段时间，贺财霖整天在外面跑，打探路子。厂子里摆放着的十台仪表车，果然让生产有了底气。但从某种意义上来说，也是十座背负的债山，每天压在他身上，让他心忧如焚、夜不能寐。业务晚一天接，就意味着机器要多闲置一天，等于是厂子的无形资产在流失。

这日他正坐在院子里想心事，一手搭在腿上，一手抽着烟。因为压力大，近来他的烟越抽越凶。因为没什么钱，买的是便宜的劣质烟，抽狠了，有时候呛得他眼泪流。

哥哥沛霖下了班，回来看到他整日眉头紧锁的样子，知道是因为厂子的事，就给他宽心："刚开始都这样，以后业务打开了就好了，慢慢来，心急也没用。"

贺财霖掸了掸烟灰，苦笑道："那也得先过得了眼前啊。现在跑的几家，业务早就已经有着落了，根本没有活可以给我们。"

沛霖想了想，说："我们这儿的厂家数量有限，我看很多大工厂都在西部，那里的业务量大，机会也多，要不你去那试试？就是有点远，就看你愿不愿意去跑了。"

"只要有路子，哪里还管得了远不远啊。"

"那行，我出差的时候认识了一个师傅，姓鲁，人很热情，是昆仑机械厂供应科的，在西安。我给你写封介绍信，让他看看能不能帮上忙。"

一听这话，贺财霖整个人就精神了。他起身把烟头扔在地上，用脚尖碾了碾，站了起来："那还有什么可说的，你写好了我就动身。"

哥哥沛霖的点拨给困境中的贺财霖指了一条路，而这似乎也给他的事业开了一个好头。听说他要去西安谈业务后，很快又有一个人找到了贺财霖，是厂里的会计王召玉。

“厂长，是这样，我有个姑父，原本是西安教学仪器厂的，现在退休了，但是厂里的事呢，他有时候也会过问。我想，说不定他那里有路子，你看要不要去试试？”

“西安吗？”

“对，就是有点远……”

“不远不远，”贺财霖连连摆手，“只是，你姑父愿意帮忙吗？”

“你要是去，我就让我爹写封信，介绍一下。我姑父现在闲在家里，也没啥事，应该乐意帮忙的。”

贺财霖喜出望外：“那就麻烦你爹了。这事要是成了，你可是大功一件啊。”

有了这两份介绍信，贺财霖心里有了些底气，往日笼罩着的阴霾被吹去了不少。但随着出行日期的临近，他心里又忐忑了起来。他生平从来没去过这么远的地方，而且是去谈一个新的业务。

他像一个拓荒者，站在广袤的荒原前。这里没有路，没有人。他需要靠自己，去开辟一条道路。而这需要多少时间才能完成，他并没有把握。也没人可以告诉他。

更重要的是，他只能往前，没有退路。或是为了让自己有些信心，他去找了这位人称“半仙”的算命先生。

这位算命先生相貌与常人一般无二，只是眼中似有一道锋芒，藏而不露。

“所为何来？”

“想问问生意的事。”

他细细地看了看贺财霖的相貌，问了问他的生辰八字，思索了片刻，给出了答案。

“这次最好往西落南”“你命中军火大旺”……对前途深感茫然的贺财霖不由得念叨起了算命先生的话。虽然还不十分明白，但心里已经踏实了几分。心定了，步履也就踏实了。

他穿上了自己最好的衣服，一套中山装。衣服虽然是旧的，但是昨晚妻子细心熨烫后，版型还可以，让他整个人显得英挺了不少。腋下夹着个包，包里是简单的换洗衣服，两封信。

这是一条漫长的旅途。彼时交通不便，他先坐车到了宁波，而后乘船到上海，再从上海转火车。一路上，就这么怀揣着两份介绍信。这是他此行的希望所在。

火车喷着蒸汽，呼啸着往西北而去。江南的风景转瞬即逝，地势渐渐开阔，很快，映入眼帘的，就是北方的深秋。

火车走走停停，到了一站，便歇一会儿，有人起身离开，有人踏步而来。起初，贺财霖还饶有兴致地看看外面，想记住这些风景，回去可以分享给朋友们。但很快就乏了。他昏睡一会儿，又醒一会儿，不知穿过了几条河流、几座山川，才来到了西安这座古老的都城。

西安，十三朝古都，展现出深厚的皇家气象。只是有任务在身，贺财霖无心去领略秦汉风采、大唐气象，想的只是赶紧拿着介绍信去找人。

等事业做成了，有空了，我一定要好好地再来看看这个城市。他对自己说。

贺财霖按照地址，一路打听，终于找到了教学仪器厂。王会计的姑父史师傅虽然已经退休，但还是住在工厂分配的宿舍里。

他退休不久，平时耐不得寂寞。看着眼前这个年轻人风尘仆仆的模样，得知从遥远的东海边一路跋涉来此，心里已被打动，热情地招呼他坐。

“史师傅，我们厂是生产小五金产品，就是想打开销售门路，请您引荐到教学仪器厂，您看……”

史师傅看完了介绍信，想了想："我现在已经退休了，厂里的事呢，也管不了了……"

贺财霖凝神屏气，认真地听着。

"大老远来了，也是不容易。这样，厂里供销科的黄科长是我徒弟，在他那里我多少还能说上话。你先歇会儿，明早我带你去找他，具体的事你们谈。"

贺财霖一听，连连道谢。

他找了家招待所住了下来。洗漱了一番后，旅途的劳顿潮水般涌了上来。他躺在床上，想着明天见面要说些什么，可很快就沉沉地睡去了。

第二天一早，史师傅一开门，就看到贺财霖已经蹲守在那儿了，啪嗒啪嗒地抽着烟。

他拍了拍贺财霖的肩："怎么大清早地就抽上了啊？"

贺财霖有点不好意思："跑业务，没办法，就靠这个提神了。"说着就扔下烟，跟了进去。

"这话实在。"史师傅点点头，感慨道，"我也跑了几十年了，这里头的辛苦，不干这行的人，说不清。你还年轻，以后的磨练多着呢。"

"是，是。"贺财霖附和着。

等史师傅用了饭，时间也差不多了，史师傅带着他向厂子的方向走去。

到了黄科长的办公室，史师傅先给两人做了介绍，说："小贺大老远地跑来，也不容易，你看看咱们厂子有什么活能给他们干的吧。"

"师傅介绍的人，总不会错。"黄科长是个典型的西北大汉，身子敦实，说话客气，但也敞亮："只是呢，毕竟没合作过，也不知道你们厂有没有经验，能不能干得了活。”

贺财霖明白对方担心得有道理。自己厂子现在可以说是一穷二白，除了机器，人员、技术上全都还没着落。但这时候，他必须给自己底气，也让对方有信心。

虽然心里有些发慌，但贺财霖努力让自己镇静下来。他装出老成的样子，从兜里摸出一包烟，打开，递了一支给黄科长。

黄科长接过了烟，夹在手指上，不动声色地看着他。

“黄科长，你放心，我们厂是公社领导支持办的，要是靠不住，对上面也不好交代啊。再说，要是做不好，我们这生意也没法往下做了。”贺财霖陪着笑，“再说，对史师傅也不好交代。”

“那也是。”黄科长点点头，“那你们厂以前做过的产品有带来吗？”

贺财霖心头一紧：“这个还真没有。”

他正想着要不要再进一步做解释时，黄科长不以为意地低下头，从桌上拿起一长一短两根圆钢：“你看，你们厂这个能做吗？能做的话报价大概多少？”

五金还没正式开始做，哪来的报价？对方明显是在考验自己。贺财霖手心沁出了汗。好在平日里，他和哥哥沛霖也聊过这方面的业务。哥哥常年在外跑，告诉了他很多基本知识，比如产品价格为材料的成本价格乘以二，材料的成本等于材料的单价乘以材料重量，材料重量等于材料体积乘以材料密度。现在，这正好派上了用场。

读书时数学好的优势此时也发挥了出来。贺财霖拿起圆钢，在光线下眯着眼睛瞧了瞧，一边用手比画着长度和直径，一边根据圆周率计算了一下，很快就给出了数据：“长的这根两角，短的这根算八分吧。”

黄科长夹着烟的手停滞在半空。他不置可否地看着贺财霖，然后大笑了起来。

贺财霖不知道他是什么意思，忐忑地把两根东西放了回去。

黄科长却连连摆手："这圆钢你就收着，拿去做样品吧！"

"什么？你的意思是？"贺财霖有点不敢相信自己的耳朵，生意就这么谈成了吗？会不会太容易了呢？

"不瞒你说，这两根圆钢是一套，虽说你计算每根的价格有些出入，但总数和这一套的价格却是一模一样，正好是两角八。你说这准不准？我该不该笑？我看你这个人，靠谱。"

方才紧张的气氛一扫而空。贺财霖的心顿时放了下来，紧绷的脸上也浮出了笑容。

一直公事公办模样的黄科长此刻亲切了很多："这样，你们先做三千套吧，每套就按这两角八算。做得好，以后可以再合作。"

贺财霖迅速在心里默算了一下，这一单子，厂里就拿到了八百四十元的销售额。

"行，谢谢黄科长，有什么问题的话，请随时指教。"

西安之行旗开得胜，让贺财霖吃了颗定心丸。他决定乘胜追击，把能跑的路子都跑一遍。

他带上两个样品，拜别了史师傅。又按照哥哥信件的指引，前往昆仑机械厂找鲁师傅。

鲁师傅也是个热心肠，看了介绍信，就问起他哥哥的情况。

"沛霖现在在哪块跑啊？"

"这个小伙子人勤快，又谦和……我看你们兄弟挺像啊，怎么都开始做这个了？"

又问起贺财霖的情况："这几天你跑了几个地方了？"

"打算待多久？"

“业务量有多少了？”

……

贺财霖一一做了解答。

正说着话，有人找来了。鲁师傅说：“这样，你先到附近招待所住下。我手上现在有点活，一会儿空了我再去找你。”

鲁师傅没有失信，没多久就来了。

他想了想，说：“我们厂这边，没啥业务可以给你，不过这边厂子多，多跑几家，总会有机会的。”

他一边给贺财霖如数家珍般介绍着西安一些厂子的情况，一边带他上门去联系业务。

西安果然是个工业大城市啊，贺财霖在心里感慨着，光机械厂都不知道有多少家。贺财霖记下了一个又一个工厂的名字：光辉机械厂、秦川机械厂、黄河机械厂、昆仑机械厂……短短的几天，就跑了差不多十几家工厂，只可惜并没有什么收获。

“我们的业务已经找好合作方了。”

“老鲁啊，你来晚了一步，刚和人签了合同。”

“不好意思，这个活，你们怕是接不了。”

……

不知道转了多少趟的公交车，吃了多少次的闭门羹，可是一个单子都没有接到。贺财霖的心一点点冷了下来，最初那单业务的成功带来的喜悦，也消磨得差不多了。

西安渐渐步入了深秋，城市也被一种混沌的黄色笼罩着。北风渐渐强了起来，吹得两人脸色发红。

鲁师傅带着贺财霖钻进了路边一家面馆。

他点了两大碗面：“先暖暖身子吧，这里比不得你们南方，冷风说来就来了。”

“我倒是没什么，就是怕耽误你的事。”贺财霖有些不好意思，“再说，跑了这么些天，一个好消息都没有。”

“这算啥，我们一出去跑业务，几十家上百家的厂子，一个一个敲门。都是这么过来的，你啊，还年轻，慢慢来。”

听了这话，贺财霖心里又暖和了起来。

眼前的面条冒着腾腾的热气，和外面相比，仿佛是另一个世界。

“有时候啊，就是碰运气。很多厂子单子早早就定下来了。运气一来，随便一家，都能成。现在就是时机没到。”

“多碰碰运气也是好的，”贺财霖虽然心中焦虑，但也一直给自己打气，“这大老远的还要辛苦你跑来跑去，我实在过意不去。嗯嗯，要不给我地址，我自己找过去吧？省得你跟着这么折腾。”

鲁师傅吃得满头大汗，一边擦汗，一边宽慰着贺财霖：“我现在还有空，还能带你跑跑。有熟人，总归方便点。只是过两天我也得去外面跑业务了，如果那时候你这边还没着落，我就让我弟想想法子。他那边说不定也有路子。”

“这段时间，真是麻烦你们了。”贺财霖心中愧疚又感动。

“没事没事，出门在外，都不容易。要是能谈一笔生意下来，也不枉费这两天跑东跑西了。”

过了两天，业务还是杳无音信。这时，鲁师傅把一个人带到了贺财霖面前，正是他的弟弟，一个军工厂的生产科长。鲁科长和他哥哥身形相似，且也是个性情直率之人。他提出可以去咸阳的军工厂看看。

“我们和那边的一家军工厂合作过，跟那家的模具科科长还有些交情。你要有时间，我们就去那里跑一趟。”

“军工厂？”贺财霖猛然想起了临行前算命先生的话，心情激动了起来。所谓的“军火”难道就是指这个吗？实在太玄乎了。有可能是巧合吧……所以他也没有提起这件事，只是连连道谢。

这些日子以来，一程山水接着一程山水，且是山重水复疑无路的山水，让他的心疲惫不堪。而现在，某种力量又从心底滋生了出来。莫非等的就是这个转机？

在鲁科长的陪同下，两人坐车前往咸阳，顺利见到了这家军工厂的模具科张科长。可迎接他们的，并不是好消息。

“五金的话，我们没有和外面合作的，”张科长见他们大老远过来，有些不好意思。好在他话题一转，又给指了一条路，“洛南那边有家军工厂，军工、民用方面的无线电元件都在生产，业务量比较大。他们工具科的任科长和我还比较熟。这样，我给你写封介绍信，你去那边碰碰运气？”

“洛南”“军工厂”，这两个词让贺财霖又想到了算命先生的话。

他看向鲁科长，鲁科长道：“既然都到这里了，就试试吧。只是，我和那边没来往，过去也没什么用。”

贺财霖忙道：“我自己去就成。耽误了这么长时间，已经够麻烦你和鲁师傅了，回去后，请代我转达谢意。以后要是能用得着我的，千万别客气。有机会来宁波的话，一定和我联系，到时候让我也表表心意。”

“说哪的话，大家都是兄弟，”鲁科长拍了拍他的肩，“路上小心点，希望洛南那边能有好消息。”

那天晚上，住在工厂的招待所里，贺财霖一夜无眠。他感觉自己像是一叶小舟，颠簸在渺不见其极的大海上，随波逐流。一阵风来，一波浪起，他就换了个方向。

又像在找寻一个传说中的宝藏，跟着一个提示，走到下一个提示，接着又是一个提示，有时候还和陀螺似的来回转着……宝藏究竟在哪里呢……

“军工厂”“陕西”“西安”“洛南”……想着这几个名词，出行前算命先生的话又在耳边响起。

第二天，东方还未发白，他就一跃而起。一开门，一阵冷风就扑到脸上。他用手使劲地搓了搓两颊，强行打起精神。

他牢牢地记着张科长说过的话：从咸阳的军工厂到洛南的军工厂有厂车，一天一趟，只对内部人士开放。要上车，就不能在始发站等，因为要检票。而下一站上的人多，也不会仔细检查，容易混在人群中。

现在，贺财霖就按照他的指点，特意走到了下一个车站。那里有黑压压的人群等着，车一到，门一开，大家就顶着寒风涌了上去。他心中一喜，也就低着头，缩着脖子，跟着人群挤了上去。

门一关，车子缓缓地往前驶去。贺财霖刚松了一口气，却被检票员瞅见了。他走过来，质问道：“你哪来的？厂子里没见过你啊。”

旁边的人齐刷刷地就把目光投了过来。贺财霖顿时觉得耳根子热了起来，只好硬着头皮，赔笑说：“我是来你们厂跑业务的。要去洛南，没有别的车，就想顺一道。”

“去哪儿都不能坐这车啊，这是厂里的职工才能坐的不知道吗？”他的声音高了起来。

“是，对不住，我这也是没办法。你看，这是张科长的介绍信。我出来跑了好几天了，这业务还没跑下来呢。要不，我补个车费，你看行不？”

“厂里的车，不收车费，”不过对方的口气终于软了下来，“听你这口音，也不像是这里的人。”

“是，我是从浙江那边过来的，因为办厂，厂里大伙儿都等着我能带业务回去，所以就来看看这边有没有路子。这边实在不熟，看到你们的车去洛南，就上来了……”

检票员看他这一路确实不容易，人也算厚道，终于没再多问。

贺财霖想把自己尽量缩小一点，尽量不让人看见。不知怎的，他想起了多年前挑冰的场景，那个双脚踩在冰里、被冻得身体僵直的少年，在寒风中艰难地向前跋涉着。前面是风，后面也是风，好像只有他一个人行走在天地间。不知道还要挑多久，才能让肩上的担子轻一点……

咣当！整个车身一震。贺财霖明显感觉到自己失去了重心，赶忙艰难地摸到扶手站稳身子。但这几乎是不可能的事。整个车子左摇右摆、晃晃悠悠，有时候一个急刹车，整车人都向前歪斜着。车上的人神色却都很淡漠，似乎都已经习惯了。贺财霖只好把自己再绷紧一些。

后来他才知道，那辆车子当时正在翻越秦岭。山路陡峭又窄，转弯极多，而且不少路段都是临着悬崖。有时候对面来车，就必须小心地把车贴着山体，让对方缓慢通过。

这样的路程，车子颠簸了整整两个多小时才抵达目的地。一下车，他就发现自己后背都被冷汗浸湿了。

看到洛南军工厂的标志，他松了一口气，再三向检票员道谢。检票员摆摆手，知道他要去找工具科的任科长，还给他指了指路。

问了好几个人，他才找到任科长的办公室。

任科长打开介绍信看了看，皱着眉头说：“你这业务，不归我管。”

“那你看，我找谁合适呢？”贺财霖小心翼翼地问道。

“采购科吧，我带你去。”任科长说话也不含糊，“是那儿的龚科长管的。”

到了采购科，任科长道：“龚科长，这是从宁波来的小贺，他跑了好几个地方才找到这里，你看我们这儿有没有五金的业务能给他的？”

龚科长抬眼看了看贺财霖，回绝的话委婉而果断：“任科长，你也知道，我们厂五金业务本来就少，来跑这个业务的人又多……”

任科长转过身子，抱歉地对贺财霖道：“看来你又要白跑一趟了。”

可贺财霖却没有打算放弃。他从龚科长的“业务少”中，似乎嗅到了一丝回旋的余地。

“龚科长，我们厂也不大，只要有业务，多点少点都成的。”

可龚科长却似乎打定了主意，没有松口。显然，他并不信任这个从未合作过的生产商。

此时，连日奔走的贺财霖有些泄了气。他又想起那个算命先生的话，不由得产生了怀疑。这果然是个糊弄人的江湖术士么？如果这里再找不到业务，还是回去算了。

可现在没有办法，已经到了这里，他决定先去吃饭，把肚子填饱，然后去招待所入住，想要休息一下。到了招待所，他才发现这里汇聚了来自五湖四海的跑业务的同行，其中还有不少是他的浙江老乡，就和他们搭上了话。

这些人来的时间比较早，对这个工厂已经摸得比较熟了。得知贺财霖在龚科长那里吃了个闭门羹，连连摇头。

“龚科长那儿，没戏。”

“我在他那磨了很久，一点用也没有。”

“就是，他那个人，一口唾沫一口钉。说不行，就不行。再磨下去也是浪费时间。”

也有人出了主意：“我看啊，你不如去找找黄师傅吧，说不定他能给你些业务。”

“对对对，黄师傅这个人好说话，而且他也是我们浙江人。”

听着他们七嘴八舌地聊天，贺财霖的心也跟着起起落落的。见他紧张的模样，大伙儿就撇开了业务，问起了他的个人情况。

“你多大了呀？”

“1947年的。”

“这可巧了，好像和黄师傅同年的。你们更能说上话了。”

话题又绕到了黄师傅身上。贺财霖像是见到了一丝曙光，忙问道：“怎么找到他呢？”

得知了黄师傅的办公室后，贺财霖不敢马虎，匆匆地扒拉了几口饭，就往那边跑。到了那边办公室，贺财霖在门口张望着，不知道该不该进去。

黄师傅见有个陌生人在门口那边探头，猜测是来跑业务的，就过来招呼他。

“怎么，找我吗？”他早已见怪不怪了。

“是，您是黄师傅吧？我是从浙江赶过来的，想看看有没有五金的业务。”贺财霖老实地说道。

黄师傅摇摇头，和龚科长的说法如出一辙：“我们厂这块的业务少。”

“少也没关系，只要有就成，我也好回去跟厂子里的人交代。”可能是吃饱了饭，休息了会儿，有了力气；又有可能是因为听了刚才招待所里那些人的话，贺财霖觉得信心好像又回来了。

很快，就有人过来：“老黄，你快过来看看这张图纸。”

黄师傅就对贺财霖道：“你看，我这儿也忙得很，实在没法接待你。”

贺财霖忙说：“没事，您先忙着，我不急。”

为免惹人厌烦，贺财霖没在办公室久待，而是守在了工厂门口。他做好了打持久战的准备。到了下班的点，厂门一开，一见到黄师傅骑着自行车出来的身影，贺财霖就一个箭步跟了上去。

大概跑了两三里地，自行车终于停了下来。大冷的天，贺财霖跑得出了一身汗，扶着墙喘着粗气。

黄师傅听到声响，回头见是他，吃了一惊："你怎么找到这儿来了？"

"浙江这么远都过来的，这些路也不算什么。"贺财霖一边扶着腰，一边喘着气解释说，"听……听说您也是浙江的，而且和我一样，也……也是1947年出生的，我就想着，说……说不定还能争取一下。"

得知是老乡，黄师傅脸色缓和了很多，也不再像原来刻意拉开距离了。"那么远跑来，可真够不容易的。"一边说着，一边邀请他进屋。

"不容易"三个字，听得贺财霖心底泛酸。

他一五一十地说了自己办厂的情况，包括在陕西这段日子辗转各家工厂的波折："说实话，要是不拉点业务回去，对不住厂里的同志啊。不过也亏得路上碰到了好几个人的帮忙，不然我也找不到这里。"

"厂长不好当啊，像你这样才开始干的，就更难了，"黄师傅听得连连叹息，"可既然龚科长都说没业务了，我这里也给不了你活啊。再说了，我们是军工厂，要求比一般企业高。要是做不了，不是更白费力气？"

贺财霖知道，每个供销员都有自己的业务权限，但现在只有软磨硬泡了："只要有活，我保证能给做出来。麻烦你帮我想想办法？你看，我这鞋子都快跑烂了。"

他抬起脚。确实，这些天下来，鞋子有几处已经脱胶了，边上要磨得毛毛糙糙的。

黄师傅虽然态度软和，却一再表示爱莫能助。大概是为了缓解尴尬，他端起盆子去院子里洗衣服，贺财霖忙跟过去给他打水。衣服泡好了，他又去淘米，贺财霖就蹲下身子去给他生火。

当米饭香气从灶台溢出的时候，黄师傅终于松了口："我这里的业务量确实也不多。这样吧，你明天来办公室找我，我想想办法。"

贺财霖喜出望外，连声道谢。这一路上他都不知道道了多少谢。这次的感谢，让他感觉分量格外的重，可随后他心里又变得无比轻快舒坦。

这么多日子以来，他的心里都压着一座沉重的大山。他一步步地前行，就像愚公在一铁锹一铁锹地搬运那些山石。现在，这座难以撼动的大山终于变得单薄了。希望，是多么的珍贵。

第二天，贺财霖早早地来到了黄师傅的办公室。黄师傅已经把图纸给准备好了，整齐地叠在办公桌上。

"你看下，这些呢都是我们厂需要的，你看你们能做哪些。"

图纸上细致地画着各种几何图形，标注着各个物件的尺寸。贺财霖感叹着军工厂的专业与细致，心里有些忐忑。自己的厂子，有能力做出这些产品吗？

他把这几卷纸翻来覆去地看了又看，挑了几张产品尺寸简单的图纸，把剩下的还给了黄师傅。

"要不先这几个吧。"贺财霖笑着说。

"行，你回去把样品先生产出来，要是合格的话，就没问题了。"黄师傅看也没看，就把剩下的图纸放回了抽屉。

"好的。谢谢你啊，黄师傅，我一定把活做好。"

黄师傅看他一脸认真的样子，笑了：“有什么事，随时联系吧。”

贺财霖知道，这个对自己而言如珠如宝的单子，对于军工厂来说不值一提。但他还是深深地感激黄师傅，因为他此番漫长的旅途，终于抵达了终点。

命途多舛

这是什么桥？它一定有名字吧，这个名字，以后就和我贺财霖放在一起了……寒风从桥上掠过，差点吹翻了贺财霖那又旧又破的棉帽。他的脸冻得通红。大概已经是麻木了。身后人来人往、车来车往，都是匆匆而过，而他只盯着桥下的水流。

就这么跳下去吧，跳下去，一切都结束了。他想。从此世界上不会再有一个叫贺财霖的人。那些吃过的苦、受过的罪，也就全都了了。他的脚步往桥边又挪了一寸。

但是转念一想，他迅速打消了这个念头。旅途虽然艰难，但毕竟，自己已经迈出了关键的一步。

那天从军工厂出来后，天色已晚。贺财霖在招待所休息了一晚，打算次日一早踏上去往火车站的汽车，准备回家了，带着胜利的荣耀。与来的时候不同，踏上回程的他，心情轻松、愉快了很多。

不，不只是轻松愉快，应该说是喜极而泣。是的，他真想大哭一场，把这些天所受的艰辛、折磨通通哭出来。但他没有。至少，要等回到家再说。他告诉自己。已经三十三天了，这三十三天里，他一直绷着紧张的情绪。现在这情绪缓解了很多，以至于当有人挤过，往他身上一靠，他都没反应过来。等察觉到不对时，那人已经下了车。

钱，我的钱！当他察觉到不对时，那人已经下了车。

他顿时头皮发麻，赶紧拎起包下了车，向着那个人的方向追了出去。

“您看到刚才有个人从这跑过吗？他往哪边去了？是个小偷，偷了我的钱！”他急急地拉过路边的一个大爷。

“小偷？”大爷同情地看着他，摇摇头，“我看你还是别追了。”他往四下看了看，低声道：“他们是有一伙儿呢，追上去反而危险。”

“那怎么办？好几百块钱啊！”贺财霖不甘心，“这不光是我的钱啊，是我们厂的钱。”

“就当自己倒霉了吧。”大爷叹了口气，“你看，你手里还有包，别连包都被人抢了去。”大爷摇着头，慢慢走远了。

陌生的城市，陌生的人……路上的这些人，穿着相似的衣着，有着相似的神色，难以辨认。西安这座古老的城市，此刻在贺财霖眼前变成了怪异的模样。眼前涌动的车流与人流中，必然潜藏着一只肮脏的手，手里揣着从他身上窃取的余温尚存的一叠钱。那一定是个惯犯，能敏锐地辨别出谁是异乡来的人，谁的身上带着盘缠，谁哪怕察觉到不对，也会因为对这个地方的不熟悉而无法追踪。

三百元钱啊。他茫然站在路边，像是要把眼前的一切都看清楚，但好像又什么都没有看到。寒风一阵阵袭来，似乎要吹走他身上的最后一丝暖意。

忽然，胸口一动，手肘碰到了什么东西。他摸了摸，想起来了，自己并不是一无所有、走投无路。其实一路上走来，贺财霖都很小心。出门时带的两千块钱，他一直分开放。业务谈完后，只剩下了三百多元。他就把三百元放在贴胸口的口袋里，几十元散钱放在腰部的口袋里。正是这个策略给他留了后路。

这是上天给自己的启示吗？天无绝人之路？他抬头看看天空，似乎很快要下雪了。

贺财霖，难道你的命就只值这些钱吗？如果这些钱你都扛不下来，那你还做什么事业呢？所剩无几的散钱像火苗般，再次点燃了他的斗志。他果断地转身，把那桥、那水、那陌生城市的冬天抛在了后面。

回乡之旅，似乎比他来时显得更加漫长。这些所剩不多的钱，一分一毫他都得小心计算着花。

到了火车站，去上海的坐票没了，只好买了站票，花了二十八元钱。

那时还是绿皮火车，咣当咣当地喷着蒸汽，在天空中画出一道又一道云雾。临近过年，旅客们带着大包小包，把车厢塞得严严实实。

贺财霖找了个靠近锅炉的门口位置，随着火车的晃动而晃动着。

过了半天，他觉得嘴巴干得不行，想去接杯水喝，可身边满是挤得严严实实的人，只好作罢；眯着眼睛休息，可又不敢全然睡过去。他的神经始终紧绷着，担心身上的图纸和所剩不多的钱。

就这么一路昏昏沉沉的，终于抵达了上海真如火车站。真如火车站，也叫上海西站，因位于普陀区真如地区而得名。

一到站，他赶紧先去接了杯水喝，又用冷水抹了把脸，让自己清醒过来。来不及停歇，又买了张去往宁波的船票，花了两元八毛。

到了宁波的港口，下了船，贺财霖已经饿得头晕目眩了。再不买点东西垫肚子，真不行了。他翻遍了几个口袋，只剩下几分钱和一张一百斤的粮票了。

一会儿还得再转个公交才能到家，所以这钱还不能动。

他看了看，快步跟上前面方才一同乘船的旅客。

“大哥，那个，不知道您身上有没有带钱？”贺财霖问道，他就掏出粮票，赶上，声音近乎哀求了，“我身上的钱被小偷顺了，剩下的钱都买了车票。您看能不能买下我这个粮票？我已经一天没吃东西了……”

这人停下脚步：“你这口音是宁波人吧？你这是从哪回来啊？”一边看着他，一边翻着兜。

“去了趟西安，结果回来的路上倒了霉，碰到了小偷。”贺财霖苦笑道。

那人收了粮票，递过钱，同情道：“是够远的，回来了就好。”

贺财霖忙不迭地道了谢，跑到车站的小卖部买了两个饼。就这样，靠着这两个饼，贺财霖一路跋涉着回到了家里。

熟悉的海风，熟悉的沁骨的寒冷。

在外奔波了三十三天的贺财霖，终于回到了家乡。

见到他的时候，妻子郑佩凤几乎快认不出来了：一个多月不见，他人瘦了，头发长了，胡子拉碴，脸黑黑的，衣服脏得不像话，鞋子也脱了胶，像逃难归来似的。

“你这，真是去活受罪啊。”妻子一边给他掸着身上的尘土，一边心疼地埋怨着。接着跑去烧起热水，给他准备了换洗的衣服，让他好好地洗一洗，又把他换下的脏衣服泡在了桶里。

“跑业务的，都这样。”到了家，喝了口热水，贺财霖的力气又回来了。他不想把路上的磨难告诉妻子，怕她以后担心。“家里咋样？两个囡囡好吗？”

“和以前差不多，都好，就是有时候念叨你，说爸爸怎么还没有回来。现在在老黄嫂子家玩耍呢。”妻子手上忙活个不停，“你还是先操心自己的身体吧。”

“没事，睡一觉就行了。”

果真如他所说，吃了顿饱饭，睡了顿好觉，贺财霖整个人都回到了以往斗志昂扬的状态，像一棵被阳光晒蔫了的麦子，看着快不行了，可喝足了水，就又重新挺起了腰杆。

第二天一早，他就带着几张图纸来到了霞浦公社。当时公社的领导们正在开党委会议，得知他回来了，还带来了业务，马上就开始热烈讨论下一步安排。

“派你出马，可真是找对人了，这才没多久，就拉来了业务，而且还有军工厂的单子，可真是不得了。我们镇上，有几家能接到这样的单子啊？”党委书记老关兴奋得直拍桌子，“那接下来，是不是可以开始生产了？”

“对，不过你们也知道，教学仪器厂的单子好做，可军工厂的要复杂些，他们的要求高，要是做不好，还是白费。所以还得去找能做这块的有经验的师傅。”

“对对对，你好好找找，我们大家也去打听一下。这单子做好了，以后就不愁了。”

这时候的大伙儿都信心满满，想着最难的一关已经啃下来了，后面的该顺风顺水了。可谁知道，就是这一关，差点让之前的所有努力付之东流。

当时霞浦镇上虽然有不少生产五金的厂家，但是贺财霖拿上军工厂的图纸请人家一看，都纷纷摇头：“我们平时做的都是简单的小件，这难度太高了，做不来，做不来。”

“要不再琢磨琢磨？说不定能做出来呢？”贺财霖还想努力一把。

但师傅们都打了退堂鼓：“说实话，这图纸我们都看得不是十分明白。要万一做坏了，责任可背不起。”

贺财霖不信邪，他不相信这么大的宁波，没有一个懂这个图纸、做这个产品的人。可时间一天天过去，西安教学仪器厂的样品早就做好了，可军工厂的却连个眉目都没有，贺财霖越发焦虑了起来。

他发动了身边所有的人去找，但一无所获。

这时，妻子突然想起了一个人：“我以前在九峰校办厂上班的时候，也有仪表车，有个女师傅技术挺好，要不去找找她？”

“只要有可能，就都去问。”但凡有一丝希望，他都不想放过。

女师傅来了后，看了图纸，也表示很为难：“类似的图纸我倒是见过，但从来没做过。怕是帮不上忙。”

“那有没有别人可以引荐一下呢？”贺财霖问道。

女师傅想了想：“我老公比我经验足，技术也好。说不定他看得懂，做得出来，但我也不敢打包票。”

“那能不能麻烦他来看看？”贺财霖实在没办法了，能问一个是一个。

没想到，她的老公陈光荣看了之后，竟没有像之前的几位师傅一样推搪，反而表示也许可以试试。

“可以试试”这几个字，一下子点燃了贺财霖心里的火花。

“真的吗？你能做？”

“也不一定，但是我觉得可以试试。”

这个答案对贺财霖来说已经足够了。奔走了这么多日，他需要的，其实是一个肯定的答案，给自己，也给自己的厂子以信心。

他激动地说："只要你肯做，需要什么，我一定配合你。"

为表诚意，他花了重金把陈光荣挖了过来。当时贺财霖一个月的工资不过五十多元，却给陈师傅开出了八十多元的薪酬，可见他的求贤若渴。

陈光荣师傅倒也认真，按着图纸的样式没日没夜地钻研着，有把握了，就指点着车间的工人，加班加点把样品给做出来了。

看到样品的一刹那，贺财霖大喜过望。他连连向陈师傅道谢，兴奋地说："找你来可真是找对了。"

陈师傅也就跟着笑。

贺财霖带上这两个厂的样品，满怀希望地踏上了去往陕西的列车。这一次，他畅想着美好的未来，心情轻松愉快。然而旅途中的时候有多兴奋，抵达的时候，就有多绝望。

教学仪器厂的单子没什么问题，顺利通过了，可以批量生产。

可当他把来之不易的军工厂的样品交到检验员汤师傅手上的时候，看到对方的脸色，他就有了不好的预感。

连接套很小，比半个手指还小。黄师傅用卡尺量了一下，又用塞规塞了一下，皱了皱眉头，又看了看贺财霖。他把样品往桌子上一扔，冷笑道："这是什么啊？连接套？你套一个我看看？"

贺财霖原本期待的心顿时跌入了冰窖。

他把样品捡了起来，喃喃道："我们师傅是按照图纸做的啊，是哪里出了问题吗？"

"哪里出了问题？"汤师傅没好气地说，"难道还是图纸的问题？你们师傅是不是连自由公差都不知道是怎么回事？正公差、负公差都能做错，连基本的常识都没有，还敢来接活？这不是耽误我们的事吗？"

自由公差、正公差、负公差……这一个个专业术语听得贺财霖脑子嗡嗡地响。他知道肯定是出差错了，拿起这两个部件，确实套不上去。他急得出了一身汗。

但眼下最重要的是稳住对方，把这个单子给守住。

贺财霖放低声音，赔笑道："师傅是老师傅，这次可能是紧张了，毕竟军工厂的单子确实做得少。您再给我一次机会，这回要是再不行，我也没脸过来见您了。"

汤师傅见他这么低声下气的，也就不忍心再说重话了："那你拿回去重做吧，这次得小心点，自己先检查一下能不能用。"

"一定，一定。"见汤师傅态度软和了，贺财霖就向他请教起了正负公差怎么看，"你看，我也不是搞技术的，这些活我本来都是交给师傅的，做对做错心里都没底。要是自己搞明白了，也能把把关，一定把高质量的产品送您手上。"

贺财霖诚恳又好学的态度打动了汤师傅。他也就答应再给次机会，还给他讲了讲图纸怎么看。经过了他的一番解释，贺财霖才明白过来。

原来在机械生产领域，基准件公差精度等级分成十二级，其中又有正负之分。陈光荣师傅的错误就在于，把正负公差搞错了，变成孔取负差了，这样生产出的套件装配不上的，自然没法用。

最后，汤师傅又说："你们厂子应该也有相应的技术手册吧？多翻翻，按照上面的要求做，才能少出错。"

"是，给你们添麻烦了，真是对不起。"贺财霖道着歉，又保证说，"回去我和师傅好好说说，全厂上下都加强学习。"

回去的路上，贺财霖装了一肚子的火，觉得又丢人又愧疚。好不容易找到一个师傅，结果居然还是半吊子。

汤师傅的话虽然严厉，但确实没有说错。没有金刚钻就别揽瓷器活，不然自己白费力气，又耽误了别人的事。

但是当他回到厂子的时候，气已经消了大半。人，是自己选的，说来说去，还是要自己担起这个责任。再说厂里师傅也是半路出家，五金技术也不是很专业，也不是没有技术手册，是自己大意了。五金术语不懂，没有去核对，总觉得交给师傅就可以。而师傅也凭着自己经验去做，双方都在抓生产，却忘了方向不对，做什么都白搭。况且这时候再抱怨，又有什么意思呢？还是得把错纠正过来才行。

所以那天他回到厂里后，特意把陈光荣叫到了办公室，关上门，把退回来的样品放在了他面前，心平气和地和他谈了起来。

“老陈，军工厂的要求高，我们都知道，所以才让你多费心。可你看，东西做出来了，却被退回来了。正负公差一搞错，差点就把到手的单子给丢了啊。”

见自己捅了这么大个篓子，陈光荣羞愧得说不出话来。

“错误既然犯了，咱也不怕，重要的是吸取教训。我知道你是老师傅，经验足，但是我们现在生产的东西，以前没接触过。还是老老实实的，多看技术手册，多对照图纸，争取少犯错。你说对不对？”

“是，这件事情也教育了我，确实不够小心。厂长你放心，我以后一定更加上心，不让厂子遭受损失。”

“你好好干，手册什么的，我们大家都要学习。”

虽然做通了陈光荣的思想工作，但贺财霖还是不放心。这个厂子，经不起第二次的失败。换言之，这是一场生存之战，怎么慎重都不为过。

为此，他将军工厂学来的知识传授给陈光荣，要求他按标准生产，又教他正负公差该怎么取，和图纸比对了再比对。怕有失误，又反复对比技术手册，以免理解有误。

这段时间里，贺财霖几乎没怎么睡过，实在困得受不了了，就找个角落囫囵地眯一会儿。为了给自己提神，他的烟瘾也越来越重了，脚边经常堆着不少烟蒂。

贺财霖的热情点燃了工人们的积极性，尤其是陈光荣。为了挽回信誉，他倍加小心地守在机器边上。很快，新的样品研制出来了。

又一次，贺财霖出发了。没有上次来时的轻松，这次他是如履薄冰。因为经历了太多，所以更加谨慎。

这个冬天真是漫长啊，他想，不知道什么时候才能过去。

再次见到汤师傅，把样品交过去的时候，他不由自主地紧张了起来。比他第一次站在这里争取业务的时候更紧张。那时候，是绝望中豁出去了的奋力一搏，而现在却是满怀期待中的小心翼翼——对再次陷入绝望的恐惧。

也许，不过是几秒而已，在贺财霖眼中却像是过了很久。汤师傅把样品放在手上掂量了一下，又看了看，忽然笑了。

是友善的笑。贺财霖心中释然了，似乎有一座冰川正在解冻。

“我看成色不错，质量也好。这么短的时间就能做出来，有两下子。”

这是这么久以来，贺财霖第一次听到的肯定，心里是无言的感动，这段时间的辛勤有了回报。

“多亏了你愿意给我机会，又教了我，不然也不一定能做好。”贺财霖诚恳地说。

“那行，就按照这个样子去做吧。”汤师傅摆摆手，“好好做，我看我们以后的合作不会少。”

贺财霖终于安心了。霞浦电讯厂，活了。

厂子里的机器整日轰鸣着，工人们日夜忙碌着，展现出了蓬勃的活力。

就这样，原本一无资金、二无设备、三无技术的五金厂，在贺财霖的手上有声有色地发展了起来。

霞浦电讯零件厂和军工厂建立了稳定的合作关系。军工厂后续的单子，足够让这个初创的、规模不大的厂子开足全部马力，这也意味着贺财霖无须再往外一家一家地去跑业务了。

当然，贺财霖也没有忘记当初帮助过自己的老朋友。

第二年春天，他去军工厂谈合作的时候，又碰到了黄师傅。这次，黄师傅似乎有难言之隐。

“兄弟，不瞒你说，我已经很久没回家了。家里有些事，不知道能不能请你关照一下。”

“只要是我能办的，你尽管说。”贺财霖爽快地说。

“是这样子，不知道你们厂子还需不需要人手？我有个弟弟在老家那边，工作一直没着落，可一直待在家里也不是个事情。”黄师傅叹了口气，“而且，我父亲也七十多岁的人了，生病躺在床上，我也照顾不到。他整日看着我弟这个样子，心里也不好受。”

“这有什么可说的，回去就找个时间，把这事办了。你尽管放心。”

“真的吗？那真是帮了我大忙了！”黄师傅大喜过望。

“别这么说，要是没有你，也没有我们厂的今天啊。再说，我们都是浙江老乡，相互帮衬也是应该的。”贺财霖又说，“你帮了我们厂这么大的忙，我也一直想找个机会感谢你，这不是正好吗？”

虽然这次贺财霖是伸出援手的一方，但他依然把对方放在了上位，只念对方的好，单单这个态度，也足以让黄师傅消解了请人帮忙时的难堪，留下的只有感动。

贺财霖没有食言，为表诚意，回来处理好厂里的事务后，他就亲自前往衢州，把黄师傅的弟弟接了过来，安排在了车间工作。

当时每个员工的月薪是三十元钱，给陈师傅弟弟的却是三十二元。多出的两元钱，就代表了他对人与人之间情感的惦念。

所谓爱出者爱返，福往者福来，大概就是这样吧。

一切都有条不紊地进行着。员工们的手艺越来越娴熟，对工厂的认可度也越来越高。可这个时候，贺财霖却病倒了。

其实长时间以来的奔走，让他劳心劳力，身体早已透支。但那个时候，他知道自己不能倒下去，就全凭着一股精气支撑着，不敢生病，也没有时间生病。现在一切尘埃落定，身体终于撑不住了。

他抽了个空，跑去医院，想赶紧把病治好。可医生做了检查，又问了几个问题，摇了摇头。

“你这个病，说好治也好治，说难治也难治。就看你想不想了。”

贺财霖没听明白：“什么意思？”

“简单地说，就是需要休息静养。药物只能起辅助作用。关键还是得休息，别太累。三十多岁的人，得有个度。可是，你刚才说了你的这个工作，能闲下来吗？”

贺财霖没说话。

“既然闲不下来，就只能给你开些药回去调理调理。”

贺财霖知道医生说得对，可创业时，身体就是本钱，不赌上本钱，他凭什么赢呢？好在现在，他不用再像从前那样风里来雨里去了，而他底下的员工也个个训练有素，已经能够让工厂正常运转。

因为保养身体，贺财霖终于在家里住了下来，也难得可以多陪陪两个孩子。可他的心思还是挂在厂里，隔几天，就要跑去一趟，各个车间巡视一遍，账目对一下。这电讯厂是他一步一步、从无到有带起来的，已经融在了他的血脉里。

他想着，按这个节奏发展下去，是不是很快就可以把工厂的规模进一步扩大呢？五金业务利润高，人手已经快忙不过来了。纸盒的业务虽然也在做，但是利润微薄，要不要放弃这一块，全力以赴去做五金呢？要不，等身体好了，去和霞浦公社的领导商量下，听听他们的意见吧……

当他还在为厂子的前途思虑的时候，还没来得及把这些想法与人分享，更没来得及把自己的思路付诸实践，变故再次发生了。

1984 年下半年，老关忽然让贺财霖去办公室坐一坐。

贺财霖不知何意，心中已经有了些不好的预感。但是左思右想，自己并无差错，也就不以为意了。也许只是像平日那样有什么政策之类的要传达一下吧，毕竟，当时提议把厂子交给他的就是老关，情分比别人有所不同。

老关给他倒了杯水，先是夸了一通："财霖啊，自从你接手之后，这厂子可不得了了啊，稳扎稳打，发展得不错。"

这并非夸大其词。贺财霖 1982 年下半年才开始办这个厂，可仅仅 1983 年一年，这个电讯厂的利润就已经有七八万元了，不仅能如数上交给公社上千元，还能用来扩大再生产。按照这个势头，业务越来越好，规模只会越来越大。

但贺财霖摸不准领导的意图，就只好打着哈哈："那也得亏你信任我啊，把这个厂子交给我，不然哪来的机会。"

"是啊，你真是个好苗子，去哪里都能办成功。你现在五金业务这么熟练，也不一定非要待这个厂子里嘛。我看你脑子灵光得很，到哪儿都能闯出一番事业来。"

听出了言外之意，贺财霖如同当头挨了一棒。

他试图争取一下："关书记，你看当初把厂子交给我的时候，厂子是个什么模样你也知道。说实话，这拉业务、搞生产，中间各种事情，一个没处理好，厂子就垮了。现在能办成这样，里面不仅有我的心血，还有和我一起干的同事们的心血。自己办的厂，自己有感情。再去别的地儿，恐怕也没这个精力再折腾啊。”

听了这话，老关不再绕弯子了。他避开贺财霖的眼睛，直接说：“这些我都知道。你还年轻，好好调整一下，把你的经验再去更多的地方发挥不好吗？”

贺财霖想要再说什么，立马就被他挥手打断了。

“是这么个情况，我们公社不是有个农机厂吗？现在情况也是半死不活的，和你来之前的良种场差不了多少。既然你能在良种场这个壳里走出一条新路，怎么就不能在农机厂再去试一次呢？农机厂是全公社里规模最大的厂，去那里，也可以做你熟悉的五金业务啊。这是为公社分担压力，也是一个锻炼自己的好机会嘛。”

这就相当于是命令了。短短两年时间，那个在胜利桥上拦住他，和他畅谈未来的老关，现在竟然变得如此陌生。从前的求贤若渴，变得决绝至此。

贺财霖震惊之余，又陷入了绝望、伤心之中。这一路走来，拉业务时的低声下气、旅途上的辛苦艰难、生产样品时的一波三折……所有的这一切，他原本都默默地吞下了，从没有打过退堂鼓。因为他相信，挺过去，自己和这个厂都会有美好的未来，所有的付出都是值得的，自己和厂子的命运是一体的。

可现在，领导的一句话，就要把他们生生地拆分开，不给他任何的回旋余地。这不啻剜下他心头的一块肉啊！可这里流的血、流的泪，领导是看不见的……领导只想着让他做一个收拾残局的人。农机厂，而且是去当副厂长，权力被挟持的痛苦，难道还没有尝够吗？

一定是厂子的业务好，引来了他人的垂涎。那些寸功未立的人，想着来摘桃子了。说是前人栽树，后人乘凉，可他们还没等树长大，就已经想把种树人赶走了。可笑的是，自己为厂子落了病，他们却抛弃了自己。

他努力平复着自己的心绪，不再争辩了。多说无益，他索性表明了立场："看来已经给霞浦电讯厂安排好了新的人手，也不需要我了。组织的决定，我也不能不服从。我也不是非要赖在这里不可。至于让我去农机厂的事，还是算了吧。办成了又能怎样？说不定又得走人。"

虽然他已尽力试图冷静下来，但愤怒、委屈、不甘之情还是溢于言表。

领导自知理亏，但也并不打算让步："财霖啊，你一时之间可能接受不了，要不回去再考虑一下吧？树挪死，人挪活，说不定到了那个厂，你会做得更成功呢！去试试吧！"

试试？这位领导不会懂，这个试试背后，是怎样的代价。

他的心更冷了。多说无益，很快，他就写了一封辞职报告交了上去。

既然不得不离开，他至少要带着尊严离开。

离开电讯厂的时候，共事的伙伴们纷纷过来送别。他们都听说发生了什么，都为他打抱不平，但又全都无能为力。

"没事，此处不留人，自有留人处。"贺财霖洒脱地宽慰大家，但心里却是五味杂陈。

人说，宝剑锋从磨砺出。可每当贺财霖以为自己在生活这块磨刀石上将要磨砺出锋芒时，那锋芒却总是像烟花一样，绚丽而短暂。

这个世界上，到底有什么是自己的呢？他茫然。是自己不够努力吗？还是时运不济？还是老天爷在考验自己？

关键一步

“改革开放都这么些年了，管他什么良种场、农机厂的，我看啊，你还不如自己干呢，也免得束手束脚。”

这一日，递上辞呈后，贺财霖找到当时负责工业的镇长倒了倒苦水。对方是邻村出来的，也了解他这些年是怎么过来的。而这一席话，让他在纷乱的思绪中安静了下来。

改革开放之初，不少地方还在试探着往前走，害怕政策的反复；而现在，虽然国营企业依然占据着绝对的主导地位，但个人办厂的口子已渐渐宽松。市场的形势确实越来越好，大大小小的企业此起彼伏，一家倒下，更多的很快就会起来。那些长久以来被压抑着的情感与才华，在此时展现出了惊人的爆发力，尤其是在东部沿海，这些企业像浪潮般激荡在海岸线上。社会上对企业的看法也发生了微妙的变化。从前大家讲起吃“公家饭”的，都是一脸羡慕；而对于自己做生意的，总想着这个行业朝不保夕，不稳定，难长久。可现在，观念正发生了变化，那些凭借自己本事挖到第一桶金的人，正在成为榜样。

贺财霖也感受到了这种汹涌澎湃，他敏锐地捕捉到了体内那种乘风破浪的欲望。

自己为什么不这么干呢？白手起家，不依靠任何公家的资源。不依靠，也就不会受牵制，可以真正地按照自己的想法去展示拳脚。他也很想知道，凭自己，可以闯荡到哪一步。

三十而立，四十不惑。遭遇了此前的两重挫折，1984年，已经三十七岁的贺财霖决定办一个真正属于自己的厂。一个可以完全听命于自己、不会被人左右的厂。过往的一切，都成了浮云。虽然偶尔想起的时候，他心中还有万般不舍，但他必须带着这份不舍，继续往前。

他的辞职很果断，他的再起，也同样坚决。一股充满活力的干劲四处游走着，而这和他第一次办厂时大不相同。

第一次办厂，带着小心翼翼的试探。而现在，积累了数年经验的贺财霖，更加胸有成竹。这一次，他选择从自己的家乡礁碶村出发。

现在的他，再看这个生活了几十年的家乡，有了不一样的感觉。

外面的世界天翻地覆，而这里，似乎还是从前的模样，外面的浪潮拍打不到这里。这不动声色中又潜藏着一种召唤。或许，它也在等待贺财霖的到来。

他在这里出生、成长、出发，经历了年少的磨难与欢欣。现在，当他经受了风雨归来，又在这里看到了重生的希望。这片并不肥沃的土地，即将拥有新的面貌——他预备将这片出生之地，作为自己事业重新出发的起航地。

这一次，是真正的白手起家。没有学校、公社这些公家的单位可作为倚靠，没有资金、没有设备、没有哪位领导的支持……但是贺财霖并不慌乱。他知道自己要做什么，能做什么，也知道自己将做成什么。

既然决定要办厂，首先得拥有一个名字。身处霞浦，面向大海。他的厂，也理应如此。要在这片土地上，眺望更为辽阔的远方。于是，“滨海霞浦礁碶电配厂”，这个既大气又接地气的名字，就这么确定了下来。

可是厂房和设备怎么办呢？这些可都是要钱的啊，贺财霖现在哪里来这些钱？最重要的是把产品先做出来，产品卖出去了自然就有钱了。在众多的问题中，他率先抓住了要点——生产设备。有了设备，才能生产。唯一不需要的是产品的销路。因为此前与洛南那家军工厂建立了良好的合作关系，当得知贺财霖另立门户后，竟主动提出双方可继续合作。军工厂那边给了贺财霖一些产品的图纸，让他尽管挑选有能力生产的。

合作商的信任也给了贺财霖一颗定心丸，成了支撑他在创业起步阶段坚持下去的动力。往日的心血并没有白白付出，那些日子里的辛勤与汗水，铺就了通往今天的道路。

以他现在的境况，他没有办法去租用一个大厂房，更遑论去建一个。他想着，只要有个容身之地，无论哪里都好，能放下机器，能站人，把业务运转起来就行。多年的办厂经历，早已磨练出了他务实的性情。

刚好，礁碶村有两栋房子，是专门租给几家厂子生产用的。其中最大的一家，就是一家生产标准件的五金厂，租用了二楼的两间厂房。

贺财霖去那转悠了一圈，打听了一下租金，明显高出了预算。看着标准件五金厂的机器轰隆隆地开动着，心里很是羡慕。自己啥时候能有一间这样的厂房，摆上那么几台机器呢？

下了楼，走出大门口，他猛地站住了。回头看看刚擦身而过门卫室，一个念头冒了出来：这里不也能摆机器吗？

他赶紧跑去找村里的书记，说明了来意。都是一个村的，知根知底。书记知道他这几年的办厂经历，也不为难他。只是觉得这么个地方，会不会觉得太过寒酸。

“门卫室能用来办厂？这么小一间，怎么做厂房？”

“能摆下几台机器就行，我的机器也不大。怎么样？反正我看那里空着也是空着，也不耽误其他厂房办公，你们还能收点租金。”

“租金的事好说，只要你想要，就拿去用。”

其实贺财霖心里已经算过了，这间门卫室不到二十平方米，可以摆下三四台仪表车。对于现在的他来说，是比较适合的。

场地有了，接下来就是仪表车购置的问题。他去各家仪表车厂咨询了一下，费用都超过了他的预算。有没有便宜点的路子呢？他又四处打听，终于在朋友的引荐下，联系上了隔壁村一个姓黄的师傅。这位黄师傅手艺不错，自己在家造了不少的仪表车，质量不比外面的厂家差，最重要的，是价格上要便宜不少。但尽管如此，每台也要三百二十元。

贺财霖开门见山："黄师傅，我现在手头也没什么钱。要是信得过我，能不能等我把五金产品卖出去了，再把设备款项还上？"

黄师傅也是个爽快之人。他早就听闻过贺财霖之前办厂的事，对他从厂里辞职并东山再起的勇气很是钦佩，就满口答应了下来。

“都是乡里乡亲的，一句话的事情。”

“那真是帮了我大忙了，”贺财霖连声道谢，“你放心，不超过一年，我一定把钱送来。”

就这样，三台仪表车就配好了。

贺财霖很满意。虽然因为资金短缺，只能租下门卫室，因为场地的限制，只能摆下三台仪表车，但这也意味着不需要太多的人手，成本也就在可控范围内。

除了自己和妻子之外，贺财霖只招了一个女工、请了一个师傅。一个四人的小厂，就这么搭起来了。出纳、销售、质检、厂长，四个人之间并没有截然的分界线。迫于条件，一个人，有时不得不兼任好几个身份：贺财霖是厂长，但他不仅要跑业务拉客户，但凡有时间，还得操纵仪表车，当操作工。他的妻子，不仅是操作工，还得担任质检员……

现在最大的难关，依然是钱。没有钱，就没有原材料，就算有了业务又能如何呢？一文钱难倒英雄汉。可贺财霖不仅没有被难倒，反而从夹缝中另辟蹊径。

他脑子灵活，和军工厂协商，能不能用这样一种合作模式：直接从这个军工厂进材料，材料费从生产交付的产品款项中抵扣。一方面军工厂的要求高，为了保证产品的质量，原材料的进货渠道很重要；另一方面，厂子的启动资金有限，买材料的压力大。按照这个模式，既缓解了电配厂的资金周转压力，又确保了产品的质量。

宁波和洛南远隔千里，军工厂凭什么答应呢？凭的就是相互信任的基础以及此前的良好合作。在之前的业务来往中，电讯零件厂的产品从来没有让对方失望过。品质上乘，物美价廉，交货及时，军工厂没有理由不信任。

万事俱备，仪表车就在这间二十平方米的门卫室里开始了运转。贺财霖紧紧地守在机器旁边。这是完全属于他的天地，机器每操作一次，这个厂子就往前走了一小步。而他的命运，也维系在了这转动的机器上。

偶尔，他也会透过窗户，看向院子里相隔不远的那两层高的厂房。这家生产标准件的厂子里，除了这家本身生产标准件的厂，还入驻了生产鞋子、橡胶、胶木等产品的厂子。

与那里相比，这方小天地显得如此逼仄。

没有关系，我一定会把厂子也办到那里去的，他告诉自己。手边这些机器的轰鸣声，似乎也在回应他心中的疑问。

为了节省成本，最初的时候，贺财霖不得不亲自跑到洛南去把原材料锰硅钢背回宁波；等产品生产好后，他再把小五金产品送到洛南。

贺财霖至今还记得，办厂的次年，自己背着满满的两袋小五金产品奔波的旅途。两麻袋小五金产品足足重达一百五十多斤，而贺财霖那时的身高还不到一米六五。因为在年幼的时候就开始劳作，少年时又挑柴、挑冰，繁重的农活，让他比同龄的男子稍矮了一些，却让他的肩膀更加厚实。

这段旅程之波折，数十年后回想起来，依然让贺财霖觉得辛酸不已：他背着这沉重的两大麻袋，从霞浦一路坐公交车到宁波东站，然后从宁波东站转车到上海真如火车站，接着转乘前往西安。到西安后，再搭第二日军工厂的班车前往目的地。下车后，他一步一步背着这两袋产品到指定的仓库。

这段几乎不可能完成的旅程，贺财霖不知道来回走了多少趟。两个麻袋像两块巨大的岩石一样，沉沉地压着这个并不高大的身躯。可他，并没有压垮，反而像一株草那样，挪着这石块慢慢地走着。石块每向前走一步，草就向上生长一分、坚韧一分。

这是创业者的精神力量。没有这样的意志支撑，贺财霖也无法在接连离开两个厂后，还不放弃，反而越挫越勇，在绝境外开辟出一个新天地。

正是由于他这拼命三郎般的不懈努力，仅仅两个月，滨海霞浦礁碶电配厂的产值就达到了两千五百元，利润也有五百多元。

虽然这无法与他之前办过的两个厂相比，但考虑到这个厂的规模，满打满算只有四个人，而且是白手起家，能够取得这样的成果，不能不说是奇迹。

更重要的是，这家小厂的盈利坚定了贺财霖靠自己办厂的决心：没有所谓的背景，未必就不能成功。

与之可作为参照的，是之前所接手的两家厂的命运。第一家，即校办厂，在贺财霖离开后不久就倒闭了；第二家，即电讯厂，在他走后也没有维持多久，艰难地喘息着，很快也步了前者的后尘。

尽管贺财霖有意避开着相关的消息，但霞浦就那么大，这个圈子的人也几乎都认识，多多少少还是听闻了。据说新的领导上任后，电讯厂生产的产品质量总是不能达标，大批退货，以致慢慢地军工厂就不愿意再与之合作了。没了这项业务，厂子也如失去了水源的池塘，很快就干涸，八个月后就倒闭了。

贺财霖当然知道症结所在。军工厂对产品的要求本来就高，为了稳妥起见，原材料最好就是从那里进。可是新任领导却未必懂得这些……

想到自己一手带起来的厂子，又葬送在他人之手，贺财霖惆怅万分。到底还是缘分太浅啊！

可他只是叹了一口气，无暇回望了。因为他的脚下，正在铺开一条通往辽阔未来的大道。在这条大道上，将由他来主宰自己和新厂的命运。

不知道是不是军工厂把原本给电讯厂的业务全部转到了电配厂来，电配厂的业务急速地扩大，小小的门卫室，很快就满足不了这个充满活力的企业了。

得找个新的厂房了。贺财霖算了算账面上的钱，好像足够了。于是他再次找到了村书记。

村书记倒也不意外，开玩笑道："我早就知道你这生意会越做越大，肯定还得找我来要车间。不过说实话，这才三个月，是不是太快了一点啊？"

"那还得谢谢你啊，借你这块风水宝地，我才能挣点养家糊口的钱。"贺财霖道着谢。

"照你这么个速度，以后这里大半的地盘都得归你了。"村书记还在感慨。

就这样，贺财霖向所在的标准件厂在楼上租了两间约八十平方米的房间作为新厂房。虽然也不算大，但是总归有模有样了，比原来的门卫室宽敞了很多。毕竟门卫那边人员进进出出的，不好看。

从逼仄的环境中一旦释放出来，贺财霖顿时觉得神清气爽。但是没想到，第一个波折很快就来了。

厂房大了，仪器多了，贺财霖满怀信心地打算招人。招的是能操纵仪表车的小工，这样只要有师傅带，稍加指点，上手的难度并不算大。可没想到小工还没来，师傅却提出要离开了。

他觉得这么小的一家厂，这么几个人，都能有条有理地把生意做起来，可见难度也不算大。电配厂的运作模式大概了解了，况且他作为师傅，又掌握着技术，不如自己去开个厂，不是也能挣钱吗？

师傅的辞职来得突然，搞得贺财霖心急如焚。像这样的小厂，一般一个师傅就够了，主要负责看图纸、指导生产和质量把关。师傅一走，就意味着承接的业务接下来很难生产了。

虽然贺财霖也能勉强看懂些图纸，但是他不敢掉以轻心，抱有侥幸心理。作为一个企业家，他深知质量是工厂的核心竞争力。而军工厂的产品结构复杂、质量要求高，没有专业的师傅把关，根本没有底。电讯厂的倒闭，已经是前车之鉴，他不能冒这个险。

没办法，他只能四处找寻师傅，拜访了不少地方，最后找到了某个大队里做五金业务的带班师傅董亚凤，立马招揽了进来。

董亚凤比贺财霖小差不多十岁。虽是个女的，但是做这一行的经验已经很丰富了。有了师傅，贺财霖的心就定了。与此同时，另一员大将的加入，也让这个成长中的小厂如虎添翼。

这一日，贺财霖回到家刚落脚，门口就有人叫他的名字。

原来是同村的张老汉。张老汉比贺财霖年长好几岁，素日也有往来。

“张大哥，你怎么来了？快坐。”

张老汉笑着进了门：“听说你现在整日都泡在厂里，难得见到人影啊。”

“这也是没办法，养家糊口嘛。”

“别谦虚了，大伙儿都知道，你那个厂越办越红火啦。怎么样，还需要人手不？”

贺财霖听出了他的弦外之音：“张大哥，你有什么事就直说吧。”

“我家那小子不是刚找了个对象吗？”

“知道，嫁过来就是我们村的人了呗。听说读过不少书。你们真是好福气啊。”

张老汉有些得意：“那是，你看看咱村里，有这样文化的也不多，我那儿媳妇，可是初中毕业的，还在学校里代过课，现在在海塘农办厂当出纳。”

贺财霖眼睛一亮：“当真？”

多年前，他被迫辍学，为生计而奔走。虽然后来的日子里，他一直没有放弃过自学，但办厂也要会计、出纳，会计叫人兼着也是没办法的办法。重要的是厂里记账总得有人，而且看图纸、看说明甚至对外联络，都需要识文断字。也唯有如此，才能通过学习来进一步提升技术。

但欣喜之余，贺财霖也不免有些担忧："要是愿意来我们厂，我自然是欢迎得很。就是怕她吃不了这个苦。我们那的活，连男人干着都累，像她这么一个年轻，又读过书的姑娘，不知道受不受得了啊。"

"这个你放心，"张老汉连连打包票，"她心气足着呢，手脚也利索。马上会从上傅嫁到这里，离厂很近。而且说实话吧，让她干田里的活，我总觉得埋没了她。只要是她答应干的事，她决不会含糊。"

"那行，要是她真能来，我也一定不会亏待她。"

虽然有些将信将疑，但贺财霖还是应承了下来。只是他也没有想到，这个刚刚二十出头的姑娘张佩莉，此后的命运也会和这个眼下还不起眼的工厂牢牢地捆绑在一起，并在未来成为他不可或缺的左膀右臂。

1985 年，张佩莉来到了滨海霞浦礁碶电配厂。

这时候的电配厂正蒸蒸日上。最为直观的表现，就是场地的进一步扩大。原先的房间已经装不下了，贺财霖就多租了几个房间。

场地扩大，业务量增大，仪表车也增加到了十台。虽然又找了些人，大家依旧忙得不可开交。

这时候的贺财霖，已经不需要亲自从洛南把原材料背来了。因为需要的量大，直接用火车托运回来即可。但是成品他不放心托运，有时还是要亲自背上走一趟，这样既能使产品早日入库，又能加快收款，提前回笼资金。

张佩莉入职电配厂的时候，说是出纳，但其实能干的活都得干。例如生产好的产品装箱后，她得一一用笔在纸箱上写好单位、货物的规格、数量，标注清楚。每个月原材料进了多少，产品卖了多少，也得由她一一记账。原会计是他人代兼的，她来了，熟悉了业务之后，没多久被提拔为会计，但还要做质检的工作。有时候因为订单多，业务量大，生产上忙不过来时，她同样得上手操作机器。

尽管节奏紧张，但年轻好学的张佩莉迅速就适应了。甚至，她从中体验到了某种可称为价值感的东西，并愿意为之付出全部的身心。她的坚韧，也在后来的企业发展中，一再得到了验证。

在大家的共同努力下，这一年，电配厂的产值高达惊人的两万五千元，而利润也超过了四千元。电配厂踏实而稳步地往前走着，次年，即 1986 年，产值已有五万多元，利润超过了六千元。

贺财霖盯着账面上的数字，脸上波澜不惊，心中却是波涛汹涌。他交出了一份令人满意的成绩单。

当然，电配厂后来也有过不少波折，但都基本平稳地度过了。

比如 1987 年的时候，董亚凤师傅也向他提出自己要去办厂了。已经经历了一次类似事情的贺财霖，并没有慌乱。他一边让董师傅再给一些缓冲的时间，一边四处招揽人才。

这时同村的黄必洪出现了。黄必洪比贺财霖小十岁，两人认识了好多年。他原本在霞浦公社农办厂里担任师傅。贺财霖找到他时，他所在的这家厂的效益日渐薄弱，已在倒闭边缘，他本人也整日在琢磨着新的出路。

看到贺财霖上门，黄必洪仿佛看到了希望。

贺财霖开门见山地问："必洪啊，有没有兴趣到哥的厂里来？"

黄必洪眼前一亮："当真？"

"那还有假？虽然我的厂小了点，但是不瞒你说，发展得还不错。你来了，我还能亏待你？"

"那有什么说的，你我还信不过吗？只要你一句话，我二话没有。"

贺财霖很高兴，他知道黄必洪不仅技术好，而且人年轻又活络，爱钻研。这样的小伙子，正是自己所需要的。就这样，他给自己的电配厂寻到了一个师傅，也为黄必洪的人生找到了新的方向。

看着身边一批批社办的、村办的企业倒下去的时候，贺财霖更坚定了自己办企业的信心。此时的他，还没意识到自己正是改革开放大潮中涌动的一朵浪花，而正是这些浪花，让 20 世纪 80 年代的中国展现出了风起云涌的生机与活力。他只觉得时代的气息似乎不一样了，好风正来，给了他无穷的力量。

回看这 1984 年，会发现贺财霖创办电配厂的成功并不是偶然。这一年被称为"中国企业元年"，诞生了很多日后驰骋国内、国际市场的著名公司。

这一切离不开当时国家领导人决策的魄力与实施的勇气。1984 年 1 月，邓小平同志视察南方，5 月中共中央作出进一步向外国投资者开放包括宁波在内的十四个沿海城市和海南岛的重大决定，中国对外开放由点及面进入新阶段。5 月，王石创办了"深圳现代科教仪器展销中心"，通过进口货物销售赚汇率差价，这便是万科的前身；12 月，柳传志也下海了，主要兜售电子表和旱冰鞋，三年后推出联想品牌，他的宏伟目标是创办一家年产值两百万元的大公司；宗庆后和两位退休教师依靠借款组建了一个校办企业经营部，也就是娃哈哈的前身，主要给附近的学校送文具、卖棒冰。也是在这一年，贺财霖在历经千辛万苦后也创办了真正属于自己的企业。

与其他创业者一样，贺财霖是中国改革开放后第一批吃螃蟹者。时代给了草根们改变命运的机会，而其中的一部分人凭着不甘于被命运摆布的信念和异于常人的坚不可摧的意志，苦苦寻求着改变命运、改变生活的机会，尽管起点低得不能再低。其中受过的苦、难和曲折书写不尽，只有他们自己心里最清楚。不管结果如何，他们都是那个时代的精英，他们是想通过自身奋斗努力改善生活、改变命运的拓荒者，是改革开放和经济发展最有力的推动者、实践者。

贺财霖正是这些弄潮儿中的一员，凭借自己的智慧与毅力抓住了机遇，将自己淬炼成了一个杰出的企业家。

机缘再临

不能把所有的鸡蛋放在一个篮子里。贺财霖独自坐在办公室里，思考着电配厂的未来。

触动他的，是这几次去洛南军工厂谈业务的经历。军工厂的热闹盛景不复从前。从前，跑单的业务员来来往往、纷纷攘攘，现在却越来越少。

从电视和广播里的新闻中，贺财霖敏锐地察觉到了国际局势的变化。他敏感地意识到，从前剑拔弩张的紧张气氛慢慢缓和了下来，变得平和了许多。是不是这个原因，使军工厂呈现出了式微之势呢？

电配厂的业务，主要依赖的就是洛南军工厂。如果业务量一再减少，那么工厂也会陷于被动之中。

若一条河只依赖一个水源，那么一旦水源枯竭，河流也将面临干涸的威胁。必须要多开源，才能让这条河流常年奔腾，乃至可负千钧之轮。

贺财霖脑中的弦绷紧着，开始积极找寻出路。他一方面继续和洛南的军工厂合作着，另一面，开始将眼光瞄准其他的合作商了。

最初吸引贺财霖目光的，是电配厂边上的标准件厂。这家标准件厂与上海的一家调节器厂有着密切的合作，大五金、小五金的业务都有承接。生产大五金产品用的是大车床，构造相对简单，而利润又高；生产小五金产品用的是小车床，工艺复杂些，而利润相对单薄。

贺财霖决定从小五金入手，于是找到这家厂的顾厂长表达了自己的合作意向："我们帮你们生产小五金产品怎么样？我们也不挂名，就赚点辛苦费。"

顾厂长想了想，这是个稳赚不赔的买卖啊，低价从电配厂进小五金产品，然后一转手卖给上海调节器厂，不需要人工或是机器、原料的投入，就能够赚个差价，就地收钱，何乐而不为呢？况且电配厂的实力他心中有数，生产的产品肯定没问题。

这么想着，双方一拍即合。顾厂长没想到的是，正是这次转包，无意中在电配厂和上海调节器厂之间搭起了一座"桥梁"。他把电配厂当作了自己厂的一个影子，可是有一天，这个影子却能拥有独立行走的能力，一步一步地走过这座"桥"。

起初，电配厂尽心尽力地按照要求生产小五金产品，尽管知道自己在这条生产环节的底层，本应收取的利润被标准件厂收去了一层，但此刻别无他法。生存是第一法则。

事情的转机出现在一年后。

这年的秋天，上海调节器厂派了一个采购科的郑科长来标准件厂调研、检验，看工厂的生产情况。陪同的自然是标准件厂的顾厂长。

当郑科长来到电配厂的生产车间时，发现上面挂的营业执照是"滨海霞浦礁碶电配厂"的牌子。郑科长有些疑惑。

"这个……"顾厂长忙道，"是家电配厂，他们没有厂房，就租用了村里的场地，也搞这一块的生产。”

得知了这个消息的贺财霖，也赶了过来。

“郑科长是吗？我是这家厂的厂长，现在以生产小五金产品为主，你可以随便看看。”

“是吗？”郑科长看大家都有条不紊地操持着手中的机器，顺手拿起一个刚生产好的零件，“这个有些眼熟，好像是给我们调节器生产的啊？”

顾厂长一时有些尴尬，解释道：“对对，是这样的，有时候业务量太大了，忙不过来，就转包给他们，让他们帮忙生产了。”

“是这样。”郑科长不置可否地点点头。

站在一旁的贺财霖，忽然感觉到有阵好风，正向他吹来。

当天晚上，他听到轻轻的敲门声，打开门一看，正是郑科长。郑科长所住的招待所在厂子隔壁。

郑科长一见他就笑道：“你是不是在等我来啊？”

贺财霖递了支烟过去，不好意思道：“你看你都知道了，我反而不知道怎么开口了。”

郑科长也被他这段绕口令似的话给逗笑了：“不就是产品的事吗？不然，就为了请我抽支烟？”

烟雾弥漫着，把两个人的距离给拉近了。

“你是什么时候开始给我们生产小五金产品的？”

“有一年多了。你要是质量上不放心，可以再去我们厂看看，随时都可以。”贺财霖坦率地说道。

郑科长摆手道：“质量上，我信得过。今天，其实我也已经看过了。只是我们之前一直是和标准件厂合作的……”

贺财霖鼓足勇气道：“是，可实际上，标准件厂把全部的小五金产品都已经交给我们厂生产了。实际上，我们两家厂早就在打交道了。”

“全部的小五金产品？”郑科长一愣，马上就回过神来，“对，你说得对，我们今天虽然是第一次见，但是早就有业务往来了！”

既然小五金业务事实上都已经由电配厂在承担了，现在双方又接上了头，就没必要再通过标准件厂了。而且这样一来，对上海调节器厂来说，既降低了成本，又提高了效率，又何乐而不为呢？

“不过我现在只能给你一个口头的约定，”郑科长说，“具体合作的细节我们可以谈谈，然后我回上海汇报一下，再给你一个回复。不过我看问题不大。”

“行，那就麻烦郑科长了。”

“都是为自家厂出力嘛。”郑科长又补充了一句，“我看你们厂的势头不错，将来说不定可以有进一步的合作。”

郑科长没说错。上海那边很快来了回复，此后标准件厂专门承担大五金的业务，而电配厂专门承担小五金的业务。当然和标准件厂说得也很客气：你们厂不妨专心于大五金的生产，看技术上能否再做进一步提升，这样也有利于厂的长远发展。而对于电配厂，不久后又派人来对产品生产、质量把关、销售模式等方面进行了调研，特别是在技术上进行了额外的指导，令整个厂的面貌为之一新。

与上海调节器厂的合作只是起步。而这次合作，无意中也带来了别的契机。

这日，贺财霖坐船去上海与调节器厂谈业务。当时交通不便，从宁波到上海，坐船的话也要差不多十二个小时。他就买了个卧铺，准备一觉睡过去。

海上风浪大，船摇摇摆摆的。贺财霖又有些兴奋，睡不着，就和下铺的一个男子聊了起来。

“兄弟，你是去上海公干吗？”

那男子回答道：“外面找供应商，回厂里交差呢。”

贺财霖一听，耳朵竖了起来。说不定也是个同行？

“不瞒你说，我正好去上海谈业务呢。”

“当真？你们是做什么？”

贺财霖把自家厂的基本情况大概地介绍了一通，那男子来了兴趣：“小五金啊，我在给我们厂的裁布机找配件的厂家呢，不知道你们能不能做。”

“能啊，只要是小五金产品，你提供图纸，肯定给你做出来。”贺财霖夸下了海口。

“那成。这样，我给你个地址，你在那家厂的业务谈好后，来这里找我下，我们好好谈谈？”

原来，下铺睡的是长江机械厂的供销科科长。就这么一夕之间，电配厂在上海找到了第二家合作商。

业务顺利地接到了，可接下来的事情，却没有贺财霖想的那么简单。他虽然夸下了海口，说能做，但实际上这次他们要做的是裁布机中一个叫双向螺杆的配件，而这个配件的生产难度却超出了他的预料。几次尝试，样品的尺寸总是有所偏差。

贺财霖找来黄必洪，让他放下手头其他的活，专门进行研究。可反复试验了几次，还是不行。

问题出在哪里呢？两个人一个环节一个环节地查找，最后发现是铣床的缘故。铣床是一种用铣刀对工件多种表面进行加工的机床，可以用来加工平面、沟槽，也可以加工各种曲面、齿轮等等。但是电配厂的铣床是需要人工来手摇的，不仅操作的人累，而且非常容易产生误差。

两人盯着刚刚试制出来的两个失败的样品，面面相觑。这两个残次品仿佛是在嘲笑他们。

贺财霖叹了口气："你看，现在生产出的，一个两个都不一样，没法用啊。"

黄必洪挠挠头："我也发现了，现在我们的铣床是靠人手摇来操作的，哪怕你再集中精力去做，但因为每次操作时的速度和力度不一样，所以在精准度上肯定会有偏差。"

"你看，有没有可能在这方面做一下改进呢？不然服装厂的业务，怕是要黄。"

"既然是铣床的问题，要改进的话，就得从铣床入手。"黄必洪想了想，"我觉得能行，就是可能要花些时间。"

"只要能做出来，我给你时间，"贺财霖道，"既然别家厂能做出合格的产品，我们没道理就不行。"

是啊，既然别的厂家能生产，自己也是个技术师傅，没道理不行。年轻的黄必洪在贺财霖的鼓舞下，好胜心顿起。他找来铣床的图纸，和贺财霖反复钻研，哪里不对，再进行调整尝试。那段时间，两个人吃饭、睡觉，都在思考这个问题。经过不分昼夜的埋头苦干，最后成功地对铣床进行了改造，让它可以从手摇转为自动化生产。

当合格的生产螺杆从铣床下出来，两个人兴奋得不知所以。要知道，他们已经不眠不休地钻研了好几天，而这块难啃的骨头终于被啃下来了。

贺财霖尤其兴奋。一个是因为给长江厂的订单可以如期进行生产了；再一个，则是因为自己的识人之明，请对了师傅。他觉得自己没有看错，黄必洪年轻、肯钻研，是技术上的一把好手。

为此，他特意请黄必洪下了顿馆子。

"找你来厂里，可是找对人了。"贺财霖敬了一杯酒。他是由衷地高兴，觉得这个年轻人将来大有可为。

黄必洪嘿嘿地笑着：“我也没想到，还真能做成。”

“以后，我们说不定还会遇到这样的难题，但是有你在，我就放心多了！”

在他们碰杯的时候，电配厂的铣床正在生产一件又一件质量优异的双向螺杆。改进后的铣床，不仅生产的产品规格准确，而且生产效率也比以往高得多，省了很多人力。当生产的双向螺杆产品在业内口碑立稳后，友人又介绍了上海黎明服机厂，把生产齿条的业务接了过来。电配厂的业务进一步多元化。

就这样，跟着铣床匀称的节奏，电配厂进入了稳步发展的阶段。

与此同时，与洛南军工厂的业务也没有落下。虽然业务量与之前相比少了些，但对电配厂来说，也是不容小觑。贺财霖还是认真地对待，有需要的时候就往那边跑。

这日，贺财霖所乘的列车途经武汉时，上来了两个人，坐在了他旁边。其中一人比贺财霖大个十来岁，身材魁梧。另一人与他年纪相仿，为人热情。既然是同行人，三人很快就攀谈了起来。

得知贺财霖是去洛南的军工厂时，一人笑了起来：“你还能给军工厂供货？看来你们厂做得不错啊。”

贺财霖不免有些得意：“那是，不瞒你说，我们都合作了好些年了，从来没有出过岔子。”

说着他把给洛南军工厂的供货情况大概说了一下，那人看他说得有板有眼，不免有些佩服。

他爽朗地说道：“我们厂也是军工厂的。既然你能给他们做，那给我们做应该也没什么问题了。”

原来这二人是武汉一家军工企业技术科的卢师傅和张工程师，他们正在找一家能够生产不锈钢螺钉的厂家，去洛南办事。

不承想，一上车就碰到了贺财霖。

“真是缘分啊，坐个车还能谈成个业务。”贺财霖觉得人生的机缘真是神奇。

他不免又想起了第一次前往陕西时的情形。那个算命先生的话再次在耳边回响，军火，果然是他业务中的重要一环。

三个性情爽直之人，随着业务的往来，他们之间的友谊也一步步地加深着。直到几十年后的今天，还相互关注着对方的消息。

礼贤下士

这一时期的电配厂，正是如水逢春，一波荡开，又带来了一波。订单如雪片般飞来，而厂房的灯几乎彻夜都亮着。黄必洪这个家伙真是有两把刷子。

回想起改装铣床的历程，贺财霖深觉黄必洪是个不可多得的人才，想着将来委以重任。可是还没等他规划好，变故先行而至。

1988 年 4 月的某一天，春寒刚退。黄必洪突然找到贺财霖，犹犹豫豫地提出了辞职的想法。

贺财霖有些错愕。尽管之前厂子里也发生过师傅辞职的事，但是发生在黄必洪身上，还是让他有些措手不及。在他看来，两人合作得一向很好，不知道他为何如此。这时电配厂已经搬到了西宫，规模也扩大到十间房子了，还配备了大车床、磨床、冲床、铣床等。一年的产值也已做到了上百万元。这么好的形势，他没理由要走啊？

“必洪，是厂里有什么你觉得不对的地方吗？你只管提出来。”贺财霖想着是不是自己哪里疏忽了。

“不是不是，”黄必洪连连否认，“厂长你一向对我也很好。就是，我看现在厂里也没什么事了，想另找门路自己发展看看……”

“什么叫没什么事？看图纸、教操作、把关质量不都是事吗？”贺财霖一时有些急，但看到他心意已决的模样，很快就意识到了什么，松了口，“必洪，我们打交道也好些年了，你有什么想法，就直接说吧。是我的问题，厂的问题，能改则改。如果是别的，那也说给我听听？”

虽然有些犹疑，但黄必洪终于还是把真实原因说了出来：“厂长，这些年你对我，没说的，我心里都知道。就是，我也想去闯闯，看能不能像你一样，也办起一个厂来。”

他的眼里闪着亮光，两簇火苗在灼灼燃烧着。当时，有能力、有想法的人，或早或晚地，都想要自己去开创一番事业，也可见当时全国上下办企业的积极性。贺财霖看着他，一时间不知道说什么好。小伙子的才能，他爱惜；小伙子的志气，他欣赏。他既想留住他，舍不得厂里失去这么个人才，又觉得该放他去历练。

其实他更想说的，是创业的艰辛，那是真正的筚路蓝缕，要做他人不能做之事、吃他人不能吃之苦。可话到嘴边，还是没有说出来。因为他知道，只有真正经历了这一切的人，才能感受到。那些教训或是经验，不是简单的三言两语就能传达的。况且说得再多，意义也不大。自己年轻的时候不也一样吗？

思索片刻后，贺财霖点了点头：“也好，只要你想清楚了，我一定支持你。有什么需要我做的，你尽管说。只要我们电配厂在，随时欢迎你来。”

说出这番话，他心里有些堵。黄必洪不是厂子里的一个普通员工，而是他预备要好好培养的人才啊。但他知道，自己放这个年轻人离开是对的，哪怕这会给厂子带来些麻烦。不仅如此，他为了支持这个年轻人创业，还把自己厂的一部分业务让给他做。

黄必洪离开后，由谁来接替他的位置一时成了难题。一时没有合适的人选，贺财霖只能从现有的工人中挑选。其中女工张建萍的技术在众人中较为突出，就把她提升为师傅，带班指导生产。

他安慰着自己，虽然张师傅的经验相对稚嫩，但只要按照要求走，基本也不会出错。

就这样，年轻气盛的黄必洪离开了电配厂。他想，自己同样可以白手起家。

但白手起家并没有他想象中的容易。在自己家中办了一个厂。说是厂，其实是个小作坊，主要靠他自己一个人周转。

事实上，这个厂并没有维持多久。不可否认，黄必洪是个能力颇强的技术人才，但创业考验的是一个人的综合素质。要成为一个合格的厂长，最重要的，必须协调好业务、资金、人员、销售等各方面的情况。技术当然重要，却只是其中的一个因素。

当他在电配厂看到各方面运转得如此顺利之时，只看到了自己攻克难题的技术，看到了自己的成果与重要性，却无意中忽略了在他专心研究技术的背后，有个人正在为维护这个厂子的正常运转苦苦支撑着。没有这么一个人，没有一个让他安心工作的环境，仅凭自己，能做到哪一步呢？

他似乎有些明白了。但后悔，还来得及吗？当黄必洪进退失据时，贺财霖却主动登门拜访了。

1990 年 4 月，听说了黄必洪经营不善、生活难以为继的情况后，贺财霖决定出手拉一把。他了解这个年轻人心高气傲的性情，知道他放不下脸找自己，不如自己礼贤下士。

面对老厂长，黄必洪红了脸。他苦笑道：“你看我这一摊子，像个什么样子。搞了几年，什么都没做起来。”

贺财霖看了看他屋子里散乱的机械设备，诚恳道："我可不是来取笑你的，我花这个心思干吗？创业有多难，我比谁都清楚。你的技术实力，我心里也有数。我看中的，就是你的技术和能力。只要你愿意，电配厂的产品技术把关，还是由你来。你要是不愿意，我也不会强人所难。"

"可我当时，说走就走了。现在回来，别人会怎么想……"他多少还是有些放不下自尊心。

贺财霖反而笑了："你要是这点心理承受能力都没有，还怎么做大事？干大事者不拘小节，况且是我来请你回厂里的，管别人想那么多干什么？"

黄必洪也笑了起来，笑自己的幼稚，随即又感动得说不出话来。这样的心胸，世上几人能有呢？

就这样，时隔两年，他又回到了旧岗位上。因为他的技术过硬，厂里的员工们还是非常信服的，包括当初替代他岗位的张建萍。日子平静地过着，仿佛什么都没发生过一样。但黄必洪和电配厂之间的纠葛并未就此完结。

1994年1月，黄必洪再次对贺财霖说，想要离开。当时另一家五金厂重金聘请他去担任技术师傅，给出的报酬比电配厂要高得多。

竞争对手居然来挖墙脚，而且挖的还是黄必洪。

若说心中全无芥蒂，自然是不可能的，但贺财霖保持了风度。他没有责备，也没有挽留，而是选择了成全。这种风度并不是表面文章，而是他豁达的心性使然。个人的选择都有自己的道理。缘分的来与去，都不可强求。该说的话，他以前已经说了，剩下的事，只能交给黄必洪自己。

而且，他也有这样的自信——自己的厂，不会因为失去了一个人而办不下去；而那家竞争对手，也不会仅仅因为多了一个人而胜过自己。

他的自信是对的。四年后，黄必洪又回来了。这次，他是主动回来的。当初聘请他的那家厂经营不善，负债累累，连厂长都跑路了。如他这般的员工，更是工资都要发不出了。

他终于明白，像他这般的技术师傅固然难得，但是一个好的领导者更是万中无一。他的老厂长贺财霖，正是那个能够打江山、守江山的人。在那些过往的点点滴滴中，贺财霖给与他的信任与包容，更是弥足珍贵。

贺财霖如他最初所承诺的，电配厂的大门一直为黄必洪敞开着。两人之间也建立起了不同寻常的默契。第二次回来后，黄必洪再也没有离开，一直到了今天。

从 1988 年 4 月，到 1998 年 6 月整整十年，黄必洪两次离开、两次回归，这也成了贺财霖创业历程中的一段佳话。

对于黄必洪的进与出，贺财霖并不认为这是什么羞耻之事。相反，他发自肺腑地尊重、欣赏年轻人的想法，因为自己当初也是这么闯荡过来的，凭着一股不服输的干劲，凭着不肯落于人后的倔强。

在创业这条路上，失败者太多了。而失败者同样值得尊重。所以，他爱惜，并以自己的方式默默包容着。

后来两人不时聊起这段往事，贺财霖还打趣说："你呀，两次离开了还回来，也是舍不得我贺财霖啊！"

相似的"剧情"，也发生在好几个员工身上。电配厂开办的第二年，十九岁的张祖义就进厂做了仪表车工，一干就是七八年，俨然是个经验丰富的老师傅了。但在 1993 年时，他见做贩鱼生意的表弟赚了不少，萌生了去做贩鱼生意的念头，就此离开了电配厂。但这个生意一上手，他才发觉没有想象中的容易。不仅竞争激烈，鱼货没有及时卖出要变质，还要经常搭小船往返于舟山与北仑之间，风大浪急，有性命之虞。家人放心不下，就不让他干了。

张祖义脸皮薄，宁可在家待着，也不好意思回电配厂。一次偶尔的机会，贺财霖在路上碰见他闲散的样子，才知道他离开后这一年里的经历。聊了几句后，听出了他内心的真实想法，就主动开口，让他再回电配厂上班——厂里也需要你，你要不考虑下？

有了这个台阶，张祖义顺利地重回了电配厂，并在后来一直跟随在贺财霖身边。一转眼，已快四十年了。现在，他担任的是雪龙集团数控加工中心操控手一职。他说，他很乐意跟着贺财霖一直干下去，一直干到退休。

现任车间副主任的贺平海也表达过相同的意愿。他是电配厂最早的车床工，跟随贺财霖也有三十多年了。1996 年时，他也曾离开工厂去开店。一年后，贺财霖路遇创业不顺的贺平海，又将他招揽回了工厂，一直干到今天。

谈起贺财霖对自己的爱护与包容，张伟海也深有感触。

1993 年春节前的一天，他上门找到了贺财霖，支支吾吾地开了口，大意是想请几个月的假，去海里捕捞鳗鱼苗。这个二十六岁的年轻人是贺财霖的同村人，才进厂一年，做过钻床工、锯工、粉碎工，人灵活，出手快，工效高，是岗位的骨干，颇得贺财霖的倚重。

听了他的话，贺财霖一时有些发懵。春节后厂子的活马上就要忙起来了，怎么偏偏是这段时间呢？但他很快就明白了。鳗鱼苗被称为“水中软黄金”，很是金贵，礁碶村靠海，就有这个便利。当地有捕捞经验的人在每年的冬季至开春前到海边捕捞，当地人称“涨鳗丝”。捕获后卖给收购商，出口到国外，光景好的话三四个月就能挣上几万元钱，比工厂里干活能多挣个几十倍。对于一个出身贫寒的年轻人来说，这显然是极大的诱惑。只不过他也舍不得厂里的工作，所以犹豫了好些天才开口。

踌躇了片刻，贺财霖还是点头同意了。他只说鳗丝涨好了马上再来上班。又叮嘱他多注意安全，毕竟是海里的营生。张伟海没想到这么顺利，红着脸连连道谢。

因为他的“请假”，贺财霖不得不临时调整人员，调动其他人来代他的岗位。在征得了同意后，张伟海连续四年都会在这个季节请假三四个月，离开厂子去“涨鳗丝”，给家里带来了不少的收入，大大缓解了家里的经济压力。后来鳗丝也越来越少了，他才没再去。

张伟海后来一直跟随贺财霖，共事了三十多年。提起往事，这个如今已不再年轻的元老动容地说，贺厂长是真心实意对待员工。他特意还提及当年他父母交代他的话——贺老板人好，阿海跟着他，我们放心！

在一次次具体的接触中，老员工们早已就贺财霖对员工的谦逊有礼、宽厚包容达成了共识。像所有成就大事的人那样，贺财霖当然有着强烈的对成功的渴望；但同样的，他也不吝啬于对他人渴望成功的尊重与体谅。在他人作出选择时，他不仅选择了成全，而且也愿意给他们第二甚至第三次的机会。如果不是这般至真至纯的诚意、礼贤下士的气度，这些员工也不会为此所感染、所折服，心悦诚服地追随至今。

如今，再回看黄必洪这二出三进的十几年，才发现这也是电配厂进一步发展壮大的十几年。

1991年，经过镇上同意，村里将十几间空着的房子给电配厂做厂房。从此，他们不必再与其他工厂挤在一起了。

1993年，电配厂又搬到了公社一家玻璃纤维厂里。厂房进一步扩大，员工人数也从最初的四个人，增加到了三四十人。

这段时间，厂里的设备，也从原来的三台只能生产简单小五金产品的仪表车，发展为铣床、磨床、车床等大设备，能够生产、加工品种更多、工艺更复杂的产品。

这种充实而轻盈的感觉，让贺财霖一时之间有些不适应。他记忆中，经常是使出十分力，才能让企业得到两三分的回报；而如今，上了正轨的企业，突然像插了翅膀一样，他稍微扇动一下，便可扶摇直上。

所谓苦尽甘来，应该就是这样的滋味吧？

所谓无限风光在险峰，应该就是这样的美景吧？

贺财霖尽情地品尝着来之不易的胜利果实。电配厂已成为霞浦公社税收和生产规模八大企业之一。而这，正是对所有付出最好的回报。

马失前蹄

“财霖，我看你啊，天生就是个办厂的料。”

“这还没几年呢，企业就做得那么大了！羡慕都羡慕不来啊……”

这些年的成功，让贺财霖的耳边多了很多令人愉悦的声音。这些声音太好听了，像森林中的鸟雀之音，时时围绕着他，让他紧张的神经偶尔能舒缓下来，人也变得轻飘飘的。

是啊，回看过往这些年的创业经历，他主持业务的哪一家工厂不是办得有声有色？跟他合作过的厂商，一提起他，哪一个不竖起大拇指？看看眼下的这家电配厂，是厚积薄发，业绩每年成倍地增长着，落在账面上的数字每一个都很好看。

有时候，他也会有一种错觉，自己是不是什么厂都能办得成呢？除了纸盒、橡胶、小五金产品，别的领域要不要也去尝试一下？但这样的念头只是一闪而过，并未多加停留。

1994 年 1 月，寒风浸骨。这个冬日的下午，贺财霖刚从厂里回到家，发现有个人在等他。那人跺着脚、哈着气，显然冻得不行。

原来是同村一个姓张的人。贺财霖与他并不相熟，只听说他经常在外跑业务，很少在家。至于跑的什么业务，没人说得上来。

看到贺财霖回来了，他很快就凑上来说："财霖叔啊，我可是等你有一会儿了。你这个大忙人，有空和我说两句吗？"

"张师傅，你这说的是什么话，快进来坐。这大冷天的，别冻坏了。"

张师傅一边往里走，一边搓着手，说："我知道你忙，也不好意思多耽误你时间，要不我就直接说了吧？"

"成，有什么话你就说吧。"

张师傅是来提议办玛瑙厂的。贺财霖最初有些发懵，毕竟自己对此一无所知。玛瑙，不是一种石头吗？

张师傅笑了起来："怪我没说清楚。不是做玛瑙，也不是真的玛瑙。怎么说呢，就是你做一个东西，那东西看上去像是玛瑙做的。比如浴盆啊、卫浴啊这些东西，看上去很漂亮。"

这回贺财霖是听明白了，也笑了起来："这下我可算是听明白了。只是，我没做过这块啊。不知道这东西生产成本高不高，就算做出来了，也不知道能不能卖出去呢。你也知道，我只会做五金。"

"这有什么，你不了解，问我啊。"张师傅这就给他细细地开始分析了，"现在市面上呢，卖得最好的是玛瑙三件套，就是洁具、浴盆和坐便器。生产这么一套的成本，是一千多元，可一套能卖三千多元。你说这利润率怎么样？高不高？"

见他说得头头是道，贺财霖有些心动了："真的这么简单？真的能卖出去？"

"嗨，你尽管生产，我来负责卖。你不知道，玛瑙做的东西现在可时髦了，那些宾馆啊、饭店啊，都喜欢用这个了，销路广得很。"

张师傅说起了这些年他跑过的地方，信心十足，似乎一个广阔的市场，正等待着他们的步入。贺财霖心中的激情也被点燃了。

这些年，他一直在与五金打交道，好像也有些乏了。为什么不能尝试下新的领域呢？

但他心中还是存着几分小心，只是口头上先答应了，说会考虑下。

自从张师傅来过之后，贺财霖心中就记挂上了这件事。这是不是业务多元化的一个好时机呢？而且是主动送上门的时机。听张师傅这么说来，似乎是个稳赚不赔的买卖。

可他又隐隐约约地听说，很多玛瑙厂办得不景气，但至于是什么原因他也不清楚。他决定再观望一下。

某日，他听说霞浦镇上有家玛瑙厂，立马抽空前去拜访了，看看能不能找些线索。

玛瑙厂的老板看他认真的模样，倒也不瞒着，苦笑着说："这厂刚开的时候是挺赚钱的，可现在是越来越不行了。"

"这是怎么回事？"

"卖不出去了呗。估计是大家都觉得这个挣钱，就都来开这个厂，生意自然就不好做了。要不，我给你看看仓库里囤积着没卖出去的货？"

"那咋办？"

"还能咋办，能撑就多撑一会儿。撑不下去再说，如果你愿意接手，我就盘给你。"

贺财霖心头一凉。要真的如此，这个厂还怎么敢开？他又惊又气。回了村之后，就把张师傅叫了过来。

他尽量用温和的语气说："张师傅，我这几天去打听了一下，和你说的情况不太一样啊。很多厂里还有货滞留着卖不出去呢！要真的开了，估计没几天就得关门。"

没想到张师傅毫无羞愧之色，反而笑了起来："卖不出去，就说明他们跑业务的能力不行啊，没有路子呗。再说了，你就不想想，他们说不定是怕你去抢生意呢！财霖叔啊，你也是在生意场上摸爬滚打过的人，这其中的真真假假，你心里应该有数啊。”

他如此振振有词，贺财霖又觉得有几分道理。是不是自己莽撞了呢？就拿五金业务来说好了，当多家五金厂濒临倒闭的时候，他的厂却依靠出色的质量和他的业务能力得以蒸蒸日上。所以就算是同一个行当，厂和厂的情况也是不一样的。就算这些玛瑙厂办得不行，未必他贺财霖就办不起来。

在他犹豫之间，张师傅又给他打了一支强心针："财霖叔，我呢，是真的想和你一起办这个厂。你看这样好不好，我手头没钱，也出不了资金。我每个月就只拿你五百元钱底薪，其余的按照提成来算怎么样？如果亏了，就把这五百元钱也搭进去！你也知道我家里好几口人，我总不至于不管他们的生活吧？”

那个时候，贺财霖一个员工每月工资不过二十多元钱，五百元钱虽然多，但要是能够把产品卖出去，也不算什么。

贺财霖心算了一下，如果玛瑙厂一年能生产六百套，销售额就能超过此时电配厂三至五年的销售额。况且张师傅的收入主要靠提成，如果生产出的产品真的能卖掉，工厂的利润大为可观，给他相应的提成也是应该；如果卖不掉，张师傅一家靠他五百元钱日子也不好过。可见他是有诚意的。

见贺财霖动摇了，张师傅又道："财霖叔，我是想和你一起发财的，可不是来搅局的啊。”

贺财霖终于点头了。他心中又升起了一股豪情：哪一项创业不需要冒险呢？几次创业都是这么过来的，这次也不例外。自己大概是这段时间厂子运转得太顺风顺水，反而有些把自己手脚给束缚了。

1994 年 2 月，宁波北仑海天玛瑙制品有限公司就这么成立了，厂址就在电配厂所在的玻璃纤维厂。玻璃纤维厂此时已濒临倒闭，大部分的厂房就被贺财霖的电配厂租了下来。

按照约定，贺财霖与张师傅签订了合同，明确了双方的产销职责关系，以及提成的金额。

当务之急，是购置设备。张师傅积极地张罗了起来，主动请缨："这事好办，白峰那边有家玛瑙厂，钱赚了不少，正打算去做别的行当。我看，他们的设备正好转过来。"

"既然赚钱，怎么又不做了？"贺财霖心生疑惑。

"嗨，这人和人不一样啊。我们觉得玛瑙厂的利润高，可人家赚够了，想去利润更高的行业。"

也是。贺财霖想，自己不也觉得玛瑙厂的利润比五金厂的高，才有兴趣做这个行当的吗？这也没什么不能理解的。见张师傅对玛瑙制品这一行果然熟门熟路，他又心生了几分信任。

"那这个事，就麻烦你去牵个线？"

"这有什么可说的，交给我吧，明天就去。"

和这个厂家商谈之后，贺财霖花了六万多元买下了设备。虽然有些心疼，但好在五金业务稳定，利润能够支撑前期的投入，压力倒也不算太大。只要后期业务运转起来，这样的投入是必要的。

玛瑙厂的产品好不容易生产出了，发出去一个多月后，款项却只到了很少一部分，大部分都没有到账。贺财霖觉得奇怪，但是想想，中间说不定有些耽搁了，再等等吧。再加上当时电配厂的事情又多，收回款的事就暂时搁置了。

直到三个月后，回款依旧寥寥无几。管账的张佩莉几次联系张师傅，催了几次都没有效果。无奈之下找到了贺财霖，把账本放到了他的面前。

“张师傅一直说过几天就汇款，可都这么多天了，完全没有眉目。再拖下去，就变成呆账、死账了。”

贺财霖翻了翻账本，果然没错。

而且张佩莉都没办法解决，可见确实难办。贺财霖马上就让人去找了张师傅。张师傅之前向厂里预支了六千元钱，作为对外开拓业务的差旅费，也不知用在了什么地方。

这块业务在厂子开办前就说好是交给他负责的，现在出了问题，自然要向他问个清楚。

谁知张师傅一脸无辜：“是说好了呀，不然我怎么会让你把货发过去？”

“可是这么久了，还有那么多钱没收回来呢。你看看账本。”

可张师傅根本没看，还是懒散的模样：“那可能货还在商场那边，回头我去催催。”

“商场？什么商场？”贺财霖一头雾水。追问之下，才知道问题出在了哪里。

原来张师傅所谓的把货发出去，并不是发给买家，而是他在各地找了商场做代销，委托他们进行销售。可这样一来，原本的销售额，就根本不算数了。因为产品没有落实到买家手里，回款自然也就无从谈起。

时间不能再拖了。现在一味地责骂张师傅也无用，再把这个事交托给他也不放心。贺财霖想，还是自己亲自出马去解决问题吧。

“这样，你找几个销售点，我和你一起去。赶紧收拾收拾，马上出发。”

张师傅答应了。

杭州、海盐、盐城……一个个城市，贺财霖按照张师傅说的路线，马不停蹄地奔走着。而去的地方越多，心就越凉。

大部分商家直接把货物堆积在了仓库里，而不是放在商场。来商场的客户都看不到货物，买卖也就无从谈起了。而商家非但没有积极地去销售，反而多有抱怨。

“你看这些浴盆，这味道你受得了？别人靠都不想靠近。”

“没什么人买啊，放在商场也是占地方。”

“你们来了正好，要不把东西收回去吧……”

原来，玛瑙粉中加入了各种化学粉剂，又因为在密封的包装中，时间一长，就有味道挥发出来。如果买回了家，拆了包装，气味自然会散发干净，可现在这么多一起堆积在仓库里，空气不流通，包装也散开了，气味就透了出来。

如果这些问题早点回馈，玛瑙厂还能在技术上及时地做调整。可眼下的当务之急是把存货给销售出去，否则前期的这一大笔投资都收不回来了。

贺财霖想对着张师傅发火，可发火又有什么用呢？他已经看明白了张师傅的不靠谱。他之前的信誓旦旦、极力鼓动，不过是想要搭个便车。这车若是顺利，他自可坐享其成；而车若是受阻，他也并没有什么损失。

想明白了这一点的贺财霖，压抑着怒火，仿佛又重新回到了刚刚起步创业时的那种步履维艰的阶段。

他当机立断，先下令停了玛瑙厂的生产，把全部的精力用在了销售库存上。当时正值夏天，他就这样，冒着酷暑四处奔波，亲自去跑销售。每到一个地方，就打听当地的这块行情，看产品的定价如何才能尽快卖出去又不致亏本。

屋漏偏逢连夜雨。玛瑙厂的销售情况让贺财霖心急如焚，偏偏此时，他又出了意外。

因为电配厂的效益好，赚了不少钱，贺财霖为了改善家人的居住环境，就在霞浦镇上买了一块地，用来盖新房，以后就可以从村里搬到镇里了。虽然这事承包给了建筑商，但毕竟是自己的房子，他隔三差五地，就要去看看施工进度。

霞浦镇与礁碶村相距不过两三公里。贺财霖就买了一辆摩托车，来去也方便。说来，这条路他来来回回走过了无数次，熟悉得很，却没想到还是出了事。

那日晚上，他从工厂出来，又去施工中的住宅那儿看了看，等回程往村里赶的时候，夜有些深了。虽是夏天，但那日天空中云层有些厚，遮住了月亮，星光很散淡，道路也是模模糊糊的看不清。不过路上没有别的车，还算安静。

贺财霖想起那些堆积着的没能卖出去的玛瑙产品，心烦意乱。销售渠道不畅，产品质量又有问题，这两个结合在一起，简直就是一道无解的难题。他越想越觉得燥热，不知不觉中，摩托车越开越快，猛然间像是撞到了什么，把手一撇，车子就“嘣”的一声，甩飞了出去。

倒在地上的时候，贺财霖的脑子是懵的。这经历，似曾相识。多年前，他乘着夜色，骑着自行车走青峙岭去卖酱瓜时，车子也失控，将他甩了下来。只是这一次的情况，似乎更严重。毕竟摩托车的车速远比自行车要快。

他痛苦地趴在地上，右腿的膝盖处感到割裂般的疼痛。借着微弱的星光，他终于看清楚了，绊倒他的是路中央的一块石头——在此之前，刚好有一辆装载石块的拖拉机从这经过。因为路不平整，那块石头就在颠簸中抖落了下来，拦住了他的去路。

这仿佛是某种隐喻。这块绊脚石，像是玛瑙厂的化身，让这匹良驹顿失前蹄，摔了个大跟头，在暗讽着他事业的低谷期。可他不能在这里趴下，还得继续往前走。就算是低谷，他也得努力振作起来，才有走出去的可能。

贺财霖勉强把摩托车扶了起来，可膝盖那里感到钻心的疼，无论如何也上不了车。没有办法，他只能一瘸一拐地推着车，走了好长时间才回到家。

到了家，妻子还没睡。见到他的模样，吓了一跳："这是怎么了？"

贺财霖大概地说了下经过："就是被石头绊了下，没事。"

妻子慌忙端来干净的水，给他清洗。一看裤子已经磨破了，膝盖一圈都血肉模糊的。

"这么多血，还有沙子……得去找医生看看！"

凉水擦上伤口，虽然妻子的动作已经尽量轻柔了，但贺财霖还是疼得倒吸了一口凉气："大晚上的，医生早下班了。明天再说吧。"

妻子没再说什么，默默地给他换上了干净的衣服，扶着他上了床。

可疼痛感并没有消失，而且似乎从腿上又延伸到了别的地方。自己受伤了，玛瑙厂该怎么办呢？明天还能不能去厂里？不能去的话怎么办？想着这些，他整宿都没能入睡。

第二天一早，贺财霖发现膝盖处愈发肿了，比昨天更严重。走了两步，疼得不行。没办法，他只能放弃了去厂里的想法，让司机开车送自己去了医院。

医生简单地检查了下："是髌骨碎了，得打石膏。"

听到骨头碎了，贺财霖有些慌："那还能走路吗？"

医生低头写着报告："养好了就能走。你要现在还想着走啊、跑啊的，那就别想好。骨头要是没养好，你自己也知道后果多严重。"

"这……大概得多少天？"

"一个月后来医院拆石膏，到时候再看下恢复的情况。"医生利落地给他开了药。

伤筋动骨一百天。打了石膏的贺财霖只能躺在床上，被束缚在了家里，不仅外面的业务是没法跑了，连工厂都不能去了。

“你就当是休息吧，这都多少天了，你真当自己是铁打的身子啊。”妻子宽慰着他。

但贺财霖怎么能安心休息呢？外面骄阳似火，而他心中更是躁动不已。现在是企业最困难的时候，没有他在，那些活怎么办呢？玛瑙制品的销售难道还得全都交给那个张师傅吗？

想到张师傅，他更气了。他懊恼自己识人不清，后悔自己太过冲动。可现在这些情绪性的反复折磨又有什么意义呢？他只能对着厚厚的石膏发呆。

起初的几天，不断有镇上和村里的一些领导来看望、宽慰他，他就强打起精神接待着。他们很多人都不知道厂子里的这些变故，只当他是身体受了伤才看上去这么累。他们并不知道，此刻的贺财霖如坠冰窖。那些温暖虽然令他感激，却无助于解决当下的问题。

也正是这个难得的停下脚步的时刻，让他冷静了下来。或许，是时候作出决断了。走上了一条错误的道路固然可怕，但更可怕的是在这条道路上一去不返。

壮士断腕，及时止损，也是一种人生智慧，尽管这需要莫大的勇气。

断臂求生

厘清了思路后，贺财霖先叫来了自己的得力干将张佩莉。

其实，贺财霖刚从医院回来准备在家休养时，张佩莉就急匆匆地赶来看过一次。只是当时来去匆忙，话也没讲上几句。而这一次，他们认真地谈起了两个厂的运行情况。

“小张啊，你看我这腿一时半会儿怕也好不了了。我想来想去，厂里的事，也只能交给你先担着了。我知道厂里现在是最难的时候，偏偏我又出了事……可交给别人的话，我都不放心。”

张佩莉点点头：“老板你放心，该让我干什么，我就干什么。”

其实自从玛瑙厂开办以来，她肩上的压力已陡然增大。现在厂长出了事，她心中更是没底了。但她清楚此刻不是退却的时候。

贺财霖把厂子的整体情况给她盘算了一遍，决定抓大放小：“玛瑙厂销售的那一块，要是实在不行，就先放那里吧，等我回来再说。电配厂是我们的根底，一定不能放松。你先去抓电配厂，有余力再去管玛瑙厂。”

他清楚，如果跑销售，十天半月也不一定回得来，而且按照他之前的经验，也无法保证能收多少款项回来。可厂里离不开人。不能因为玛瑙厂，把电配厂也拖下水。

“好，你先安心休养，有什么问题，我就及时向你汇报。反正离得也不远。如果还有什么要交代的，让人来传个话就行，我再过来。”

“那就，交给你了。”贺财霖知道这副担子有多重，但眼下，张佩莉是唯一的人选。

这些年来，这个年轻的姑娘在历练中成长为电配厂不可或缺的中流砥柱，她对工作的投入所有人都有目共睹：不仅将自己的主要业务财务工作处理得井井有条，而且在别的部门需要人手时，能够毫不含糊地顶上，连操作仪器这些体力活也都能够驾轻就熟。当贺财霖在外跑业务、谈项目时，她成了实际上的内当家，主持业务生产，把电配厂管理得井井有条。

玛瑙厂草创时，设备到位后，还需要有人把控原料配方的工序这道关了。这是个精细的活，得有一定的文化，能看懂配方，还得有足够的耐心和细心，爱钻研才行。张佩莉成了不二人选。

尽管此前从来没有接触过调配方相关的工作，但既然贺财霖交代了，她就义无反顾地接下了这个活。因为配方是机密，张佩莉就把自己锁在房间里，她需要用砝码秤小心地量取，记录下每样配料的份额，然后把调配好的材料交给生产车间，进行浇制、倒模等工序。所谓的玛瑙色，也分不同的种类，如梦幻色、橘黄色等等，要求不同，每样配料的份额以及放置顺序也不同。没有人教，只能由她自己对着配方，反复地进行尝试。

这是个全然陌生的领域，需要张佩莉投入很多的精力。为此，她整日泡在厂子里。有时候机器停了，员工们下班了，她的房间还在亮着灯。因为一个颜色调配出来，她需要马上做记录；而颜色的生发需要时间，有时候的差别又很细微，若等到第二日，很多数据会有出入。

其实，当时张佩莉已经是两个孩子的母亲了，家里与厂里的事务压下来，繁忙程度可想而知。可是新厂既然有任务交给她，她就不能退缩。

不可避免地，家中的事就顾不上了。一次，张佩莉把儿子接到厂里，忙着做自己的事，没发现儿子翻到了一个玛瑙缸里，脸颊、嘴唇等处全都红肿了起来。送到医院，才知道是因为那些化学物质刺激了皮肤的缘故。

多年过去，张佩莉依然记得当时那利刃剜心般的疼痛。有时看到长大后的儿子额头上那两道淡了的疤痕，依旧会陷入恍惚，不知道那样的日子是怎样挨过来的。她知道，额头缝的那两针，也永远地刻在了她的心里。但她清楚地知道，如果时光回流，她还是会作出同样的选择。虽然她没有亲眼见过电配厂是如何建立起来的，但是这几年，老板的行为处世她全都看在眼里，并且也在潜移默化中影响着她。是啊，要做成一番事业，哪有那么容易的事呢？她钦佩老板，不正是因为他的坚定和坚韧吗？如果当初老板碰到个坎就放弃了，怎么会有现在的厂子呢？她怎么会有机会来厂里工作呢？怕是现在还和其他同村的女人一样，围着田地和灶台转吧。而她，怎么会愿意过那样寡淡的日子呢。

在那段艰苦的时光里，两个人配合默契。当张佩莉埋头调理配方时，厂长贺财霖正风尘仆仆地在外奔波，从上海到武汉，从武汉到西安，在纵横交错的铁轨上，一次次留下了他的身影。电配厂和玛瑙厂的灯火都彻夜亮着，加班加点地开动着机器。

玛瑙厂的危机初步显露时，作为财务人员的张佩莉自然心中了然。可是想到那些拼命奋斗的日日夜夜，又怎么能甘心轻易放下呢？在她彷徨迷茫之际，厂长的那番话为她指明了方向：抓大放小。方向一旦明了，她又充满了干劲。

一个月后，当张佩莉感觉到自己力不从心、快支撑不下去时，贺财霖终于来了。他刚刚拆了石膏，本来还应该再多休息一段时间，但是他已经等不及了。他要亲自来结束这个泥沼般难缠的烂摊子。

“骨伤虽然痊愈了，但还是有些脆弱，要小心点。”医生叮嘱说，“不然出了问题，养的时间就更长了。”

“谢谢医生，可是我想早点好，手头一堆事呢，一直拖着。你看能不能打个营养针什么的？”贺财霖不知道从哪儿听来了打营养针这个方法。

医生觉得有些好笑，解释道：“营养针只能起到辅助的作用，最好的方式还是休养。另外，自己心情上也要调整好。”

好说歹说，医生还是给他打了一针高参营养剂，似乎有了这一针，他又能健步如飞了。他回到厂里，看了一下玛瑙厂的汇款，上面的数字依然很难看。

他没有生气。休养了这些天，身体好得差不多了，之前焦虑的心情也平复了很多。他知道，能收回的账，已经收回了；收不回的，肯定也没希望了。他决定做最后一把努力。若是还不行，就认了。不能把精力浪费在这个无底洞里，及时止损才是上策。

这时，哥哥沛霖出了个主意，说不妨去西安那边试试：“我这两年跑西边做服装生意，感觉那儿还没怎么发展起来，这块的市场估计还没打开，说不定有戏。”

贺财霖觉得有道理。改革的春风，确实先惠及的是沿海各城市，中西部的发展相对滞后。沿海这边这玛瑙制品卖不动，不代表内地不行。这也许是一条路子。

但是厂里现在离不开他，再加上身体也没有好完全，不宜远行。一番权衡之后，就把这一重任交给了哥哥沛霖和张佩莉的丈夫张振桥。沛霖毕竟跑业务熟练一点，而张振桥可以一起帮忙，同时也历练一番。

两人租了一辆车，花了六千元钱把浴缸等产品运送到了西安。可是半年过去了，分文汇款未到。

这时他们才幡然醒悟，明白自己错在了哪里：西安那边，并不如江南多雨水，而那里的人也并不习惯用浴缸。更何况，既然经济尚未发展起来，又怎么会为了几个浴缸、浴盆去花三千多元钱呢？无人问津也就理所当然了。

得知这一情况后，贺财霖没再说什么，又花了六千元钱，把产品运送了回来。

滞留在仓库里的这一箱箱货物，在贺财霖面前汇成了一片海。现在，他坐在海的面前，思考着出路。当他重重地摔了那一跤，躺在床上休养的时候，他已经悟到了一些什么。

有时候，方向错了，再努力也是白费。当初踏上了这条路，以为是康庄大道，实际上却是一片沼泽地。不想陷下去，就只能及时抽身，否则不仅玛瑙厂会被吞噬，也会连累电配厂。及时止损，是唯一的选择。

可是怎么止损呢？看现在这个样子，产品是很难按照原来的利润额卖出去了。

能卖出去就行。他决定尽快地把这烂摊子收拾好。最大的难题，就是库存。他让人把货物折价出售，原本三千多元一套，折价成一千五百元、八百元甚至六百元。他四处托朋友，只要有人要，他就卖。买得多的，价格可以再商量。

库存一天天减少了，但是他的心并没有轻松。因为年关在即，可是因为玛瑙厂的亏损，他不知道如何向大家交代。于是，他把大家召集在一起，说：“这个厂，是我们一起办起来的。大家也看到了，确实是办不下去了。但是东西是好东西，是我们亲手做出来的。过年了，也没有什么东西送给大家的，这样，每个人领一套回去吧？”

虽然年底的奖金少了，但大家并没有什么怨言。因为老板在经营上花的心血，他们都看在眼里。而且这些年来，老板也诚心诚意地对待他们，不曾有所亏待。现在厂里有困难，出不了别的力，至少也要体谅吧？何况，自己平日里何曾用过这么高档的卫浴产品呢？领回家，家人也高兴。那时的人，质朴得可爱。

员工们兴高采烈地领了货物回家，但库存里还有几件。贺财霖也不愿意再折腾了，就送了平日里相熟的朋友，这才算把库存给收拾干净。

面对空空的仓库，贺财霖的心也空了，仿佛是刚做了一个梦。但他不能做梦，还有别的事要处理。既然停产了，设备也用不上了。可是谁又肯愿意接手呢？当初可是花六万多元钱买来的。

好在哥哥贺沛霖的人脉此时派上了用场。沛霖这么多年全国各地到处跑，结识了不少朋友。

这时，他一位云南昆明的朋友恰巧来拜访。两人相识已有十多年。听贺沛霖讲起弟弟工厂的困境，突然笑了起来。

“这世上的事真是说不准，不说巧都不行。我们那儿有个厂正好想做这个业务呢，这些设备正好用得着。我打电话去问问？”

“那自然好。”贺沛霖喜出望外。这几个月，他眼睁睁地看看弟弟肉眼可见地消瘦下去，也总想着能帮上一把。之前西安卖货没卖成，反了搭进去了好多运费、路费之类的，现在多少可以弥补一些了。

事情进行得很顺利，昆明的厂愿意以八万元的价格接收这些设备。只是有个要求，得有专人将货押送到那里，并请师傅指导生产。

六万多元钱的设备，还能以这个价格卖出，贺财霖心中求之不得，满口答应了下来。开玛瑙厂时，他曾请了一个师傅来车间专门指导浇制、倒模等工作，现在就又请他去昆明一趟。

师傅在那边如约完成相应的技术传授之后，设备款也就顺利地回收了。如此，贺财霖提在半空的心，才算终于落了地。

1994 年年初，玛瑙厂建立。

1995 年年底，玛瑙厂悄无声息地就关了门。

一年多的时间，贺财霖经历了创业史上最大的挫败。当一切都结束后，他依然都觉得像是刚做完了一场梦。若干年后，他回想起这段经历，都有种不真实感。

也许，他并没有自己想象中的那么稳重、周全。是过往的成功和与之而来的赞誉声，让他轻率了、膨胀了、自视甚高了。但是，挫折比成功能让人学习到更多、成长得更快。

是的，他在这一年多的时间里重重地摔了一跤。但正是这一跤让他清醒了过来，重新审视了自己这一路走来的道路和身边的人、身边的世界。更重要的是，他还年轻，而这一跤，并没有把他打垮。只不过是摔一跤，等膝盖上的伤口愈合了，他依然还会骑摩托车，只是比以往小心了很多。

玛瑙厂虽然关闭了，但贺财霖的雄心壮志并没有被消磨。相反，在这场烈焰焚心般的考验中，他的心志与韧性由此得到了淬炼，为未来远大宏图的展开蓄积着能量。

下卷

这里正在举行的，是雪龙集团股份有限公司的上市仪式。

“……5、4、3、2、1……咣……热烈祝贺雪龙集团成功上市！”随着一声清脆的鸣锣声，雪龙的股票代码跃然出现在了屏幕上：代码 603949。时钟的指针正好指向九点半。掌声与欢呼声并起，雪龙集团成功登陆了上交所主板！代表着股价的数字不断翻红，往高处走去。

临危受命

1995年，终于过去了。

玛瑙厂的创办与关门，像一块乌云，让贺财霖淋了雨、受了寒，但终究还是散了。对他来说，这是一段独特的经历，不时地敲打着他：小心，再小心些。偏听则暗，投资任何项目，市场调研必须深入，要掌握第一手信息。幸运的是，他并没有把全部的身家投入新厂，他引以为傲的滨海霞浦礁硖电配厂也因此而得以保全。现在，他更在电配厂上加倍投入，似乎要弥补从前因为玛瑙厂而被分散的精力。

贺财霖的努力很快得到了回报。1996年，电配厂的销售额已经达到了惊人的一百六十万元，成功跻身霞浦镇“八大企业”之一。而他，则成了耀眼的明星企业家。

如果没有意外，贺财霖将守着这个厂，将它继续做大做强，过完平稳顺遂的一生。但恰在这时，命运又抛给了他一道选择题，令他的人生充满了变数，并如同江水决堤一般，向着波澜壮阔的未来一泻千里。

1996年春天，春寒未退，霞浦镇负责工业的肖镇长和工办章主任来电配厂走访考察，贺财霖像接待其他领导一样，一一为他介绍着企业现在的生产规模、业务量、利润率等。可镇长显然是醉翁之意不在酒。

“老贺，你这电配厂办得这么红火，有没有想过，把别的企业也承包过来啊？”

“镇长，你别取笑我了。前两年我办那个玛瑙厂都办成烂摊子了，差点被干趴下。”贺财霖苦笑着摇摇头。

“那是给你上了堂课，多吸取教训。”肖镇长话里有话，“其实我这次来呢，不只是看你现在的这个厂，还想知道你能不能去做别的厂。”

“你这是说的什么厂呀？”贺财霖起了好奇心。

“是这样，镇上有家北仑汽车塑料风扇厂，这家厂问题是不少，可是它规模大，要是能把它给盘活了，那产值可不是你现在的电配厂可以比的啊。现在我们在考虑人选，所以来问问你。”

肖镇长打了个直球。一瞬间，贺财霖有些心动。电配厂开了十几年，也不过是三四十人的规模，年产值一百六十多万元；而风扇厂里有四十多名员工，更重要的是，它的产值有两百多万元——哪怕是在面临倒闭的境地中。如肖镇长和工办主任所说，能够承包下来并让它运作起来的话，自己的事业将上到一个新的台阶。但是玛瑙厂的失败历历在目，他不能那么冲动了。冲动的苦果，他已经品尝过了。

肖镇长看出了他的犹豫，呵呵一笑：“今天呢，其实就是和你说说镇上的这个想法，我们觉得你有这个能力，能办好。当然，也要征求你的意见。你也不必急着答复，先回去考虑考虑？”

这次谈话后，贺财霖原本平静的心情，顿起波澜；而这波澜一旦生起，就搅得他生活也变了样。

如果要拒绝镇领导的提议，那是最简单不过的事，而且也有充足的理由。毕竟，要把北仑风扇厂振兴起来，难度实在是太大了。

这家汽车塑料风扇厂归属霞浦镇工办管辖。在改革开放的大潮下，中国大陆上各式新兴企业纷纷冒出，凭借着技术和魄力野蛮地冲撞着市场，它们有干劲、有活力，不断推陈出新。然而，很多公有制企业却依旧闭目塞听，不知今世何世，只会吃老本。这家风扇厂就是其中之一。它依赖惯了过去的运作模式，没有去想着作出改变，由着自己的市场份额一步步走向了萎缩。

原来的厂长不堪重负，将情况汇报给了工办；而工办考察后，发现无力解决，又向上汇报到了镇政府。镇政府派人调查后，才得知风扇厂实际上已经处在倒闭的边缘——这么大的一个厂，年产值仅两百多万元，而且连续三年亏损，不仅背负着一百九十五万元的银行贷款无力偿还，一百八十多万元的应收款无法收回，还有三十多万元的外债无力支付。盘算了一下，除了厂房外，其他的固定资产加在一起还不到三十万元，早已是资不抵债。绝大部分存货，包括原物料，半成品、成品，抵债来的冰箱配件、灯具等都是无法使用和无法销售出去的，堆积了几个房间。如没有大的转机，这家承包过来的企业也面临着开不下去的风险。

这个困局，不仅将导致集体财产的流失，更涉及员工们的生计。每个员工后面，又是一个个勉强支撑着的家庭。如果不处理好，将造成严重的后果。

考虑到这些，镇政府果断地下达了企业转制的决定：企业从集体所有制改为个人承包制，流动资产经评估后进行拍卖，固定资产评估后由承包人承包。镇里一边让工办先找人暂时履行厂长的职责，一边又对北仑区的各个企业家进行考察，经过多番的筛选和慎重的权衡后，才确定了人选。

贺财霖，正是他们选中的人。但被委以重任的贺财霖，此刻的心情极为复杂。

这一年，他刚刚步入了五十岁知天命之年。身边的老友们到了这个年纪，都过起了安稳的日子，谁还愿意再去折腾呢？果然，亲友们得知了消息后，都在规劝他，理由大同小异，都这把岁数了，从前吃的苦已经够多了，现在好不容易安稳下来，该享福了，实在没必要再把自己搭上。何况拯救一个濒临倒闭的厂，有几成胜算啊？救活了自然好，可谁知道得经过多少磨难呢？而若是救不活，那付出的心血怎么办呢？还很可能赔上自己的身体。

其实这些道理，贺财霖心中一清二楚，所以当肖镇长把镇政府的决定告知他时，他才犹豫不决。他也一次次告诉自己：有风险，年纪大，没必要。

可犹豫本身也说明了那些理由并不足够，说明了他还有不能拒绝的理由，那是只有他自己知道的理由——他心底还有一团火在燃烧。这团火与年龄无关，是他内心激情的投射。是的，玛瑙厂失败了，但是他的内心其实并不甘心；不错，电配厂的发展势头很好，但为什么不可以尝试一条新的道路呢？是，大家都说风扇厂是个烂摊子，但是危机，不也是一个机会吗？没有人知道，他的内心被两股力量撕扯着。

这期间，镇政府的领导、工办的领导又来找了几次，甚至说：“你就死马当活马医，这厂子已经这样了，就算办不起来，也不会有人怪你。”

领导的信任让他动容，但是现在的他稳重了很多；而且既然要办，就得有把握，得奔着成功去，这才是他贺财霖的做事风格。于是，在几次游说之后，他终于松了口，要求先去风扇厂亲自考察一番，再做决定。

领导同意了。而实际上，对风扇厂的考察，他前前后后去了三次。

4 月 8 日，贺财霖第一次来到了这家风扇厂。江南的春末夏初时间，原本应该是生机盎然的，然而整个厂在他眼里都是灰色的、黯淡的。

车间里，一排排机器依旧整洁，还在运转着，但明显已经老化了，呈现出了疲态；仓库中，一箱箱的存货杂乱地堆放着，落了灰；办公室里，账目本上的欠条很多已经泛黄，竟然还有三年前的旧账；路上碰见几个员工，大家也都是耷拉着脑袋，看不出表情。

待得越久，贺财霖越觉得沉重。这家风扇厂的情况比他原先知道的还要糟糕得多。

那天回到家后，家人看着他眉头紧锁的样子，也就明白了怎么回事。

妻子劝道："不行就算了。"

大女儿贺群艳此时已经在镇政府上班，也附和道："就是，爸，你电配厂做做不是挺好的吗？"

但贺财霖什么都没有说，晚上睡觉也是翻来覆去，脑海里满是厂子的影子。几天后，没忍住，决定再去考察一下。至少，得问问厂里原来的领导，看问题到底出在哪里。

4 月 12 日，第二次来到风扇厂的贺财霖，径直找到了风扇厂的老柴书记，想多了解些基本情况。

他开门见山地说明了来意："我上次来厂里看了看，情况似乎不太好。但是我呢，毕竟原来不是厂里的，不知道厂里原来是怎么运转的。想了想，肯定还是你们这些老领导熟悉，所以就想来讨教讨教。"

老柴书记摆摆手，叹了口气："说起来是真惭愧，厂不应该是办成这个样子的。你要知道，现在我们在生产的是塑料风扇，比传统的那种铁制的风扇工艺先进了不知道多少。可有什么用呢，每个月都在亏损。”

“既然产品这么好，怎么会亏损？”作为办过几个厂的企业家，贺财霖明白产品是王道，产品的质量是核心竞争力。既然风扇厂不缺好产品，怎么会落到这个地步呢？

“成本太高了啊。”老柴书记接话道，“卖出去的产品，有时候价格都没有生产成本高，等于是卖一件、亏一件。更麻烦的是，卖出去的货，钱还收不回来。那些账目你也看过了吧？说起来很多都是老黄历了，成历史遗留问题了。”

贺财霖点点头，这确实是个棘手的事。他让工办的会计核算过，确实是在亏本生产的。当时风扇厂在银行有一百九十多万元的贷款，银行利息是一分三厘多，不生产的话，光利息每天都要亏差不多八百多元钱；可生产的话，按照现在的管理模式，亏损的缺口只会越来越大。风扇厂陷入了这种两难，进退维谷，似乎倒闭成了唯一的选择。

老柴书记补充道：“很多商家虽然还在合作，但是业务量也是越来越小。你也看账本了，以前的很多款项都没收回来呢，就算有订单，你说接还是不接？生产还是不生产？”

这些问题如利刃般矗立在贺财霖面前，让他直冒冷汗。如果真的要接手，这些都是无法回避的问题。既然来考察，他想知道的，不就是关于这个风扇厂的全部吗？如果真的不行，现在拒绝也来得及。贺财霖心里的某个角落甚至感到了一丝庆幸。要不就这样吧，他想着，看来这个厂没救了。告别了老柴书记，他就准备回去了。

到了工厂门口，突然听到有人在后面叫他：“这不是贺厂长吗？又来了啊？”

他转身看去，只觉得面熟。想了一会儿，才记起这是第一次来这里时碰见的员工小吴。当时他对厂区不太熟，小吴给他指过路。

小吴走了上来，“贺厂长，这回看得怎么样了？能不能来帮帮我们厂啊？”

看到这个年轻人满怀期待的样子，贺财霖没能把真实想法说出来，打着太极：“再多了解了解。”

“好好的一个厂，我们也不知道怎么就成这个样子了，”小吴眼神黯淡，“说实话，在厂里待了这么多年，要真的倒了，我们心里也真不好受。”

“没那么严重，这镇上的领导不都在想办法吗？可能会找到出路的。”贺财霖尽可能地宽慰着。

“也是，所以才派你来了对不？”小吴的眼中又燃起了光亮，“不瞒你说，没了这个饭碗，我都不知道做什么去。这几个月，大伙儿都在愁这个事呢！你要是肯来，厂子肯定能活起来！”

贺财霖一阵心虚，慌忙避开他炽热的目光，匆匆作别而去。到了家里，他正在琢磨风扇厂的事，工业办公室的章主任又找来了。他显然听说了贺财霖二次拜访风扇厂的事。

“又去了解情况了？有主意了没有？”

贺财霖苦笑道：“这越看，越觉得这事不好办。”

章主任道：“好办的话，还找你干什么？镇上就是看中你的能力，所以厂里有什么毛病也都不瞒你。你可得打起精神来。”

“那，让我再想想……”

“耐心呢，我们是有，可你也知道，厂子这么一天天地放着也不是个事。你别让我们等太久了啊，镇上的领导都等着你的回复呢！”章主任摇着头，也是无计可施。

章主任走后，贺财霖更加焦虑不安。领导的期望固然是一重无形的压力，可他眼前挥之不去的，却是小吴那满心期盼的神情。

是啊，如果他们下岗了，该何去何从呢？他们各自的家庭，又会受到怎样的打击啊！生活太残酷了，可自己有能力帮他们扭转乾坤吗？会不会自己反而被拖下泥潭？思来想去，他都没有想出一个所以然来。这段时间，他明显感觉到自己的头发正在悄然变白。就像他身边的人说，这是件吃力不讨好的差事，还没接手，就已经让他备受煎熬了。

左思右想，压力极大，又碰上倒春寒，一日进门，贺财霖竟然病倒了。妻子很是心疼，更加不想让他继续折腾了。

"你也不看看你自己几岁了。受这份罪干吗？"

他也有些泄气，这天下午，拨了个电话给张佩莉："你去镇上一趟，和那边领导说，风扇厂的事还是算了。"

张佩莉听说他语气不对："怎么，老板你生病了？"

"胸有些闷。"他吃力地说，"厂子里，你多盯着点。"

但是接到电话后的张佩莉并没有马上去镇上。这么多年风风雨雨地过来，她知道老板左右摇摆之下的不甘心，他只是一时的冲动，还没有下定最后的决心。

果然，黄昏的时候，又一个电话来了。

"佩莉，你去镇上了吗？"

"还没呢。"

"先别去了，我再想想……"

如此挣扎了差不多十天，贺财霖决定第三次造访风扇厂。他需要找到一个理由，一个让自己能够接下这个厂的理由，一个让他有信心使这个厂起死回生的理由。这次一定要拿出一个结果来。他暗自下了决心。

4月22日，贺财霖又一次来到了风扇厂。这时的他把之前的那些信息已经消化得差不多了。那些庞杂的资料分门别类地储存在他的脑海里，让他对风扇厂的整体情况有了具体而完整的勾勒。但他直觉，肯定有什么地方被遗漏了。

是的，他遗漏了一个关键的点，一个盘活风扇厂的枢纽。现在，他就是要抛开此前种种的焦躁不安，沉下心来，把迄今为止所接收到的信息都细细地梳理一遍。

忽然一句话出现在了脑海里。“产品是好产品。”这是上次来时老柴书记说的。产品，对，只要是好产品，不应该卖不出去；如果卖出去了却亏本，肯定是其他环节出了问题。

贺财霖的精神振作了起来。他来到库房，四下环顾，脚步停留在了一堆待售的风扇边。仓库凌乱不堪，而这些风扇如蒙尘的明珠一样，等待着独具慧眼之人。

他随手拿起脚边的一块包装布，擦去风扇上的灰尘，拨弄了一下，又用手掂了掂，确实比他以前看到的那些铁制的要轻盈得多。他也看过质检报告，证明产品确实是优质的。这么好的产品，不该遭受这样的命运啊。他心中惋惜着。

贺财霖再次去找了老柴书记。风扇厂半死不活，很多颇具才干的员工纷纷离职、另谋高就了。厂里了解风扇厂生产经营情况、产品供应商，以及竞争对手等情况的人现在只剩下了一个，那就是老柴书记。

老柴书记见他来了，有些意外，意外中更多的则是高兴。他本以为上次这么交代了风扇厂的病症后，会把人吓退。如今看来，并没有。眼前的这个人真的是在认真考虑办厂的事，所以哪怕知道了这么多负面的信息，还是没有放弃，还继续来考察。这就意味着他很有可能把这个厂接下来。

“老柴书记，上次来的时候，你和我说生产的塑料风扇很有优势。你知道，我这块业务也不熟，能不能再和我说说？”贺财霖诚恳地请教说。

老柴书记对他好感大增，自然是知无不言：“对，没错，我们厂的产品优势还不小。要知道，原先的国产发动机用的，基本都是铁皮风扇，笨重，耗能大。而现在我们生产的这个，虽说是塑料制的，但是牢固性并不比铁制的差，而且更轻便，还能大大地降低功耗。可见，按照这样的形式走下去，以后肯定把铁片的给淘汰了。”

“那我们厂的产品主要针对的是哪些客户呢？”

“生产的塑料风扇，是给卡车做配套的。现在我们厂能生产五个品种的小型卡车风扇，给四家主机厂、两家个人办的厂提供配套。不过其中一家呢，还只是准备样品，还没有供上货。大部分是柴油机厂，遍布全国各地。比如广西玉林的玉柴、江苏无锡的锡柴……而合作量最大的，是辽宁朝阳的朝柴。”

贺财霖默默地记在心里：“这个领域，竞争激烈吗？”

老柴书记略微沉吟了一下，在心中盘算着，一边想一边说：“这个行业做得最大的，是三家，四川一家，安徽一家，还有我们宁波的一家中外合资企业。至于别的小的零散嘛，就说不清了。所以我们厂，其实本身实力不弱的。”

贺财霖点点头，心里有了些底：“所以要是做好了，还是可以和那些厂较量一下的。”

“没错，”老柴书记脸上生动了起来，“我看镇领导找你，是找对人了。”

“别这么说，这块业务上，我还是个新手呢。”贺财霖有些不好意思。

这番谈话之后，折磨他的那些焦躁消散了很多。他像一个长途跋涉在暗黑山洞中的人，终于看到了自洞口穿来的一丝光亮。光亮微弱，却是希望。他也不知道走到洞口还要多久，但想到只要朝那里走，就能成功，心里就敞亮了很多。

告别了老柴书记，贺财霖径直去找了主管工业的领导，当时人们称之为“工业镇长”。肖镇长看到他来，马上放下了手头的事。

“要是再没有消息，估计又得上门去找你了。怎么样？看来是想好了？”

“去厂里看了几次，大概了解了些情况。”贺财霖想了想，还是如实说，“现在呢，我是这么想的，能不能承包一部分？你看，要是全部包下来，这万一搞砸了，我怕自己扛不住啊。”

虽然他觉得风扇厂产品的质量不错，未来还是可以有发展空间的，但是一个厂要成功，还要考虑到各种其他的因素，比如成本如何降低、销售渠道如何打开、账款如何回收等问题。为了稳妥起见，他就想了这么个折中的法子。

肖镇长听后，脸色一变，皱着眉头：“承包一部分？你的意思，还得把这一个厂划拉开，再找个人？”

“这……你看这个风扇厂我以前也没做过，心里也没底……”

肖镇长叹了口气，没再理他，起身去拨了一通电话：“李书记吗？对，财霖在我办公室，说先承包一部分……好，那我们等你。”

贺财霖听出来电话对面是镇党委的李书记，不觉有些紧张起来。其实他和李书记也是老熟人了，李书记比他年长两三岁，大大小小的场合也见了很多次，气氛都是轻松愉快的。唯有这次，他莫名地有些不安。

果然，李书记一进门，就劈头盖脸地道：“你要承包就全都承包，一个大男人这么磨磨唧唧的？人又不会死掉，屋爿又不会扒掉！”

这一吼，反而像一声惊雷，让贺财霖如梦初醒。

这些天，他的眼睛只盯着厂里看，而没有抽身而出从更高的视角去看待这个问题。之前镇里的领导不是就说过了吗，这厂等于已经在谷底了，再烂也不过就是关门；既然让自己来，就是破釜沉舟，还有什么好怕的呢？这么畏手畏脚的，实在也不像自己的风格。

他忙站了起来，笑道："李书记说得对，这段时间跑来跑去，把自己的脑子也跑晕掉了。你们既然这么信任我，那我就接下这个厂了！"

见他态度大变，李书记有些愣住了，随之一改刚才的态度，也大笑了起来："这才是我认识的贺财霖嘛！你放心，有什么需要镇里配合的，尽管说！"

就这样，贺财霖考察了风扇厂，镇政府考察了贺财霖。双方达成了共识。

1996 年 4 月 25 日，霞浦镇政府正式下达文件，北仑汽车塑料风扇厂由贺财霖承包，双方签订了为期为三年八个月的承包合同。

合同的截止日期，正是世纪之交的 2000 年。

一个新的世纪，在不远处等待着他。

这家风扇厂，正是雪龙的前身。

贺财霖站在新接手的这家厂子前，心中百般滋味。他的身体尚未完全痊愈，还有些咳嗽。

这家厂子病了，我也病了。我的病是因为它啊。我们的命运是一体的。哪一天，它走上正轨了，我也才能真正康复吧。

冥冥之中，他已经感受到了自己和它之间的羁绊。

重药祛疴

“老板都没开除我，你凭什么？”

“就是，你以为你是谁？”

办公室里传来一阵吵闹声，不少路过的员工探着脑袋看了看，又快步走开了。

“现在，这里，我说了就算！”副厂长贺根林一拍桌子，把吵闹声给压了下去，“不服，等老板来了你们再去告状。现在，就得走人！”

安静了片刻，砰的一声，有两个人摔门而出。门内，是脸色铁青的贺根林。哥哥贺财霖一接手这个公司，就把他拉了过来，给了个副厂长的职务，主抓生产。可这活，并没有那么好干。

没几天，贺根林抽查了几个产品，发现不少是不合格的。明明有质检员，怎么还会有这么多纰漏？难怪厂子办不下去。但是既然来了，就得硬着头皮上。

他想起哥哥贺财霖找他的时候，特意交代：“根林，这厂子本来是公家的，办不下去了才找的我。但是那里的员工怎么想的，我也还没有十分把握。能用的人也不多，你可得帮我多盯着点。”

贺根林原本就不太同意哥哥接手这家厂。可想到哥哥为此都生了病，自己再袖手旁观也于心不忍。左思右想，他也提出了几个条件。

“哥，你也知道，我现在呢，也有自己的业务在跑。去厂里可以，但是一个月里要给我七天的时间干自己的活。”

“行。”贺财霖一口应承了下来。

“另一个，既然让我管生产，那就得一口唾沫一口钉，说的话得有人听。”

“你一个副厂长说了还能不算？找你来，不就是因为是自己人，做事信得过吗？”

就这样，贺根林半推半就地来到了这家摇摇欲坠的厂子。具体的事情一接手，他才懂得了哥哥的难处——毕竟不是自己从头创办的厂子，很多积弊需要花时间、花精力才能除去。

最重要的，就是产品的质量关。为了摸清产品质检的情况，贺根林装作若无其事的样子在厂房里转来转去，眼睛却盯着几个质检员。

果然，有个叫老项的质检员拿起一个刚生产出的风扇扫了一眼，犹豫了片刻，就放到了合格的那堆里。贺根林察觉到不对，走过去，把那个风扇拿起来看了看。明明叶片有瑕疵。

“这也是合格的？”他的语气尽量平静。

“对。”那人眼皮也没抬。

“你自己看看，这样的能用？”他已经有点火了。

老项是个四十多岁的妇女，在这家厂子待了也有十几年了。见是新来的副厂长，并没有当回事：“我们一直就是这么干的。”

“是啊，可能你刚来，不知道。”她边上的那个叫老雷的妇女也帮腔说。

“一直这么干……”贺根林喃喃地重复着她的话，放下了产品。

见不少人看向了这边，他不想把事情闹大，就暂时压住了心中的怒气，继续巡视着。老项，老雷。他记住了这两个名字，决定私下里交涉。然后，就有了办公室里的这场吵闹。

这两人虽然气冲冲地走了，她们的言语却还在贺根林的耳畔回荡："谁叫你们来承包的？你爱承包不承包！""就是，你们不承包我们难道就没饭吃了吗？"

声音如此刺耳。贺根林不再生气，只觉得累。自己都尚且如此，那哥哥呢？是啊，他为什么要接下吃力不讨好的差事呢？现在，不知道压力得有多大。

实际上，因为厂子的事务繁多，贺根林很快就把原先说的自己的活都推了，一门心思地想帮着哥哥把这个厂支撑起来。

而此时的贺财霖，满身满心地扑在了改革上。身体虽然还没完全康复，但他的热情却也压抑不住。看到这家破落的汽车风扇厂，他心里涌动着一股豪情。这种豪情，已经久违了。

此刻春暮夏初，万物葱茏，满眼皆是欣欣向荣、勃勃向上的景象。而这家新接手的厂子，在贺财霖眼里也是如此。他的信心，就是来自风扇厂所生产的塑料风扇。

在当时国内发动机普遍采用铁皮风扇的形势下，风扇厂能够主动积极向塑料风扇转型，便足以说明它的有潜力与远见。

这是厂子的核心竞争力所在。贺财霖暗自下了决心，一定要对这块业务从质量到销售全面做提升。这不是一件容易的事，但事情若是容易，又怎么选择他呢？

贺财霖知道，要把一家濒危的工厂救活，只靠小修小补是不可能的，任何花里胡哨的噱头最多只能唬住一时一地的人，绝非长久之计。所以要盘活这个厂，就要从根本上经过疾风暴雨般的整顿才能重启。

经过思考，他在几个方面下了大功夫。

第一，是人事上的调整。领导结构定了，才能有效地下达命令、执行任务。新的领导班子一搭起来，大家各司其职，整个厂如同被除了锈、抛了光，精神面貌顿时为之一新。这些人里有的是跟随他多年的老员工如张佩莉，被任命为厂办主任，负责销售工作；有的是他深入考察后，有专业能力的风扇厂老员工，如老柴书记被任命为了技术质量科科长，主抓产品这关；有的是他的亲人，如弟弟贺根林，被任命为副厂长，管生产。

把合适的人放在合适的岗位，才能淘汰尸位素餐的员工，杜绝人浮于事的现象。此前的两位销售员，就因此离开了风扇厂。与此同时，他任用了一批新人。说是新人，只是相对于风扇厂新而已，他们大多是跟随他已久的伙伴。

第二，则是生产设备的完善。工欲善其事，必先利其器。要制造出令人满意的产品，生产设备不能掉链子。考虑到十多年来，风扇厂都没有更新过设备，贺财霖决定先检查下机器是否还能正常运转。为此，他让所有的车间工人都回到厂里，开动机器，尝试生产。

刚开动没多久，一个车间里传来了惊呼声。

贺财霖跑过去一看，只见到一团火光，还有烧焦的塑料味混合着机油的刺鼻气味扑面而来。

“是漏油了，”小吴正好在这个车间，看到贺财霖来了，就跑到他身边心有余悸地汇报说，“这三台注塑机老化得太厉害了，一启动就自燃了。看，线路都烧坏了，已经不能用了。”

车间里员工们交头接耳、议论纷纷，脸上都是担忧的神色。

贺财霖看了看烧焦的电路，忙安抚大家：“今天只是检查一下，能用的机器就用，后期也要做好维护；不能用，就淘汰，以后咱们买新的。知道问题出在哪儿，就容易解决了。眼下大家先散了吧。”

话虽这么说，可贺财霖心中其实忧心忡忡。除了机器的问题，这个厂在看得见、看不见的各处地方，还存在着多少问题呢？这些都需要一一进行整改。人事要重新安排，设备要进行更新……可哪有钱购置新设备呢？现在光是银行的欠款利息每个月都高达两万元，时间一天天地过去，利息只会越积越多。

看来，还是得先把拖欠的款项收回来，同时也和原来的客户重新联系上，巩固销售渠道。把账目摆平了，才能轻装上阵。

他一边想着如何处理这个问题，一边继续查看生产的整个流程，每个环节都不放过。一番调查下来，果然发现了提升的空间。

有些机器开动之后，有较长一段空隙员工其实并没有什么活了，就聚在一起聊天。而这段时间是可以利用起来的。

他找来技术质量科柴科长一起研究，发现他们完全可以提高效率，在同样的时间里生产出更多产品。柴科长认同了他的看法。

“人力和时间是有些浪费，完全可以多生产些产品。但是增加多少，还得算算。”

两人守着机器，反复做了试验，认为生产的定额在原来基础上提高百分之十五到百分之二十是合理的。

“产品质量不会受影响吧？”为了稳妥起见，贺财霖又追问了一次。

“不会，”柴科长胸有成竹，“机器和人员，原本就是可以达到这个水平的。”

新的工作规范一出，在规定时间内就能生产出更多的产品，等于是节约了人力成本，提高了劳动效率。

第三，则是开源节流。想让风扇厂扭亏为盈，贺财霖作为厂长，必须考虑如何把生产成本压低、把效率提高。为此，他绞尽脑汁地想了各种方法来为工厂减负和创收——要改变死水一潭的局面，必须要让整个工厂动起来。而关键就在于资金流，如果资金流停滞，厂子就等于僵死了。

当时厂子里的存货堆满了整整十个房间。它们如果一直闲置着，不仅损耗越来越大，而且因为占据的空间太大，随着日子的推移，只会成为累赘，拖累工厂前进。而如果换个思路，这本该是工厂创造出来的财富。但是从累赘到财富，这个转换并不容易。

必须要进行清理。贺财霖知道，这是一项艰难的工程，因为这些存货不仅体量大，而且堆放得很是杂乱。但既然下了决心去做，不如早点行动起来。

他派了专门的员工对这些存货进行了盘点和分类，然后再对症下药。有销售希望的、还能卖出去的，哪怕是打折处理，也要尽快地卖掉。实在卖不出去的，他索性就将产品进行拆除粉碎，这样取得的材料还能再用以生产。一部分无处可用的材料，就直接填了地基。这样一来，留出了仓库的空间，收回了一部分资金，又省了一笔材料费，可谓一举三得。

贺财霖尤其在意废料的回收再利用。在对生产风扇的每个环节都做过检查和计算后，他居然还能在铁板加工环节发现了省钱之道。

厂子生产的虽然是塑料风扇，但其中需要用到铁板，而这一块以往都是送到合作的厂家生产的。按照合作协议，每一块铁板的加工费是两角五分，而铁板生产的废料还要归加工厂所有。

贺财霖计算了一下，实际上每块铁板的加工成本只有几分钱，而且这些废料能卖的钱，也已经超过了加工费，便决定取消这个环节的对外协作。尽管，他为此花费了九点六万元采购了一台型号为160T的二手冲床，投入不少，但是从长远来看，却大大降低了生产成本，而且还让自己工厂的生产环节更加完整。

这日，贺财霖又在各个车间里转悠，看到几个工人正在把刚刚生产好的风扇进行装箱。这本是再平常不过的工作场景，他以往也见过多次。但不知怎的，这一次，他忽然停下了脚步。

一个个纸箱子，让他想起了自己最初创业时的光景……他也是粘过一个个纸盒的啊，那些岁月历历在目。他心里一亮，忙跑回办公室，找会计问起了包装成本的事。

会计没想到厂长连这样的细微之处都要过问，忙不迭地就翻出了账本，埋头找了半天，才道："一个风扇内包装纸箱子的话，是一块四。"

"要一块四啊，"贺财霖连连摇头，"这不行，贵了贵了。"

作为做过纸盒生意的过来人，他对这一块的业务了然于胸，马上就去纸箱供应商处谈价钱。还没说上几句话，对方就知道贺财霖是个行家。

"你是前辈啊，自然瞒不过你。可你也知道，这纸箱的利润本来就薄……"对方还是试图把价格关守住。

"钱当然要给你们赚了，做生意，不都是为了这个吗？但是标价太高，我这边也扛不住啊。再说，价格低一点，以后我们规模扩大了，业务量大了，你们不正好可以薄利多销吗？也不吃亏。"

这一番谈判下来，一个风扇内包装纸箱子的进价由1.4元竟然降到了0.7元——是原来价格的一半！

但贺财霖并不满足于此，过了几个月，他觉得成本上还可以再降低。他见风扇有内外两重包装，但是内包装似乎只有装饰性的作用，便做了试验，发现没有内包装，风扇在运输过程中也不会出现质量问题。既然产品质量不会受影响，在征得客户同意后，就取消了内包装。

泰山不让土壤，故能成其大；河海不择溪流，故能就其深。这一连番的精打细算下来，风扇的成本竟然生生地降低了8%。尽管如此，对于整个工厂的运行来说，只是杯水车薪。当务之急，还是要厘清账目，把能收的钱收回来。

第四，追讨欠款。贺财霖回到办公室，翻开了应收款账册。账册上的字迹深深浅浅，须仔细辨认。他耐着性子仔细地看了下来，各地的合作商几乎都拖欠着款项，年份不一，金额不等。这账要是一直拖着，不仅影响了后期的生产，而且成了习惯的话，只会让以后的生意越来越难做。贺财霖认为必须先把这个顽疾给去除了，减轻负担，接下来才好办事。可这涉及钱的事，哪有那么好办呢？

风扇厂原来有两个专门跑业务的销售员，因工作需要，常年在外出差。现在因为外面无业务可跑，又加上工厂的变革，所以这个时候都闲在厂里。

贺财霖每日忙得团团转，看到这两个人整日无所事事地在厂子里晃荡，就从侧面打听了两人的情况，又找到两人分别谈话。这才了解到，款项收不回来，这两人负有极大的责任：这么多年来，他们已经习惯了固有的工作模式：去厂商那里见下熟人，聊一聊，走个流程，就算完成了任务。既没有非把钱要回来的决心，也不认为自己的做法有什么欠妥之处。

贺财霖找两人谈话的本意是希望他们更主动、更积极地对待工作，可面对这个新的厂长，他们一脸不以为然。

“我们一直都是这么跑的啊，人家不肯给钱有什么办法。”他们心里已经打定了主意：自己是老员工了，难道新厂长一来就敢把自己开了？那让其他的老员工怎么想？

他们没想到眼前的这个新厂长就是有敢于辞退员工的魄力。既然一再劝说无果，这样的人留着对厂子也没有好处，反而可能带坏风气。

两人先是一惊，而后一人无所谓地笑话道："难道没了我们，换个人上，这钱就能要回来了？厂就能活过来了吗？"

"就是。别怪我说得难听，换了那么几个领导都不行，你来就行了？你以为自己是谁啊？"

"别以为我们稀罕待在这儿。告诉你，你很快也会和我们一样滚蛋的。"

两人扔下几句冷嘲热讽的话愤然离开了。

看来企业转型不易，人的思想转型更难啊。贺财霖知道，不知道有多少人和他们一样看着自己的笑话。常年的大锅饭，让这些人的思维固化成了顽石，完全没意识到外面的风向已经变了。这家厂正处在转型之中，可厂子里的这些人却还活在过去。

贺财霖并不恼怒，只觉得可悲。既哀其不幸，又怒其不争。这两人年纪还不算太大，却已经像那些倒闭或者正在倒闭的工厂一样，笼罩在了历史的阴影中。但他已经没有多余的精力去顾及这些了。

辞退了这两个人，可是销售这块业务由谁来顶上呢？考虑到业务的重要性，他想要不自己去做吧。

这天，他大概是因为在办公室里坐了太久，起身又太急，只觉得一阵晕眩。医生检查后说，是因为之前病倒的缘故，身体尚未完全复原。虽然问题不大，但是经不起旅途折腾的。

谁能替他跑一趟呢？他在脑海中搜索着人选。最后落在了张佩莉身上。

追索烂债

“巾帼不让须眉”，是对张佩莉最精准的写照。几年相处下来，贺财霖早就意识到，张佩莉是一个可以信赖，而且可塑性极强的伙伴。她的身上藏有某种看不见的潜力，一遇到机会，便能迸发出强大的能量。

人如其名。张佩莉像一朵茉莉花，漂亮而不张扬，但与她亲近的人，都能感受到她身上散发出的那一阵清香；但她又不是茉莉花，她远比任何一种花要顽强和坚韧。容貌的漂亮，从来不是她立身的法则；活得漂亮才是。

开办玛瑙厂时，面对从未接触过的领域，如调配方时，她就展现出了极强的学习能力和领悟能力。而当贺财霖为了收回款的问题而四处奔走，她同样挺身而出，在厂里独当一面，成为贺财霖有力的支撑。

她的干练，不亚于任何一个男性；她的存在，曾帮助过贺财霖走过一次次难关。在贺财霖的心里，她早就不是一个员工，而更像是一个战友，足以托付任何重任的战友。

现在，又到了需要她的时候。贺财霖知道这是一项艰难的任务，如果可以，他真的是想自己去。只是现在厂里的大事小事都离不开他，各项改革需要他亲自操持，实在分身乏术。而眼下他认为能完成这项重任的只有张佩莉。

当他找到张佩莉交代任务时，情绪有些复杂："佩莉，我实在也是找不到合适的人，看来看去，厂里只有你最合适。"

但张佩莉二话没说就答应了下来："厂长你放心，不就是出去跑业务吗？既然交给了我，我一定尽力而为。"

没有推脱，也没有抱怨会有什么困难，她当夜就收拾了行李。在签订下风扇厂承包合同的第二天，张佩莉就踏上了讨取欠款的征途。

此前，张佩莉一直在电配厂工作，对风扇厂的业务情况一无所知，像这样催款的事项更是从未接手过。好在，贺财霖请了另一个人和她同去，那就是风扇厂的原厂长老胡。

老胡因为风扇厂管理不善的问题，已经离厂，此时等于赋闲在家。贺财霖亲自上门，和他说，因为业务的对接需要他的帮忙，希望他能帮忙走一趟。老胡觉得这也是自己的职责所在，就同意了。

张佩莉和老胡先飞往了辽宁大连，那里有家合作商之前与风扇厂签了订单，现在正好送样品过去，同时为张佩莉和那边的负责人牵上线。

大连的业务简单，他们停留了一天就坐火车前往朝阳——那里的柴油机厂才是此行真正的目标。

老胡给张佩莉介绍了两家的业务往来，风扇厂供货给朝阳柴油机厂，柴油机厂将风扇装在发动机上，再供货给汽车制造厂。现在风扇厂大部分未能收回的款项，都是这家厂拖欠的，金额高达八十多万元。

可是两人抵达的时候，已经是四月底，很快就是"五一"假期。

放假前的最后一天，朝阳柴油机厂的供应处处长把全国各地来这里的销售员们召集到一起，吃了个饭。

“各位真是不好意思，可是我们厂呢，按照规定五一要放假，所以还没谈的、还在谈的业务，都要推到假期后了。”

销售员们也没有办法，只好跟着喝了酒。

酒桌上，老胡把张佩莉引荐给了这位处长，但张佩莉看得出来，这么多人来来往往，这位处长并没有记住她，只是在客套性地应酬而已。

饭局后，老胡略感内疚地说：“现在呢，线也牵上了，我也帮不了你什么了。你看，还有什么我能做的吗？没有的话，明天我就先回家了。”

张佩莉想挽留，毕竟自己一个人在这么远的地方多少还是有些忐忑，但是咬咬牙，还是点了点头，毕竟老胡说得没错，他已经不在这个厂了，其实和风扇厂已经没什么关系了，接下来几天又是放假，耗在这里也没意思。

“这活真不好干，你又是一个女同志。出来已经不容易了，要是没谈成，也别太难过，该回家就回家，多注意安全。”老胡可能觉得有些过意不去，又叮嘱了几句。

张佩莉知道老胡是想在宽慰自己，可她既然来了，怎么能空手而回呢？可以说她现在讨要的欠款正是风扇厂的救命钱，她不能半途而废。

“胡厂长，你放心，我知道怎么做。这次跑那么远，辛苦你了。”

送走了老胡，张佩莉愣在原地好一会儿。因为她其实并不知道接下来应该怎么做。

想到自己独自一个人在这么陌生的地方，要去谈一项自己并不熟悉的业务，她心里不免有些忐忑。虽然临行前贺财霖和她说了个大概，一路上老胡也陆续介绍了不少相关背景，但她心里还是只有一个模糊的概念。毕竟这块业务她并不熟悉。

而比即将到来的谈判更痛苦的，或许是接下来的因为朝阳柴油机厂放假而带来的无所事事。她一向都是忙惯了的，经常一分钟恨不能分成八分钟。可现在，她什么都做不了，她在厂区转了好几圈，又去朝阳的街上转了转。看到新奇的东西，又舍不得花钱。好在，还有同样从外地赶来的销售员们能和她聊聊天，让她多少知道了一些这家工厂的情况。

终于等到了工厂开工，她兴冲冲地跑过去，迎接她的是一盆“冷水”。

到了采购办，对方一听说她是来讨要欠款的，立马就甩了冷脸。

“童处长这两天不在，你过两天再来吧。”

“请问他现在哪里？要不我去找他？”

可她再怎么询问，对方都不再搭理她了，就当她是空气一般。张佩莉脸上讪讪的，硬着头皮，陪着笑脸，在办公室打起了杂。每天一早，她就来到办公室。地面脏了，就找扫帚拖把去打扫；看到废纸篓满了，就帮忙去倒；有谁的杯子需要添水了，就端着暖壶过去；走廊里碰见有人在搬运文件资料，就过去搭把手……

回到宾馆，她有时也会觉得委屈。可想想是为了新办的厂，又算不得什么了。厂长贺财霖当年在外面跑业务，所受的磨难不比现在多吗？她听人说起过，贺财霖在创业时，为了一个订单，曾经连跑几十家工厂的事……没有这样的毅力，怎么能够一而再、再而三地开厂呢？这样的委屈，不，更大的委屈厂长都受过，自己怎么就不能呢？

从前那些事迹听过了也就过了，而现在，却成了她在外孤军奋战时最强大的信念和力量。

功夫不负有心人，数日后，张佩莉终于等到了能够做主付款的采购部的负责人。可那人见是陌生面孔，毫不客气地就回绝了。

张佩莉并不气馁，这段时间，她无师自通地学得了软磨硬泡的办法——这也是没有办法中的办法。她天天上门，跟在这位负责人后头转悠。

“我们厂，等着这笔资金去周转呢。”

“您慢慢忙，等你忙完了再聊。我有时间的。”

“不拿钱回去，和厂长，和厂里的员工都不好交代啊。”

“我们两家厂还得继续合作不是？有了回款才好生产、供货啊。”

张佩莉不急不恼，耐着性子，陪着笑脸。一个星期后，负责人终于松了口：“没想到你这位女同志还挺厉害，我算是服了你了。不过话说在前头，你也看到了，那么多销售都在外面等着呢，我们账务也复杂，只能给你五万元。”

虽说这个金额远低于欠款，但已经是个不小的数目了。更重要的是，首战告捷，让她的心情无比激动——原来自己真的能够办成这件事的！

付款那天，采购部的人特别邀请她吃了顿饭，气氛温馨和谐，一改之前的紧张与尴尬。

“这个小张太让我佩服了，”负责人笑道，“原本我想着，看她能坚持几天，看谁能耗得过谁。没想到她还真坚持下来了，我认输了，我服了。现在总该可以向你们领导交代了吧？”

“那也是各位前辈照顾我，不然来到这么一个人生地不熟的地方，我也实在是没办法。我这第一次出来跑业务，还有很多事不懂，以后还得请教各位呢。”张佩莉落落大方地说道。

“第一次出来就能拿钱回去，不得了啊。不过别光说谢啊，你怎么个谢法呢？”有人起哄道。

几双眼睛刷刷地看了过来。张佩莉想了想，站起身，端起了杯子，笑道："我也不知道怎么回报。这样吧，这杯酒我干了，你们看怎么样？如果有别的地方做得不好的，也请各位多包涵。"

负责人看她豪爽干脆，就开玩笑道："这样，五万块钱，一杯算作一万，你能不能喝得了？喝了的话，新订单也可以带回去了。"

张佩莉看了看桌上那瓶刚开封的白酒，心一横，道："今天大家都高兴，既然您这么说了，那我就干了。"

说罢，仰头一饮而尽；接着，就顺过酒瓶，满上，又是一饮而尽……如此连干五杯，看得在座的其他人瞠目结舌。过了半晌，才纷纷发出了啧啧称奇之声。

"只看你长得漂亮，想不到做事也这么痛快！"

"巾帼不让须眉啊！"

"这南方的姑娘酒量也这么好啊？"

"我们也不能占人便宜。来，我们也干了！"

整桌的人都站了起来，酒杯把桌子磕得砰砰响。气氛热烈得像是过节一样。

那天晚上，张佩莉忘了自己是怎么到酒店的。她的酒量尚可，但从来没有一口气喝过那么多。方才喝的时候，全凭一股豪气饮下了肚子，强撑着在酒桌上周旋。可回到酒店后，一放松下来，只觉得头痛欲裂。

她跑进卫生间吐了半宿，整间房子都是酒精的气味。

那一瞬间，她觉得自己实实在在的就是一个"战士"，终于从枪林弹雨中穿了过来。现在，全部的力气已被抽干，只剩下了抵达安全区的放松和一丝庆幸。床头，放着从朝阳柴油机厂讨要回来的五万元的支票，散发着浓浓的酒味，那是"战士"的伤痕与荣耀。

当张佩莉回到风扇厂交差，把这张来之不易的支票放在贺财霖面前时，这个因厂里事务繁重而身心俱疲的新厂长感动得几乎说不出话来。

张佩莉并没有过多地诉说经过，但她憔悴的神态已经说明了一切。不必亲自经历，贺财霖也懂得其中的艰难苦涩。但厂子还在起步阶段，他只能暂且将这份感激铭记在心里。而当厂子内务稳定下来后，贺财霖自己也曾多次踏上了出差讨欠款的旅程，更加感受到了张佩莉的不易。

这日，贺财霖查看账目，发现吉林长春柴油机厂的欠款高达十几万元，已经是个老大难的问题。派出的人去了几次，都无功而返。说那个采购处崔处长是个女的，实在难打交道，硬得和城墙一样，水都泼不进。

贺财霖决定亲自出马。到了那里一接触，果然如员工说的，崔处长倒是不避讳见人，但见了就是两个字，没钱。对此，贺财霖倒是有心理准备。对方既然抱定了这样的主意，自己只有比她更有耐心才是。

再次相见的时候，贺财霖没再提钱，而是问："崔处长，今天什么时候忙完？有没有空一起吃个便饭？"

崔处长还是冷着脸："改日吧，事情太多。"

"行，你先忙。有什么需要我帮忙的，你尽管开口。"

崔处长不置可否。

如是再三，崔处长终于被打动了，两人坐在了饭馆里。饭馆里的氛围不比在厂里，氛围一松弛，谈话也就柔和了起来。

"别看你是个女同志，做的活可一定也不轻松。现在都是巾帼不让须眉啊。"贺财霖似乎感同身受。

崔处长冰霜似的脸有些融化了，叹了口气："是啊，可有几个人知道我的难处啊。一个一个的，都只知道找我要钱。这钱要是我的，我哪怕就是借，也要给凑上。但这是厂里的账目，我说了也不算，你说是不是？”

她几句话就以退为进，把账目的事给敷衍了过去。

贺财霖也没有反驳，只顺着她的话说了下去：“是，我自己开厂，这资金的事有多难办，我最清楚了。我接手这家风扇厂的时候，每个月光是还银行的利息，都得还两三万元。你看我这头发，是不是白了不少？你说我干自己原来的厂不好吗？在家里吃吃、喝喝、玩玩多好，非去要把这个厂给接手了。”

听贺财霖这番推心置腹的话，崔处长也有些动容，露出了一丝笑意：“看来你和我一样，都是闲不住的，非要给自己找点事做。”

贺财霖见她脸色暖和了，忙给斟了一杯酒：“是啊，可既然接手了，就得好好做不是，厂里那么多员工，都指望着我呢。我这也是没办法，就只能跑来了。我看你也累了，我们今天就交个朋友，喝酒吃饭，聊些轻松的事。”

这次之后，两个人的关系拉近了不少，崔处长也不再是一副拒人于千里之外的模样了。再坐在一起吃饭，氛围也融洽了很多。

“崔处长，说实话，我厂子那边呢，还有一堆的事等着我回去，我也不能一直耗在这边。这次来，能不能办成这件事，我也只是尽自己的努力了。”

崔处长终于松了口：“贺大哥，我看你也是个爽快的人，这大老远地跑过来，让你这么回去，我心里也过意不去。可是十几万元的钱，我们一时也拿不出来。”

既然对方主动提到了钱，贺财霖连忙接了上去：“那你看能不能这样，这十几万元的账目，我们就把后面的数字都给抹了，给我十万元就行，你觉得怎么样？这样也算是大家各让一步。”

几万元钱的账说抹就抹了，这是巨大的让步了。见贺财霖如此干脆，崔处长不由得问道：“这，能行？”

“这解决了我的问题，也解决了你的问题不是吗？不然还得来回地折腾。我说一不二，只要你答应了，我们就这么办。以后你的订单，我们也依旧保质保量地完成。”

见贺财霖这么豪爽，崔处长的兴致也上来了：“好，既然贺大哥你都这么说了，那就这么办。以后我们就是朋友了，两家厂也是有来有往，可以继续合作。”

就这样，推杯换盏之间，这块难啃的“骨头”终于啃下来了。

慢慢地，厂子里的气氛发生了微妙的转变。员工们从前那种得过且过、如死水一般的日子一去不复返了。原本，最初他们是抱着观望的态度来看这个新上任的厂长：他们愿意看到有人接手这个即将倒闭的厂，只要工作能保住就好；但是那个人能做到什么地步，又有谁知道呢？

但是当看到贺财霖事必躬亲地对每一个环节进行把控，想方设法地想为工厂减负、增效，将它拉回到正常运转的轨道上后，大家伙儿都被触动了。当他们看到贺财霖年过五旬，还多次出差，为这个濒死的工厂殚精竭虑地奔走时，他们的热血也开始沸腾了。

人有时候就是这样，身上有着惰性，却有待发掘的潜力。当陷于无望时，容易随波逐流；而当被希望之光照耀时，潜伏着的积极性就被调动了起来。不仅生产时更卖力了，而且也会不时地向贺财霖提一些建议：机器上哪里可以再做改进，产品设计可以增加哪些样式……不知不觉间，整个工厂一改原来懈怠、拖沓的节奏，洋溢着明快、向上的环境氛围。

此时的贺财霖，就像一个重回田地的农民。只是这畦地中不仅有乱石杂草，还有污水与蚊虫，条件比他以往劳作过的任何一块地都要恶劣。但他迎了上去，规整乱石，拔除杂草，疏通水渠，驱赶蚊虫……当所有这些收拾停当，他就要开始平整土地，撒播种子，进行浇灌……

虽然没有必胜的把握，但他相信一分耕耘一分收获，当自己倾尽所有认真以待的时候，就可以问心无愧了。

而在这个过程中，他的收获要比预料的来得早：当田地因他的出现而获得新生的时候，其实他也在田地上汲取着能量。

最初接手工厂时的劳累，不知不觉间随着他大刀阔斧的改革而被忘却了。激情、兴奋、挑战感、满足感……这些充斥在他的血液里，让他充满了力量。

一种类似于青春时代的久违的冲劲。

开疆拓土

当工厂的内务有条不紊地进行着整改的同时，贺财霖的一只眼睛已经盯上了开拓业务这一块：工厂要节流，也要开源。而水源在哪里，他不知道。他只能凭借拓荒者的勇气与直觉，摸索前行。

1996 年 5 月 25 日，一场远在吉林召开的会议，成了贺财霖实现抱负的契机。这个配套路线二机统一会议，主办方是当地的北方汽车集团。风扇厂作为其分厂供货的供应商，也接到了总厂的会议通知。

说是供应商，其实两者只有间接的关系：风扇厂的供货对象是各家柴油机厂，这些厂把包括风扇在内的零部件组合成柴油机，再供货给这家汽车集团。但贺财霖察觉到了其中蕴含着的巨大商机，决定主动出击。

会场里，台上这家汽车集团采购处的姜处长正在介绍即将进行的改革，贺财霖认真地听取着内容，不肯放过任何一个字。他越听越兴奋：为了提高生产效率，汽车集团决定开启标准化生产。以前每家供货商的产品有着大小、型号等不同的标准，但以后，这些配套产品都需要按照汽车集团制定的标准来进行供货。未达标准的，即视为不合格。

台下，坐着从全国各地赶来的配套厂厂商们。闻言，每个人的脸色都很凝重，不时地交头接耳。标准改了，意味着他们也需要作出相应的调整，否则就等于失去了这个大客户。贺财霖也敏锐地意识到新的时代即将来临，自己正在被一波巨大的浪潮所裹挟着，是乘势而上，还是被浪扑倒，都取决于自己能否抓住这次机会。

会后，汽车集团专门安排了一场宴请。宴席上，人员嘈杂，推杯换盏，觥筹交错。

贺财霖坐着看了片刻，还是决定做些什么。对当时的他而言，不主动出击，机会难道会自己送上门吗？于是他鼓足勇气，端起一杯酒，穿过人群，走到了姜处长面前。

“姜处长，我是宁波北仑风扇厂的厂长贺财霖，下午在会场上听了你的报告，真是受益不浅。”

“客气了，还需要你们多支持，多配合。”姜处长转过脸，客套着。

“那这杯酒，我敬你。”贺财霖举起了杯子。

姜处长和他碰了杯，贺财霖还想多说些什么，但很快又有人过来敬酒。这里并不是谈话的地方，贺财霖回到座位后，想着下一步该怎么做。

第二天一早，贺财霖就跑到北方汽车集团去，希望能够再见姜处长聊聊业务。但是好不容易到了四楼姜处长办公室门口，刚想敲门，就有人进出。如此再三。

路过的一个员工看他一直站在门口，就好心提醒：“姜处长忙得很，都要提前预约的。哪怕是预约好的，也得先敲门，他说进才能进。”

贺财霖谢了这位员工。可是办公室见不到的话，上哪儿见呢？思来想去，他决定用最笨的办法，就是蹲守。

就这样，下午工厂快下班时，他就在厂门口等着，生怕他提早走人。功夫不负有心人，终于让他看到姜处长骑着自行车出来了，赶紧追了过去。

当时已是初夏，天已经开始热了。五十岁的贺财霖就这样追了两公里多，才勉强跟上姜处长的车。姜处长停好车，进了楼，浑然不知有个人追着他气喘吁吁地跑了一路。

可到了姜处长的家，贺财霖反而不知该怎么办了。

如果就这样敲门，会不会太唐突了呢？可是如果见不到人，怎么谈业务呢？自己这趟又白跑了。就这样，等汗都干了，贺财霖还踟蹰在门前，在敲门与不敲门之间犹豫着。

正在这时，“嘎吱——”一声门响给他解了围。

姜处长开门出来，见门口站着一个人，不由得一愣：“你是？”

贺财霖慌忙说道：“姜处长，我是宁波风扇厂的，昨天听过你的报告，晚上还给你敬了一杯酒。就是时间太匆忙了，很多话没来得及说。你看，你要是有时间的话，能不能……”

姜处长一听就明白了。他也没端什么架子，开门请贺财霖进去：“我想起来了，听说你还来找了好几趟，但是事情实在太多。”

贺财霖连声道谢，进了门，就开始介绍起自己厂的情况：“姜处长，说实话，我接手这个厂也才一个月。原来厂亏损得厉害，现在呢，我们正在进行改革，希望把成本降下去，把业务拉起来。所以这次，我就是跑业务来了。”

姜处长点点头：“不容易。不过你们之前是给柴油机厂供货的，这次怎么直接来找我们合作了呢？”

“我是这么想的，如果风扇先运到柴油机厂，从柴油机厂组装好再送到你们这儿，由于路途绕，时间也长，安装好的风扇在运输途中串动很容易断，断了就不能使用，风险就大。如果允许风扇单独发货，直接从宁波运到这里的话，不是便捷很多吗？可以穿插装货，运输成本也可以降下来。”

这套说辞贺财霖已经在心中翻来覆去斟酌了不知道多少遍，此刻终于说了出来，胸中舒坦了很多。

姜处长沉吟了片刻，谨慎道：“有道理，但是这事，我一个人也做不了主。这样，你明天再来我单位一趟，问问计划科的科长，也听听他们的意见。”

贺财霖知道这事很有可能成了，激动地站起来道：“姜处长，若是这项业务能成，你的帮助我贺财霖没齿不忘！”

第二日，贺财霖起了个大早，洗了脸，又特意仔仔细细地刮了刮胡子，看了看镜子中的自己精神抖擞的模样，才出了门。

他又来到了姜处长办公室的门口。吸取了之前的教训，按照昨天那位员工说的，先敲了三下门，没动静。等了等，又敲了三下，还是一片安静。

如是再三，终于等到一声“请进”，才如释重负地开门进去。

与昨天的和蔼可亲不同，今天的姜处长有些严肃。他见到来的人是贺财霖，就把手头的材料一放，也没多说话，只让贺财霖跟他走。

两人下楼来到三楼的计划科办公室，找到了计划科的科长。

姜处长把贺财霖厂子的情况大概介绍了一下，最后说：“如果我们两个厂直接合作的话，你把价格核算一下。大柴的铁皮风扇也要改为塑料风扇，二机合一，量也大了，比较一下怎么样划算。别忘了把运费也算在里面。”转头又对贺财霖道，“如果风扇直接送到我们这里，就必须对可行性做检验。比如风扇运到这里，质量会不会受影响，这些都要经过技术中心的考核、试验、试装。”

贺财霖忙点头道：“那是自然，就按照你们的流程走，这样你们放心，我们也安心。”

“那好，你们俩协商下，”他看了看表，“我上面还有事，就先走了。”

经计划科同意后，贺财霖马上就回到宁波，开始检验风扇直接送到汽车城是否可行。他马不停蹄地把技术骨干拉在一起开了个会。

“这家汽车集团的风扇要进行标准化生产，对我们来说是个机会，可以大幅度地帮我们扩大产量。他们现在想要 Φ450 和 Φ490 这两个型号的 PP 改性风扇，也是我们现在要生产的。要得到人家的认可，我们自己必须先把产品做好。只要这次成功了，我们厂就活了！”

贺财霖的言辞不多，却铿锵有力，听得大家热血沸腾。这是一场战役，他们需要去攻下山头。如果成功了，等待他们的，将是美好的未来。

接下来的两个月，贺财霖就带着这支突击小队把全部的时间和精力投入了材料认定和性能改善的工作上。他和技术骨干们一起进行了材料配方的研究，怎么样才能做出轻便又牢固的塑料风扇；又购置了材料数显组合冲击试验机，用以对扇叶进行破坏性试验。

厂里灯火昼夜不息，车间里不断地传出机器的轰鸣声。除了吃饭睡觉，他们把所有的时间都投入在样品的试验上。

终于，七月的某天，他们郑重地把样品送上了车。抵达长春后，样品先送到研发中心进行了可靠性试验，通过后被组装到了汽车上，并最终通过了跑车试验。说明风扇从风扇厂直接运送到汽车上，质量丝毫未受影响。

喜讯传到风扇厂，贺财霖喜极而泣。他终于挺过了这一关，风扇厂终于挺过了这一关。而搭上了这家汽车集团，风扇厂的未来不可限量！

但是这仅仅是初步的考验，很快，一个几乎不可能完成的任务就到来了。

样品通过没多久，这家汽车厂商提出了一项新任务：七天内提供 Φ520 型号的风扇五十个，他们急等装在试制车上。

接到这个要求，贺财霖不由得头皮发麻。五十个风扇看似不多，可问题在于，风扇厂里并没有生产这一型号的模具，而重新开模的话，至少需要一个月的时间。他原本犹豫着要不要请对方将时间宽限几天，但是这岂是宽限几天就能做到的呢？而且双方刚刚才开始合作，若是推三阻四，给对方留下不好的印象，怕是不利于以后的发展。

贺财霖一咬牙，先答应了下来。时间紧张，他的大脑飞速运转着，想着该如何应对。

他设想了几种可能性。上策当然是生产合格的产品，这样双方就皆大欢喜，但问题是以现在的能力，风扇厂根本无法达到；如果以质量为先，自己生产出让对方满意的产品，必然需要延期，这样有损于信誉度；如果以损害质量为代价，即使能够按时交货，那又有什么意义呢？

时间在一分一秒地逼近，可是仍然想不出万全之策。

贺财霖不由得又点燃了一支烟。有段时间，他忙得连抽烟的功夫都没有，但现在，在巨大的精神压力下，似乎只有熟悉的烟味能带给他一丝安慰。

Φ520……Φ520……他不由自主地念叨着萦绕在脑海中的型

号名称，忽然烟头一闪，脑海中也闪现出了一个主意——既然自己生产不了，为什么不去市场上看看呢？既然自己最先考虑的是如何取得这家汽车厂商的信任，以建立长远的合作，那么即便自己眼前吃点亏，也没什么大不了的。

想到了这一点，贺财霖兴奋了起来，指尖的烟头也更亮了。他想到有一家风扇厂在生产这个型号，正好可用来应急。但如果由自己出面交涉的话，对方肯定会觉得奇怪。为了避免麻烦，他决定找个中间人代为购买。

次日一早，他就找到了镇海的一个汽配经营部，由其出面向风扇厂购买，并直截了当地说："价格不是问题，只是质量得好，交货速度也越快越好。"

那人想着这笔买卖也是正常生意，也没再多问。帮忙打听回来，说两天后就可以取货。贺财霖大喜过望，连连道谢。

汽配经营部的人笑道："小忙而已，而且我也赚了一点差价。"

"应该的，应该的。"

靠着移花接木的法子，这笔业务总算是对付过去了，但贺财霖的心并没有完全放下。他为人向来心思细密，又看得远，凭着敏锐的直觉，他认为这笔订单不过是个过渡。

这家汽车集团不可能单纯为了考验自己，就贸然地送来这个新型号的订单，还是在这么短的时间内就要完成；而且以这家集团的体量，如果真的要用到这个型号的风扇，需求量也不会只有区区的五十个。他预感到，这送去的五十个，只是前奏；即将到来的，才是真正的高潮。如果他猜得没错，那么必须未雨绸缪，尽快实现自主生产才行。

想到这里，他整个人都激动了起来，马上召集了技术骨干进行商讨。

听到果真准备自己生产新的型号，大家面面相觑、直言相告：“技术上问题不大，对方提供了现成的图纸，只是你也知道，重新开模做模具的话，时间会长点，不知道来不来得及。”

“那你们先把图纸准备好了，就找模具厂。”

一个技术师傅提醒道：“就算模具开好了，还得对它做试产、检测、修正，这些都需要时间。”

贺财霖知道他说得对：“走一步看一步吧，也再想想别的法子。”

贺财霖拿着汽车厂提供的图纸，找到模具师傅，想确认对方有没有可能做出来。

师傅看了看图纸，比画了几下：“可以做。”

“大概要多久？”

“按以往经验的话，差不多得一个月。”

“一个月……”贺财霖急切地问，“能不能再快点。”

师傅有些诧异，他很少见到这么急的客户。想了想，说道：“二十五天吧，不能再少了。少了，这做出来的东西没法用也不行啊。”

贺财霖知道他说的是真话，不能强人所难。可是他总觉得，下一笔订单很快就回来，而如果等模具做好，加上后续修正的时间，如果来不及的话，之前的一切也都白费了。

他失望地收回图纸，在回厂的路上，琢磨着有没有替代的法子。他脑海中想着模具的图纸，因为结构复杂，所以需要比较长的时间……他忽然想到，如果把它拆解开呢？如果扇叶单独生产，那模具不是简单了很多吗？

想到这里，他心里的阴霾一扫而空，顿时敞亮了。他马上回到厂里，又一次召集技术骨干商讨这个方法的可行性。

“如果短时间内没法拿到新型号模具的话，我们是不是可以换个方法，比如说分解开模，把七叶风扇分开，最后再组合在一起？”贺财霖热诚地看着大家。

几个师傅听得两眼放光：“倒是从来没做过，但是要做的话，应该问题不大。单个扇叶的开模比整个风扇的开模要简单多了。”

贺财霖看他们跃跃欲试的模样，笑了起来：“对，要做的就是以前没做过的事。你们几个研究一下，怎么把扇叶的模具和模壳的分解开生产，然后怎么组装。这总不会比开个新模具还慢吧？”

“那怎么会！”他们的挑战心被激发了起来，想到要尝试的是一件新事物，个个都摩拳擦掌，“这肯定要快多了，能省很多时间。”

于是，兵分两路。一路开叶片，贺财霖把这个业务交给了几家模具厂同时进行；一路开模壳。当整个风扇厂都在紧锣密鼓地进行叶片的开模时，贺财霖怀着紧张的心思期待着的订单终于来了——三百个风扇，十五天内交货！

他猜对了，而且更重要的是，他为这个猜想已经做好了准备。技术人员们得知这个消息后，像是中了奖一样地欢呼着。他们庆幸着厂长的远见与机智，也欣慰着自己这段时间的辛苦没有白费！

但接下来的工作并不能放松。此刻，叶片的开模已经完成了，而且这七个叶片的模具也通过镶块的方式组合在了一起。余下的问题，就是修正。因为这些模具出自不同的厂家，无法做到完全一致，细微的差别在所难免。

贺财霖请了一个模具师傅来进行后期的操作。这关系到生产出来的产品质量，他就亲自看着师傅怎么用磨光机、电脉冲对模具进行修整，修整后又是怎么进行打磨处理的……等这一切完成，就到了试产阶段。

他不断地推算着时间：对方总共给了二十天的时间，现在开模花了十四天，模具的修整花费了两天；产品的生产至少要留两天两夜。这就意味着，试模试产必须保证在两天内完成。

为了能随时盯着机器的运转，看是否有问题并随时精修，他和技术人员、生产人员直接住到了厂里。

他们不分昼夜地测试着风扇模叶的动静平衡情况，一有偏失就进行校正。就这样，在两天两夜的反复测试和校正之后，模具的性能终于达到了稳定，可以定型进行生产了。

机器开动，一件件产品从模具诞生……十三天后，三百件风扇如期交货。

看着一件件产品装箱上车，贺财霖的心也随之飞到了远方。那个晚上，他沉沉地睡了个好觉。

又是一场凶险至极的考验，各项时间的衔接可以说是严丝合缝。如果贺财霖不曾事先想到这可能到来的订单，提早做准备；如果不是他另辟蹊径，把模具分开生产后再组装；如果不是他带着团队不眠不休地守在模具边随时待命……其中任何一个环节出现差错，这个订单都难以完成。

特别是最后这四十八个小时里，贺财霖的每晚睡眠时间不过三四个小时。看着身边一个个累得不成人形的员工，他心里涌起了难以名状的感激与自豪之情。这个他亲手培养起来的团队的每一个成员忘我投入的身影深深地刻在了贺财霖的脑海里。

有这样的一个团队在，还有什么挑战是不能战胜的呢？

其实他也看到了，每一次挑战，都是一次蜕变的机遇。雪龙像一把宝剑，需要不断地磨砺，才能展露出锋芒。而这家汽车集团，就是最好的磨刀石，帮助雪龙脱胎换骨。

很快，新的挑战接踵而至。几次合作下来，这家汽车集团看到了雪龙的真诚和实力。但凡是他们提出的要求，雪龙都是不折不扣、毫不推诿地完成，这样愉快的合作获得了他们的信任，于是主动提出了新的合作计划。

这一次，他们想让雪龙生产的是两套吹塑气道和管道产品，交货期限是十二天。

“如果你们的产品质量能达到要求，以后我们的合作面就更广了。”他们毫不掩饰对雪龙的期待。

“一定，一定。”贺财霖脸上笑着，心里却咯噔了一下。

在这家汽车集团看来，雪龙大概是一家生产线完备、产品种类齐全的大厂，毕竟没有这样的底气，怎么可能接下并完成此前的种种任务呢？可事实上，此时的风扇厂，基础依然薄弱。

这里有必要解释一下吹塑产品和注塑产品的区别。一台汽车发动机所配备的零部件，既有风扇这样的注塑产品，又有风道、连接弯道等吹塑产品。制造这两类产品的设备各异，可雪龙一直生产的产品是风扇，所用的设备是注塑机。而眼下，厂里并没有吹塑设备。

贺财霖却毫不犹豫地答应了下来。看着汽车厂提供的吹塑件图纸，他明白这是一个十分难得的机会。如果吹塑这块产品做好，那么风扇厂将开启多元化的产品生产，也就不可同日而语了。他决定试一试。

当一帮技术骨干再次被召集到一起时，大家讨论开了。

“生产两套吹塑产品？为这两套我们就得买吹塑设备？”

“这设备差不多得一百万元啊，厂里有那么多钱吗？”

“就算买得起，我们也没做过啊。买设备得要时间吧？试验要时间吧？总共也就十二天……哪怕我们不睡觉，就做得出来？”

“要是投入那么多钱，最后做出来的东西不能用怎么办？”

大家闹腾腾地说了半天，最后都把目光看向了贺财霖。

“你们说的都有道理，”贺财霖不自觉地又掏出了烟，“这些问题，我也都考虑过了。之所以接下了呢，一个是看好这个产品的前景。按照之前和他们的合作模式，这次我们要是能把样品做出来，通过他们的测试，以后肯定会有大订单等着我们，到时候的合作，肯定就不只是这两套产品了。”

“要是能做出来当然好，可现在我们没设备啊。”有人忍不住再次提醒道。

虽然雪龙经过整顿，生产逐步走上正轨，财务上的负担也有所减轻，但毕竟是刚刚走出困境，根本拿不出这么大笔的金额。而若是向银行贷款，一旦失败，又将背上沉重的债务。此前债务的阴影太大，没有谁愿意再去尝试。

可贺财霖并没有放弃。“对，没设备，那我们就想办法。这样的情况我们也不是第一次碰到了。之前的 Φ520 型号风扇，我们不也是在没有模具的情况下给做出来了吗？你们都是技术上的一把好手，看看能不能想想办法？”

大家面面相觑：“不用吹塑机，来做吹塑产品？没听说过啊。”

“没听说过，那也可以试试，”贺财霖鼓励说，“我们尝试过用分解开模、模块组合的方法来造模具，那不也是从尝试开始的吗？”

说到这里，他脑中突然闪现出一个念头：“能不能用注塑机来做吹塑产品呢？”

此言一出，小小的会议室里顿时安静了。他们在这个领域是专家，但因为是专家，所以更明白其间的区别有多大。

“要不先看看产品图纸吧。”有人打破了僵局。说话的是张定森师傅，他方才一直听着，没有做声，“产品是人做的，设备也是人做的。”

“对，对！先看图纸！”他的话让贺财霖信心大增。

几张图纸平铺在桌上，张定森师傅俯身查看，手指在上面比画着，一番计算、推论之后，终于抬起头，看向贺财霖，眼中燃烧着两团火焰："可以做。"

这三个简短有力的字，对贺财霖而言是最大的安慰。

张师傅接着说，"关键是要做出吹塑模头。我们现在把两千克的注塑螺杆打斜四十五度，然后安装上吹塑模头，就可以做到吹塑。只是时间上不知道来不来得及。"

"那就还是按照老法子，两边同时进行。一边做模头，一边对注塑机做改装，双管齐下。"

贺财霖身上似乎有着一种神奇的潜质，压力越大，被调动的积极性就越高。此刻的他，像一个准备开始闯关的电游高手，止不住地兴奋。而他的这股子热情，同样点燃了身边的员工们。

任务布置下来，技术人员们很快就忙活开了。模头和模具要分别进行改装和制作，然后再找来厂里一台已经报废的一千六百克立式注塑机，做了合模架，把两者组合在一起。

这不是简单的改装，涉及翻砂等工艺。很多风扇厂自己无法完成，需要再找其他的厂家帮忙来做。诸如吹塑用的气道和进气道的帽子，也要采购原料分别进行生产。时间紧，其中的每一个环节都不能出错。

多条线齐头并进，经过两天两夜的奋战，注塑机终于被改装成了吹塑机。试后顺利可用，接着便是开模，即制造模具组，而模具开发时间更紧，要开注塑帽子模和吹塑进气道模，与帽子配合；还有弯管需要采用模具去翻砂出二块弯道形状，再由模具工精修完成。进气道因为产品不弯，需要买两块料块由加工中心加工。模具制造出来后，便是试制和修整。贺财霖把心提到了嗓子眼，因为这关系到之前的改装是否成功，关系到最后能否顺利地生产产品。

技术人员盯着机器，不断地操作着；贺财霖则干脆搬了一把凳子，守在旁边。

“厂长，你回去休息吧，有问题我们马上向你汇报。”

贺财霖摇摇头：“还是待在这儿更安心点，有什么问题随时可以解决。”

他们知道这个厂长的脾气，也就没有多劝。

刚开始出来的产品是残缺的。这是意料之中的事，毕竟不是按照传统的法子制造的模具。他耐着性子和技术员一起研究是哪里出了问题。是模具？工装夹？还是吹塑模头？反复地试制，反复地失败，反复地修正……产品越来越接近理想中的状态。不知经过了多少次的反复，最后终于成功了。

这也证明他的想法是可行的！当贺财霖抱着两套样品踏上飞机前往长春时，正好十二天。

测试顺利通过，贺财霖双眼通红。一半，是因为连日来的熬夜，另一半，是因为目标的达成。没有设备，没有资金，但是雪龙做到了。

“老贺啊，我真是服了你了，没想到真做成了。把产品交给你们做，我放心！”采购部的领导由衷佩服地说。

这是最好的认可。风扇厂，又一次在规定期限内打赢了一场硬仗。

1996 年年终，财务紧张地计算着账目。算了一遍，似乎不敢相信，又把账簿从头翻起。然后抬起头，看向等候在一旁的厂长贺财霖。

“怎么了，多少？”贺财霖也有些不安。

财务绷不住地笑出了声：“十三万元，盈利十三万元！”

贺财霖的心终于松弛了下来。自从接手了这个厂，他每日都在焦虑中度过，眉头紧皱，为银行的欠款操心，为收账操心，为技术的研发操心……现在，他终于也可以笑了。整个厂的员工都在开怀大笑。

这个厂原本每个月亏损五万元钱，他接手几个月后不仅扭亏为盈，而且数目居然不小。厂还是原来的厂，但是换了人来主持，又完全换了个模样。

“这几个月，实在辛苦大家了。好在，你们的辛苦没有白费。”贺财霖拍了拍原来的老柴书记、现在的技术质量科柴科长的肩。

“谁最辛苦，我们都看在眼里。”柴科长说道，“这是你的本事啊，跟着你干，我心里踏实。”

柴科长说出了所有人的心声。他们不怕苦，不怕累，只要有盼头，身上就有无穷的力量。

而贺财霖这位厂长，就是他们的盼头。

时间来到 1997 年。这一年，贺财霖已经把自己原办的电配厂迁到了霞浦，和风扇厂一起，方便管理。与此同时，他把家也搬到了霞浦。

其实房子前两年就建成了，但是妻子还在礁碶的电配厂工作，为了方便妻子上下班；同时也是因为抽不出时间，所以搬家的事一再被搁置。贺财霖只能每日往返于霞浦和礁碶之间。现在，家和新厂只有百步之遥，他能够更专心地投身于事业之中。

正是在新家，他见证了香港回归这历史性的一刻。自《南京条约》割让香港岛给英国以来，一百五十多年的风雨飘摇，一百五十多年的耻辱与艰辛，都成为过去。

以变取胜

接手新厂后，还有一个重要的环节，就是得去拜见客户。新官上任，怎么能不认识合作商呢？这既是礼节所在，也是工作所需。

为此，那段时间的贺财霖一有空就天南海北地跑，而每到一个地方，他就得像拓荒者一样，努力去适应当地的风俗，去与合作者交朋友。对于不同的合作者，他必须随机应变，建立双方信任的纽带。

这一年，贺财霖来到了山东牟平的一家柴油机厂。

山东人好客，有朋自远方来，自然要好好招待，于是就上了酒桌。对他们而言，喝酒就是最高的礼遇，是维系朋友关系的纽带。因为喝酒，代表的是诚意；一起醉过，双方就算是朋友了。有了情感做铺垫，工作上的事也就好谈了。

“不知道贺厂长酒量怎么样，能喝几杯啊？”采购处的科长笑呵呵地看着贺财霖。

眼前的杯子装满了白酒，贺财霖深吸了一口气，笑道：“我这个人，酒量虽然不行，但是爱交朋友；朋友喜欢喝酒，我也就喜欢喝酒。”

说罢，端起杯子，一饮而尽。气氛很快热烈了起来。觥筹交错间，贺财霖不知道自己究竟喝了多少酒。只记得第二天醒来时，自己头痛欲裂，浑身的酒气都还没散。他匆匆地冲了个澡，又跑到了采购科那边。

科长看他双眼红肿的样子，笑道：“你这个朋友够实诚，你放心，我们两家厂肯定还能合作下去的，业务跑不了，你可以多睡会儿再来。”

贺财霖心里有了底，松了一口气，摇着头也跟着笑了：“你们这儿的酒，厉害。”

“一回生二回熟，以后喝惯了就好了。”

这酒劲贺财霖缓了两天才算缓过来。但他并不后悔。他有时候甚至想，要是办厂能像喝酒一样简单就好了。最后把山东的这家柴油机厂原欠的应收款八万元钱全部收回，并且一举拿下第二年的订单。

可大部分时候，维护合作商的活要磨人得多。

贺财霖印象中最冷的一段旅程，是 1998 年 2 月去无锡的柴油机厂的那次。

当时春节过去没多久，贺财霖就带上张佩莉去拜会合作商。对接的本该是质保处的处长，可对方一直说忙得很，没空见。再这么拖着，差旅费就要超支了。白天在厂里找不到人，没办法，贺财霖只好向厂里的人打听这个处长的家庭住址，准备蹲守在那里。

2 月的无锡，寒风在街道上游荡。他和张佩莉两个人就站在屋檐下，像木桩子，又像两具雕塑。一阵风来，两人就不由得哆嗦一下。晚上 8 点，街头早就暗了，只有几户人家的窗户里透出了一点光亮。可他们等候的这户，一直不见动静。

“厂长，你说他几点能回来？”张佩莉终于忍不住了，把围巾紧了紧，跺着脚问道，“这无锡可够冷的，和宁波差不多。”

“再晚，9点、10点的，也该回了吧。”贺财霖看她冻得不行，有些不忍心，“要不你先回去吧，估计一会儿更冷。”贺财霖搓搓手，哆嗦着抽出一支烟点上。

“那哪行，”张佩莉坚决地摇摇头，“要是我现在睡觉去，不是白来了吗？再说，我有那么娇气？”

偏偏天公不作美，空中又飘起了雨。没有别的地方可以躲，两人只好撑起伞，缩在屋檐下。但是屋檐很窄，伞也小。很快，雨水就打湿了他们的衣服。雨水成了冰水，一点一点耗去他们身上的热量。

时间一分一秒地过去，那些亮着的灯一盏一盏地灭了，雨也越下越大，可他们等的人却毫无踪影。贺财霖的心坠了下去，他看看手表，已经11点了。他们像木桩子似的，等了近三个小时。

他决定不等了：“这个点不回，今晚肯定不住这里了。就算回了，人家肯定也累了，没空搭理我们。还不如明天再来。”

这是一个漫长的夜晚。

第二日他们到了厂里，软磨硬泡之后终于见到了这个质保处的处长。

对方得知了他们前一天的经历后，连连抱歉：“我真是没想到害你们挨了冻。”

“你们是大厂，人多，活也多，正常。”贺财霖堆着笑，“这次来也没别的事，就是想着以后有业务，多考虑下我们厂。我们一定给做好。”

“贺厂长太客气，一定，一定。就冲你们昨天晚上吹的冷风，我们这合作也得继续下去啊。”

可喜的是，这家厂还额外将新产品的订单给了他们。虽然完成了任务，但那个晚上的雨水，时至今日一直滴落在贺财霖的心头。就像他年少挑冰时踩下的脚印，每一步，都在铸就他的过往。

维护客户是基本盘。而企业要发展，就必须去拓展新客户。拿下新客户，谈成业务，是一件更加艰难的事。为了谈成一单业务，贺财霖不知道吃了多少次类似的闭门羹。

有一次，贺财霖来到了长春的北方汽车集团，想要见一个主管采购的副总经理姜总，希望能在他那儿拿下一个大单子。但想要见这位副总，并不是一件容易的事。他深居简出，对跑来谈业务的人，一概不见。

贺财霖没办法，还是用了老路子，去家门口蹲守。然而这位副总可称得上是铁面无私，根本不给一丝机会。

等了好几个小时，终于在门口等到了。贺财霖迎了上去自我介绍道："姜总，我是宁波过来的，是雪龙……"

"不好意思，请让一下。"姜总打断了他，脸上毫无表情，径自拿钥匙开门。

"姜总，我知道你很忙。这次赶过来，就是想看下我们有没有可能合作。我们生产的风扇……"

"对不起，今天太晚了。"姜总再次客气而生疏地打断了他的话。接着就把门关上，留贺财霖一个人怔在原地。

但贺财霖没有放弃，调整好心态之后，依旧每天在那里等姜总下班。他铁了心，认为这样总比在厂里连人都见不到要好。姜总后来见到他，也会交谈上几句，但依然丝毫不谈及业务的事。他不提，贺财霖也就不好意思继续说。

其实一天天这么过去，贺财霖心里也很急躁。毕竟风扇厂还有很多事要处理，很多决策需要他去做。但北方汽车集团这边又是一个极大的单子，如果拿下来的话，厂子这几年都不用愁了，而且已经坚持了这么久，贺财霖也不肯轻易放弃。

分身乏术，那怎么办呢？还是用了最笨的法子。为了兼顾这个业务和厂里的事，他只好坐着飞机两头跑，一个月之内竟然往返了五六趟。兼顾是兼顾了，可是把他累得够呛。“幸亏小时候农活干得多，练出来了啊，还能扛得住。”事业成功后，他想到这段经历，如此自嘲道。

这一日，贺财霖与姜总的邻居闲谈时得知他的妻子肠胃不舒服，被送到了医院。诊断后情况还比较严重，要动手术，得住院。贺财霖想了想，就买了袋水果前去看望。

姜总得知后很是感动，主动找到他：“说实话，来跑业务的人我见得多了，你这样的，少见。”

贺财霖笑着说：“我们就是个小厂，谈业务不容易，所以就只好用这种笨办法了。”

姜总点点头：“笨办法也不是谁都可以用的。有几次我回家，看到你没在门口，还以为你放弃了呢。谁知道过两天，你又出现了。你这样的人，不成功都难。这样，明天你来办公室，再详细说说你的厂子。”

贺财霖大喜过望。就这样，他在北方汽车集团的业务得以扩大，风扇厂也因此获得了更大的发展空间。

两人熟络起来后，姜总才告诉贺财霖，是他当时的执着打动了自己——一家厂怎么样才能获得别人的信任？负责人和产品就是最好的代言。

渐渐地，两人成了朋友。在后来的岁月中，即便姜总去了不同的城市，换了不同的行业，也不曾联系，他们的友情经受住了几十年时光的考验，这或许比任何一笔单子都特别，因为它带着真挚的人与人之间的温情。

“谈业务，是和人谈，是以心换心啊。”想起这段经历，贺财霖不无感慨。

回顾这么多年来走南闯北所谈的业务，他打过最漂亮、最精彩的一场战役，则是西南发动机厂。每次谈起，贺财霖脸上便神采飞扬，仿佛又回到了那个紧张而又刺激的氛围中。

那是在 2002 年的 10 月。差不多每年这个时候，全国各地的风扇供应商就会来这里争夺西南发动机厂的业务，谈价格、订合同。这一次，来了十一家，雪龙正是其中之一。

去之前，贺财霖已经在盘算了。当时虽然不知道去几家，但有一点是肯定的，那就是这么多供应商抢占西南发动机厂的生意，必然会内斗，造成内耗。即便不内斗，西南发动机厂的业务平摊到每个供应商，也只能分到零星的一点。如果为了这一点，再和这些供应商斗个你死我活，实在太不划算了。

而当他来到现场，得知有十家已经到了时，便知道自己的预料没有错。当时场面乱哄哄的，大家竞相压低价格，到了最后，只有微薄的利润了，还在吵闹不休。而原因，无非是供应商太多，主动权完全被掌握在西南发动机厂的手中。

贺财霖觉得头疼。他不喜欢这种被动的感觉。被人决定命运，被人掐住咽喉，虽然勉强可以得一时之呼吸，但是又能维持多久呢？可眼下的局势，似乎也由不得他。

雪龙不过是众多供应商之一，又能做什么呢？又能改变什么呢？他冥思苦想。正在此时，一个念头忽然冒了出来：为什么不能改变呢？比如，如果只有我一个供应商的话呢？他兴奋了起来。

他想下一盘大棋。这也是一盘险棋。他反复推算了好久，终于下了决心。是的，他现在还只是一个小卒子，没有足够的谈判的筹码，但只要等到这枚卒子过了河，那么一切都不一样了。

反复盘算之后，他去找了这个厂负责采购的副总。

副总看着这个来自东海之滨小厂的厂长，起先不以为然："你也知道，来的厂家多，他们的报价也不高，我这也不好办啊。"

"你要是知道了我的价格，应该就不难办了，"贺财霖笑了笑，"我可以把单件价格减少百分之三十。"

一听见这个数据，这位副总愣然了，愣了好几秒，才确定对方没说错，自己也没有听错。是的，其他厂家已经把价格压得足够低了，可贺财霖却压得更狠。

他身子往前探，重新打量着眼前这个人："你是认真的？这个价格，你们能做？"

"能做，当然我也有个条件。"贺财霖点了点头。

"你说。"副总终于认真了起来。

"把你们厂百分之七十的业务交给我，我的报价就可以给你这么低。"

副总琢磨了没几秒，确定这确实是笔划算的买卖，就点了点头。但他心中还是有些疑惑。

"贺厂长，我佩服你的胆识。可是，这样你还能赚到钱吗？哪怕业务量大了，可成本摆在那里啊。"

"这个你不用担心，只要我把产品送来不就行了吗？如果产品不满意，那就是我们的问题。"

这个消息传开后，不少供应商都认为贺财霖疯了，看他的眼神，也像在看一个疯子。他们甚至毫不避讳地当面讨论了起来，既不解，又愤怒。

"这价格也太离谱了吧？我们也都算知根知底的，压这么低，还有活路？"

"做，谁不能做？可，难道亏了本去做？"

贺财霖没有理会这些声音。没错，他抱定的主意就是，哪怕亏本也要做。因为他着眼的不是眼前一城一地的得失。如果自己的设想成功了，眼前亏的这些钱，将来必定会成倍地重回到自己的口袋里。

但这亏的钱毕竟不是一笔小数目，他必须将这个计划尽快地付诸实践才行。而他的计划就是，一边开足厂里的机器，员工们加班加点地赶制产品，另一边召集技术骨干，对风扇进行改型——亏损是暂时的，是为了给改型风扇争取时间，以此为契机，改善风量、流量、噪声、消耗功率等，令风扇性能更臻完善。这才是他的目的。

改良风扇不是件容易的事，需要时间。为此，雪龙的技术骨干们重新设计了图纸，进行了开发、开模。开模完成后，还要反复修整，并进行跑车试验，确保新的产品不仅质量上没有问题，而且要远胜原来的产品，可以进一步提高效率，改进风量流量，不断开发新产品，扩大风扇布局。

当改型后的新产品送到西南发动机厂时，贺财霖再次见到了这位副总。副总并没有多想，只啧啧称奇："这么低的价格，可送来的产品还比原来更好，简直太不可思议了！"

这就是贺财霖的计划。一年之后，原先签订的合同到期了，再坐回谈判桌前，双方的位置进行了对换。此刻，副总才明白了过来。

"贺厂长，你老实说，你当时是不是下了血本？"

"没错。"贺财霖坦诚地回答。

"就为了占业务的份额？三分之二都由你来做，这市场等于你说了算啊。"

"我也是赌了一把，运气好。"贺财霖笑道。

生意场上，凭本事见高下。因雪龙占据了大份额的市场，其他供货商接到的订单数量少，成本难以维持，不得不选择了撤退。

副总只觉得佩服：“贺厂长，说实话，一般人想不到这么做；就算想到，也没有这个魄力去干。现在，定价权就在你手上了。”

“哪里的话，生意都是有来有往。大家一起赚钱才好。”这也是贺财霖的心里话。

这次的合作，雪龙掌握了绝对的主导权。

从广西回来后，贺财霖畅快地呼吸着。这一年来憋着的气，此刻尽情地得到了释放。

这一年里，有人笑他傻，有人笑他疯，有人等着看好戏。可他最终用这场精彩的反转，证实了自己运筹帷幄的高明之处。

他看着这个，想起了当初接手这个厂之前，自己所做的那三次调研。那是 1996 年，他在破败杂乱的仓库里翻找到了一个风扇。

几张扇叶，就像是雪花的棱角。当时，他心里一动。当风扇转动起来的时候，不正像雪花在漫天飞舞吗？而当雪花越飞越高，就成了一条腾云而上的龙……

雪龙？贺财霖心中一动：风扇是白色的，它的转动与制冷，与“雪”、与“龙”，不仅有形象上和意义上的关联，而且有一种昂扬向上的生命力和引领力。如果用这个名字，不是极为贴切吗？

是的，要像一条龙一样。他告诉自己，也一直这么做着。

两年后，1998 年 6 月，北仑汽车塑料风扇厂，正式改名为宁波雪龙汽车风扇厂。

现在，一笔业务一笔业务谈下来，雪龙在全国范围的业务扩张如破竹一般，势头正猛。

正如那条龙，蓄势待飞。

以诚立市

雪龙，飞升之龙。

这条龙成长得太快，原来所在的池子很快就显得窄了起来。为了能让它自由地伸展抱负，多年来，贺财霖一直想方设法找寻更大的空间。

1998 年，雪龙刚刚立稳脚跟，贺财霖就已经留意着适合的厂址了。他很看好霞浦镇工业区的发展前景，恰好那里的“霞浦服装标识厂”已濒临倒闭，收购了该厂后，他又在附近买了十二亩土地。在这些土地上，投入了大量的精力用以扩建厂房和生产线。四年后，投资已经高达一千五百余万元。

但贺财霖并不满足于此，这十几亩土地也无法放下他的雄心壮志。他似乎已经预见到了这条龙体内积蓄的能量，预见到了前方的道路将是何等的广阔，因此，在接下来的发展中，一有适合的机会，他就购置土地，且出手阔绰。仅在 2002 年，他就投资了三千多万元，在北仑大港工业区购置了六十亩土地。2005 年，他又收购了隔壁一家占地近四十亩的企业。

这样的大阔步前进，应对的背景正是中国加入世界经贸组织后进一步的扩大开放。而这也从侧面反映了雪龙不仅运营良好、资金雄厚，而且对未来充满了信心，以积极的姿态拥抱着时代的浪潮。

随着大本营在稳定中扩大，雪龙终于获得了足够的施展空间。在这个空间里，一排排崭新的厂房得以建起，一台台先进的设备得以安装，一个个朝气蓬勃的员工被招募进来。所有的这一切，都为雪龙注入了新的生命力，让它的身姿日渐矫健，让它可以扶摇直上、尽情翱翔。

这并不是一件容易的事，市场风云变幻，遍布荆棘，险象环生。但有了这坚强而稳固的后盾，雪龙就可以自信地去搏杀，凭借自己的毅力，一步步踩着荆棘往前走。

2002 年的一天，雪龙销售部门的工作人员接到了一个电话，来电的是河南郑州的一家客车厂。

“装了你们的风扇，居然断了。”对方语气很冲，“质量也太差了吧？你们卖的是什么东西？”

销售人员一边宽慰，一边快速记录着问题描述：“您别急。我们的产品都是经过多次检测的，质量是有保证的。您看我们合作了这么多年，以前也没出现过这样的状况对吧？而且这么多风扇，几乎都没有出现问题对吗？”

“你的意思是，我冤枉你了？非要等别的也出问题才能找你们？”对方依旧怒气十足。

“不是不是，我是说可能是因为别的原因，因为之前从来没有发生过这样的事。您放心，既然是风扇出了问题，我们肯定会解决的，我会马上向领导汇报。”

事情马上汇报到了贺财霖那里。

贺财霖直觉这件事另有隐情，因为他太熟悉自己厂的生产流程了，知道自己的产品经过了哪些严格的程序才能送到客户手里。

但眼下，不仅要解决问题，还要维护好和客户的关系，以谋求长远的合作。

他原本想要亲自去一趟的，但是有个重要的会议不能缺席。想了想，决定派销售部的售后员工小顾去。

他特意嘱咐道："自己的产品什么质量自己知道，但客户只求好不好用，所以要好好沟通、好好解释。现在情况还没搞清楚，怎么说都为时尚早。这样，你明天飞去一趟，把事情调查清楚。"

小顾点点头，带上质检报告等一系列材料，坐最早的航班飞到了郑州。客车厂采购科的科长见雪龙这么快就派了人过来，也就客气了很多。

小顾问："什么时候发现风扇断裂的？"

"发动机一启动就断了。"

"如果有外力硬撞的话，发动机风扇叶是有可能断的。如果没有外力的影响风扇就断裂了，那确实是我们的问题。能不能带我去看看车？"

科长觉得他说得公道，点了点头："当然可以。"

果然，风扇像是断翅的蝴蝶，残片还放在一旁。小顾仔细看了看，从断面的痕迹看，应该是有外力相撞才会造成这样的后果。可是风扇外面有盖子保护着，客车厂也不可能故意把风扇弄断。如果只说出这么一个模糊推测，对方肯定会以为雪龙在推诿责任。

思前想后，小顾决定先给董事长打个电话。

贺财霖在会议间隙听了小顾对风扇的描述，很快有了判断。

"你去看看，水箱的水是不是满的。"

"水箱吗？"小顾打开检查了一下，"对，是满的。"

贺财霖慢条斯理地说："应该是司机加水后，没有关上水箱盖子，盖子的链条和风扇碰上了。发动机一发动，链条就把扇叶给截断了。你看下有没有这个可能，再找那个司机问问。要是有别的问题，随时给我打电话。”

小顾比对了痕迹，确实像是这么回事。但是找到司机后，司机起初并没有承认，坚持说不是自己的问题。

“其实这个也不难检测的，只要做个试验就可以，看看链条把风扇弄断的痕迹是不是这样。不过就是手续上麻烦一点而已。”小顾心里有了底，不急不慢地说，“我们公司有完整的检测设备。到时候再查出来是这个问题的话，责任可就不一样了，因为牵扯的部门多、流程长，成本也不一样。”

一听如此，司机终于慌了：“可能我没记清楚，那天起得太早，人有点昏昏沉沉的……结果，真忘了把水箱盖子盖上了。”

收到报告书后，客厂的态度立马不同了：“实在不好意思，居然是这个原因，我们也没想到，还让你这么远跑过来一趟。”

“没事，只要你们信得过我们产品的质量就行。”小顾笑道。

“雪龙太厉害了，你看你还这么年轻，经验就这么丰富了，处理得又快又得体。”

小顾有点不好意思：“我哪有这个本事，其实是我们董事长分析出来的。”

“董事长？他来现场看了？”对方有点惊愕。

“不是，是我通过电话汇报了现场情况后，他下的判断。”小顾把过程大概地说了一下。

客厂的人从惊愕转为了敬佩：“还能用远程遥控这种方式？真是从来没听说过还有这样的事。”

问题解决了，客户非常满意，彼此的气氛又融洽了起来，后续的合作也进展得十分顺利。

有了前车之鉴，后来类似的事情处理起来也就游刃有余了。

例如2003年，福建的一家客车厂也打电话过来反映风扇断掉的事。雪龙同样派了售后过去调查，发现当时客车因涉水而过，水位太高，流进了车子，急速转动的风扇在水流的阻力中被打断了，根本不是风扇产品质量问题。

2006年，一场更大的公关危机摆在了贺财霖面前。

这日，哈尔滨一家长期合作的发动机厂突然发了一张通告给雪龙，措辞严厉地说要索赔。问题很严重：有家吉林的客户购买了五辆配有该厂发动机的客车，其中四辆车子的风扇总是断掉，数月之内已更换了整整三十八台风扇。如此下去，将严重影响汽车厂的声誉。

三十八台风扇？必须要立即处理！收到这个信息后，贺财霖皱起了眉头。雪龙从来没发生过如此重大的产品故障。如果是真的，雪龙失去的不只是这一单业务、不只是这一家客户，更重要的长久以来苦心经营的质量信誉，都有可能毁于一旦。

而这家发动机厂之前没有就这个问题来沟通，现在直接告知中断合作，可见气愤已极。

贺财霖马上打了一通电话给那边采购部的王部长。此前两家谈合作时，见过多次，相对熟悉一些。

“王部长，我刚看了通告，实在不好意思，给你们带来这么大的损失。如果真的是我们产品的问题，我们一定会承担这个责任。但是这样的情况前所未有。您看这样好不好，我现在就过去，看看到底是什么问题？”

“行，那你来吧。”电话那边也没再多说话，就挂了电话，显然余怒未消。

贺财霖把公司里手头的事匆匆地安排好，就带上销售员俞再福往机场赶。除了带上自家产品的质检报告之类的纸质材料，贺财霖还特意带上了一箱五个风扇。

虽然不知道发动机厂的风扇究竟是为何断的，但他相信雪龙风扇的质量，而这几个风扇就是最好的证据。

两个人风尘仆仆地赶到了哈尔滨。见雪龙的董事长亲自来了，运输公司总经理的态度也软和了下来。

“不是我们故意为难你们。这风扇这么脆，总是换，路上动不动就突然停下来了，影响我们拉货。”

贺财霖连连点头：“这个我理解。您看能不能这样，我们一起看下问题到底出现在哪里？我这次把我们的产品也带来了，可以做个比对。”

“行，我看下能不能和你们一起去。”

客车厂在另一个城市，好在不算远，三人坐了两三个小时就到了。

接待他们的是客车厂销售科的卫科长 。卫科长事先已经接到了电话，知道是怎么回事，也没有二话，直接把他们带到了仓库。

“你们看吧，这坏掉的风扇都摆在这里呢。”

三十八个断裂了的风扇在地上排成几列，像是没有了生命迹象的残骸。

贺财霖走上前，挨个仔细查看，很快就发现了端倪。

他捡起一个断叶给卫科长看：“卫科长你看，这个和我们带来的是不是有些不一样？”又对俞再福说，“你把我们带来的风扇给卫科长看看。”

卫科长用手掂量了一下断片，又摩挲了几遍俞再福手上的新带来的风扇，点点头，觉得有些奇怪：“是啊，质地不同，轻薄也有差距。这个断掉的粗糙很多。”

“对，我刚才数了数，这里只有四个是我们雪龙的，我们风叶托板上都打有雪龙的注册商标钢印，其余的都是别的厂家的货。”

“哦？”卫科长挑了挑眉，显然是吃了一惊，“现在假货这么猖獗了，比正品还多？”

“我们现在也为这件事头疼呢，正在做调研。如果要保证质量，发动机厂的风扇最好直接从我们厂进货。”贺财霖苦笑道，“不过还是先解决问题吧，不还有四个是雪龙的吗？”

“对对，你看下你们的产品是怎么断的。”

贺财霖拿起来自雪龙的断裂的风扇，又细细查看了发动机的位置，心里已经有了数。

“卫科长，你也知道，这些客车很多时候都得走一些不好走的路，像山路这种，石子多，坑也多，车子颠簸得厉害。”

“那总不至于这么颠簸几下就会坏掉吧？”卫科长有些不悦。

“那当然不是，这风扇要是这么金贵，也不能从宁波运到这儿呀。”贺财霖笑道，“其实是因为装车匹配的问题。”

“装车匹配？”卫科长有些不解，“这是怎么回事？”

贺财霖把他带到一个发动机旁边，演示道：“对，你看，风扇是安装在这个轴上的对不对？上面有个护风罩，是安装在水箱上的。可是你看这个风扇和护风罩的距离，风扇并没有在最中间，这么一来，路一旦颠簸，风扇就会撞上。风扇转动的速度又快，所以就断了。”

卫科长凑过去瞧了瞧：“好像真的是这么回事。那你说，该怎么装才安全呢？”

“其实安装风扇，行业里对它的间隙是有个标准的，就是留下风叶外径百分之五的空间，而且要安放在中间，不能一边多一边少，”贺财霖拨动了一下风扇，解释说，“否则的话，如果路面平整还好说，路一陡，就会出状况了。”

“听君一席话，胜读十年书啊，”卫科长叹服道，“这次我也学到了不少。看来，得重新再装正品风扇了。”

“刚好，我把我们厂的风扇带来了。”贺财霖呵呵一笑，让俞再福把风扇拿出来摆在地上，然后比画了起来，“只是这个不是完全匹配的，距离留得有点少。这样，你这儿有没有钢锯？”

“有，有。”卫科长忙让人拿来了一把钢锯，交给了贺财霖，“你现在就能改？”

贺财霖小心地把风叶每个锯去了零点五厘米，然后教他们安装要点。

做完这些，贺财霖起身时已是满头大汗：“这个只能作为应急的权宜之计，凑合用用。等型号适合的风扇到了，再换上，保证没问题。以后要是因为我们产品的问题出状况，愿意以一赔十。”

“嗨，问题都搞明白了，不是风扇的问题，是我们冒失了，没有搞清楚情况。”卫科长不好意思道，“你看你大老远跑来，我都没有好好招待你。”

“别这么说，我们就是来解决问题的。有问题，随时和我们沟通啊。另外，遇到假冒伪劣的产品，一定要和我们说。”

“一定，一定。我信得过你们。”

一场以索赔作为开端的危机，终于在友好的氛围中解决了。

“董事长，你也太厉害了吧，眼睛一瞄，钢锯一拿，就帮他们把风扇给搞定了。”俞再福啧啧称奇，“我算是长了见识了，以后有机会，要多跟你出来跑跑。”

一场场的危机，练就了贺财霖侦探一般的自觉与经验。凭着过硬的专业底气与坦诚相待的胸怀，造就了雪龙在市场中的认可度。一次次的历练过后，贺财霖有时候不去现场，都能准确判断出故障的原因。

某个冬天，贺财霖接到了一个急电，来电的是某客车厂业务部的负责人王总。

王总的语气有点冲："贺董事长，你说怎么办吧，你们的风扇断裂，把车子的水箱打坏了。这个水箱可是进口的，花了一万多元钱呢，这得抵上多少个风扇？"

贺财霖心里咯噔了一下。一万多元钱？这可不是个小数目。可他很快镇定了下来。他相信自己的产品不会出现这样的差错。但更重要的，是要维护好和客户的关系。其实两家之间的合作已经有好些时间了，一直以来都比较顺利。这家厂坐落在世界五百强云集的苏州工业园内，是国内为数不多的、具有整车生产资质的客车制造企业之一，贺财霖一直很珍惜它们之间的合作。

"王总，你别急，"贺财霖安抚道，"如果真的是我们风扇的问题，损失当然应该由我们来承担。您看这样行吗？我这边先派人过去，看看是不是风扇的原因。有问题我们再随时联系？"

就这样，雪龙很快就派遣了销售员俞再福去做调查，由那边的技术人员小陈陪同着去事故点看了看。

"你看，这水箱是风叶打坏的吧？"小陈指着水箱说。

俞再福一看，从水箱的痕迹上看，确实是被断裂了的风叶打坏的。难道真的是风扇的问题吗？他吃不准，赶紧向贺财霖汇报。

贺财霖沉吟了片刻，出于对自己产品的信任，他并没有轻易下结论："不要只看风扇这边，整个车子也要看。如果真的拿不出证据是别的原因造成的，那就我们承担。"

挂了电话，俞再福深吸了一口气，决定听厂长的，把汽车内部的每个地方都详细地查看一遍，不放过任何一个零部件。终于，发现了蛛丝马迹。

这是什么？他看到汽车盖上粘着几根毛，还带着血迹。莫非这车出过什么别的事故？小陈凑上去看了看，也觉得奇怪。

“这毛，怎么像是猫的毛？”

两人对视一下，心中已经有了猜想。为了加以验证，马上检查汽车底盘，发现刚刚被清洗过。风扇坏了，怎么还有心思去洗底盘呢？是想把这毛和血洗掉吗？

他们马上联系了汽车司机。一开始，司机还支支吾吾地说不出个所以然。最后见搪塞不过了，才不得不如实相告。

原来那天夜里，车子停在祠堂口。天寒地冻，汽车刚熄火还有余热，一只野猫居然跑到了发动机边睡觉。次日早上，司机刚一发动车，就听见了车盖子里的惨叫。他打开一看，这只猫已经被风叶打死了，而风扇也因此倾歪断裂，一并打坏了水箱。为了推脱责任，司机隐瞒了这段内情，只说水箱是风扇打坏的。听说风扇厂要派人来调查，才草草地把车子冲洗了一下，却没想到漏了这几根猫的毛。

因为这几根未被忽视的猫毛，雪龙才得以证实了清白，守护住了品牌的形象。

贺财霖心中却始终抱有危机意识。因为每次处理售后，要面对的问题都不尽相同。产品质量过硬固然是最大的保障，可丰富的经验、敏锐的洞察力、果决的判断力、强大的执行力，也都不可或缺。

复杂的环境下，还有很多问题是一个风扇无法承受，也是超出了雪龙能力范畴的。这个时候，更考验的就是与合作商的协作能力。

这一年，远在山西大同的一家汽车服务站来电，说风扇出现了问题。大概是行驶过程中汽车风扇的转速不够，温度太高，导致车没有办法加速。

接到调查维修任务的小吴立马就坐上飞机赶往那里。下了飞机，坐上大巴车，就傻眼了。

原来此行的目的地是一个煤矿，远在郊外。而所谓的马路早被工程车辆碾出了一个一个的坑。摇摇晃晃地颠簸了三四个小时，才到达了汽车服务站。

服务站坐落在小山谷之间，除了这条破旧的路，前后杳无人烟。只能看到差不多两公里外有风尘扬起，那里就是煤矿所在了。小吴掏出手机看看，信号都变差了。

“辛苦辛苦，这么大老远地跑过来。”接待他的张站长看上去四十多岁，满脸尘土。后来才知道他其实还不到四十岁，只是因为这里条件艰苦，就显得老了一些。

他带着浓厚的西北口音，说话很直接：“好几辆车都来反映一样的问题，就是开不上山，发动机一加速就发烫。”

小吴屁股还没坐热，就被拉到了汽车前。他先打开车盖子看了看，确认是自家生产的正宗的雪龙风扇。

“这不应该啊，”他嘟囔着，“具体怎么个不好用啊？”

“是这样，这车啊，平地开还好，稳稳当当没有毛病。可一上坡就使不上力了。我们也找人检查过，说就是发动机这里风扇的问题，所以就只好找你们了。”

难道是这里风沙太大，石子、砂子什么的掉进发动机里面了吗？小吴也想不通。他仔细瞧了瞧，零部件都完好无损。按理说，风扇没问题，发动机也没问题，而且为了谨慎起见，他把整辆车里里外外都检查了一遍，还是一无所获。

小吴有些泄气。

董事长贺财霖很重视售后部的工作。他要求每个售后处理问题回来后，及时地把事故的原因和解决方案报上，由专门人员进行汇总。久而久之，这些汇总在一起的调查报告就成了教材，每个售后都要学习，以便遇到相似的问题可以针对性地解决。

可小吴仔细理了一遍，从前没遇到过这样的难题。

他挠了挠头，说："张站长，我看了看，没看出什么。能不能这样，开着这辆车去它平常的路线走一趟，说不定会有发现。"

"行啊，"张站长说着跳上了驾驶座，"反正我是没法子了，就看你的了，要我做什么，尽管说。"

过了一段平地后，车子开始往山上走了。虽然有些坡度，但并不吃力。

小吴正想说什么，张站长先开了口："现在车子是空的，当然没问题了。可是装上煤，就爬不动了。你自己看看。"

小吴往窗外看去，好几辆这样的煤运车正在山坡上缓慢地爬行着。车厢上，黑色的煤堆高高叠起，像一座小山一样。

"原本这辆车也是能用的，可还没一个月呢，就不行了。"他摇摇头，无奈地说。

小吴看着那座小山一样的煤堆，觉得有点窒息，突然想到了一个问题。

"这车煤，大概有多重？"

张站长一愣："这我哪知道，现在开煤车的司机，都是能运多少就运多少，难道还会称了再装吗？"

"问题就在这里。"小吴捋清楚了思路，松了一口气。他想了想该怎么说。

他在公文包里翻了翻，找到一张材料，递给张站长："你看，这款工程车的载重是十吨到三十吨。可是你看这些车，"他往外指了指，"运的煤早就不止这个数了吧？就跟一个人似的，你背个二三十斤轻轻松松，背个一百来斤肯定就走不了几步了。现在让他背个两百斤的，可不就得累趴下了。”

张站长若有所思地点点头，带着小吴来到了装煤的地方，打听了一下，果然如此，现在一辆车差不多要装六七十吨煤。

知道他们是来调查车子情况的后，几个司机围了上来，七嘴八舌地说道：

“这车子怎么回事？拉都拉不动，我都怕给撂在半道上了。”

“就是，我油门都快踩断了，还爬得跟蚂蚁似的。”

“你们好好查查，怎么搞的……”

一个个五大三粗的，小吴有点发憷，张站长忙把他拉回了车上。

他皱着眉头，看了看手头的材料，又看了看那些负重而行的车辆：“那咋办呢？”

“咋办？少运点啊。”小吴心有余悸，顺口答道。问题找到了，这是最简单的解决方式。

可张站长摇了摇头：“你说得有道理。说实话，我也不是没想过这个可能性。但是，少运点根本做不到啊。你想，这一趟下来那么远的路，每个司机都是往多了运，不然效率就低了，他们钱就少了。而且说实话，他们也习惯这么干了。”

“习惯？可这习惯不对啊，车子扛不住。而且你看这运输环境，又要爬山，路又不好，再厉害的车也经不起这么折腾啊。”

“你刚才不是说了吗，你扛不住两百斤的东西，”张站长苦笑道，“可这里干活的，就是愿意去扛两百斤的。只要能挣钱，他们连自己的身体都顾不上，你说还会去在意车子扛得住扛不住吗？”

两人陷入了沉默。这个问题，已经不单纯是一个风扇的事了，远非他们可以解决。

良久，小吴才开了口：“那只能让产品来跟上需求了。我先把调查报告递交上去，后续，可能要和发动机主机厂对接。”

“只能如此了。”

回到雪龙的小吴连夜写了事故调查报告，递交了上去。报告中指出雪龙的风扇并没有问题，原因主要出在超载以及使用环境恶劣上。

发动机主机厂收到调查报告后，也对这个结论予以认可。

贺财霖对小吴进行了嘉许，说他脑子活络，事故确实是超载和水箱沉积造成的。但是怎么解决呢？如果要满足货车的要求，风扇的扇叶必须要更大一些，但如此一来，重量加重了不说，大小也无法配套。

贺财霖想着，能不能准备根据车辆需要对发动机和风扇进行匹配，即对矿区的用车和公路上的车辆分开组装。为了符合矿区的需要，风扇要更大，而发动机也必须进行相应的调整。但这需要几家厂协力合作才行，是一个漫长的磨合过程。

后来的事情，小吴就没再跟进了。只是偶尔和技术部的同事聊起来，才知道多次磨合后，雪龙和主机厂达成了一致，决定专门为货车做配套的一体化的发动机。而雪龙为此又投入了大量的精力进行了研发。

从大同回来后，小吴想到那被卡车司机包围的情形还有些后怕。荒郊野外，穷乡僻壤，人生地不熟，手机信号又差，还有最重要的，是心理压力。人在那种环境下，总会感到自己无着无落的，没有安全感。

这日，他和前辈张元龙说起，结果被嗤之以鼻。

“你这算什么？好歹还有个站长接待，信号虽然差，但也是有。我们那会儿，条件可比这艰苦多了。”

因为雪龙所生产的风扇，很大一部分都是供应给生产工程车辆发动机的生产商，而这些工程车不少都在荒远偏僻之地。在这些地方相配套的汽车服务站，需要有专门的人员过去给他们做培训，教他们怎么维护和修理。

经手的案例多了，总能碰到一些让人哭笑不得的。

有一次接到合作的发动机厂的电话，投诉说风扇虽然运转了，发动机也热起来了，但是踩下油门后，车子却毫无反应，怀疑风扇有问题。

贺财霖听说后也觉得疑惑，让售后的员工一调查，才知道是风扇装反了。

“风扇本身的质量没问题，就是得让发动机厂或者汽车厂重新安装一下。”雪龙的售后人员给出了解决思路。

这件事在雪龙内部传为了笑谈，但贺财霖也把它作为了经验的一部分。

“虽然我们是供货给发动机厂的，但现在的车子类型也越来越多。我们自己也要都跟进、更新相关材料，这样，处理起客户的需求，才不会一问三不知。”他几次对员工强调说。

诸如此类的事，不知发生了多少次。而随着雪龙知名度的提高，许多未曾设想的障碍也随之而来，比如假冒伪劣产品。

2006 年，前往哈尔滨处理的这场质量危机中已经露出了苗头：三十八个风扇中，竟有三十四个是冒牌货。长此以往，不仅市场份额受挤压，更重要的是其低劣的质量影响了雪龙品牌的形象。

可是要追踪这些产品的来源，颇为困难。雪龙公司正在发展中，不可能投入太大的精力在此。而就在这一年，网上忽然冒出了一个“雪龙公司”，主动把机会递到了贺财霖面前。

贺财霖马上让人联系了律师搜集证据，包括这个网站的域名和网页截图，准备起诉。

这是一家来自湖北的网络公司，在网上注册了一系列与“雪龙”

发音相近、字形相似的中英文域名，同时在相应的网页上发布风扇业务等信息，有强烈的误导性。这显然是一起恶意侵权事件。

律师一边着手准备，一边也说明了该案件的复杂："因为是异地，所以处理起来可能会有些麻烦。"

贺财霖坚定地说："再麻烦也要去争取。打得一拳开，免得百拳来。现在不正视听，以后麻烦只会更多。"

真金不怕火炼，他相信司法的公正，也相信雪龙的实力。他们递交给法院的厚厚的材料里，翔实地列举了雪龙的核心专利技术、销售业绩、质量认证等。

结果毫无悬念，半年后，雪龙胜诉。该网站关闭，并向雪龙赔款道歉。

经此一战，雪龙终于亮出了金身，向纷繁芜杂的市场宣告了自己的主权。

2006 年，雪龙被认定为"中国驰名商标"，确立了在业界的地位。

技高一等

在雪龙成长的过程中，贺财霖最为关注的，一直是技术上的革新。

技术，才是雪龙最重要的软实力和核心竞争力。如果没有活水，再大的池塘也只能呈现一时的盛景，很快就会干涸；而雪龙是要纵浪于大江大海中的，要保持旺盛而持久的生命力，就必须让新的水流注入进来。新陈代谢，才是生命之道。

技术的革新，便是那源源不断的活水。

1996 年 5 月，接手风扇厂没多久，贺财霖大刀阔斧地进行了改革，其中一个关键的举措，就是对风扇的材料进行了研发。风扇是这家厂的核心业务，他决定把这一块要做成人无我有、人有我精的品牌。

当时国内生产的风扇类型主要有两种，一种是 PP 塑料小风扇，另一种就是金属风扇。PP 塑料小风扇比较轻柔，但适合功率不太大的发动机。金属风扇比较坚硬，但是有重量重、功耗大、噪声大等缺点。既轻柔，各方面性能又能满足这些车发动机要求的，就只有进口的尼龙风扇，而其短板则是价格昂贵。

贺财霖心中涌起了一股豪气，他找来技术科的余科长，表达了想要自己开发尼龙风扇的想法：“既然国外的能做，我们为什么不行？我给你个团队，你尽管去做。”

余科长为难地挠了挠头：“说是这么说，可是你看这么多年，也没听说哪家做成了，而且就算要做，也不是一时片刻就能做下来的。”

贺财霖也觉得自己有些意气用事了，这个问题不是朝夕之间就可以解决的：“这样，我们再多做些调查，看要不要做，如果要做的话，从哪里入手。”

一番调查下来，贺财霖更坚定了研发尼龙风扇的决心。如今市面上已经有了进口的尼龙风扇，虽然因为价格相对昂贵，所占的市场份额还不算太大，但是可以想见，在不久的将来，尼龙风扇必将成为主流。

风起于青萍之末。现在如果不抢先研发，率先占领市场，到时候就落入被动了。权衡之后，1997年，贺财霖正式开始了尼龙风扇的研发之路。他组建了专门的研发团队，亲自带队。

开局很顺利。1997年，天津帕金斯公司提供Φ558尼龙风扇样品让雪龙开发，尼龙材料由帕金斯指定牌号进行采购，同年就开发成功，通过平衡、跳动测试后交客户使用。这一成功的案例填补了国内自主生产尼龙风扇的空白。得到客户认可后，厦门客车厂、苏州客车厂、宇通客车厂等其他客户也纷纷向雪龙提供图纸，希望雪龙开发，尼龙风扇的市场前景一片大好。

但随着业务量的展开，一个关键的问题也暴露了出来，那就是原材料不能完全满足汽车风扇的各项性能要求。为此，贺财霖决心研发改性尼龙风扇。这是一条漫长的道路。

最初，贺财霖选用的是国产的材料，然后根据风扇运作的特点进行改良。每一次改良，都需要进行试验、记录下详细的数据，然后进行调整，再做尝试。

“老板，这些都需要专业的设备，得购买和安装。”余科长忐忑道，这毕竟是一项不小的开支。

“买！”贺财霖简短而果断地回复他。其实这个时候的雪龙刚刚清偿完债务，现金储备并不算多。但他知道，钱要用在刀刃上，技术就是这个刀刃。

为此，雪龙马上付诸行动建造了实验室，购置了材料数显组合冲击试验机等一批专业的设备。

看着这些大家伙，几个技术部的人连连咋舌：“这些东西，我们以前连摸都没摸过。”

“那现在正好摸一摸。你们一定要多摸几次，把投资给赚回来。”贺财霖笑道。

大家哄然大笑，都跃跃欲试。没有人知道此刻他肩上的压力。钱已经花出去了，不知道后续还要投入多少，而产出却不知道何日才能看见。

就这样，这个青涩的团队从一片空白中起步了。最初，大家都是斗志昂扬的。一次试验不对，立马第二次跟上。然而这么夜以继日地干了近两个月后，每个人都乏了。无论怎么调配，做出来的风扇产品都特别脆，韧性极差，转速稍微快点就断裂了，完全无法和国外制造的尼龙风扇相提并论。

这时，一家外资控股的发动机厂找到了贺财霖，提出了合作。条件之一是雪龙生产的风扇必须要运用全进口材料。

贺财霖痛快地答应了——国产原材料不行，说不定进口的可行呢？然后现实又给了他重击。尽管经过改良的进口原材料制造的风扇在性能上要好不少，强度也提高了很多，但依然无法满足要求。

正是在这段时间，他的烟瘾越来越大，一天下来能抽上个五六包。

“少抽点吧，对身体不好。”妻子见他每次回家，身上是洗也洗不掉的烟味，不禁有些担心。

但贺财霖沉默以对。他现在哪里还顾得上身体不身体的呢？满脑子想的都是如何把这块硬骨头啃下来。

两次的失败，让贺财霖认识到材料的研发是一项多么高精尖的技术，而眼下自己的厂，还没有这个能力独自承担。他决定及时调整策略，把这个专业事交给专业的企业。

经过不断地筛选，他最终找到了台湾一家中外合资的专业改性材料制造商，把自己所需材料的具体要求都一一告知。在供货要求上，他详细地列举了十多个项目的指标数据要求，包括拉伸强度、冲击强度、耐腐蚀度、耐老化等。附在供货要求之后的，是这一年多以来两个不同方向的检测试验中积累下的数据。虽然没有成功，这些宝贵的资料却能作为后续研发的参考。

对方一看到这些数据，肃然起敬：“很少见到客户准备得这么全面的，要求也很专业，可以省去后续沟通的很多麻烦。”

贺财霖也直言不讳：“原本是想靠自己干的，但是搞了半天，发现得请你们这个专业的团队来。”

贺财霖的开诚布公，让这家企业心生好感：“贺董，您放心，我们一定全力以赴。”

这家专业材料生产商也多次对材料的配方进行了调整和优化，每一次优化后都要重新进行各种测验、比对和考核，然后记下详细的数据。每一次，贺财霖的心都悬着。终于，五个月后，捷报传来：这次研发的尼龙改性材料通过了各项测验！根据这种材料所制作的尼龙风扇也完全达标！

贺财霖长舒一口气，两指间夹着的香烟，烟灰落了地。依托这次研发的成功，他的事业也迎来了质的飞跃。

雪龙自己生产的这款改性尼龙风扇，其优势与竞争力是明显的：避免了原来PP风扇和金属风扇的缺点，而与进口的尼龙风扇相比，它的各项性能毫不逊色，但是价格却仅为三分之二。

很快，雪龙的这款风扇都得到了各家合作的汽车厂与发动机厂的认可。市场上的好评，很快又帮助它吸引了更多的合作商，拿下了更多的订单。可以说，这次研发的成功，在贺财霖事业的发展中是有里程碑意义的。从短期来看，雪龙由此上了一个台阶；而从长远来看，让贺财霖更深刻地认识到了技术的重要性，并为之不断努力。

事实上，把研发任务交给台湾这家合资企业后，贺财霖并没有放手不管。他不后悔此前购置的设备，反而加大了投入，2002年，实验室购置了材料万能拉力试验机、高低温试验箱、冲击机、热变形试验机等一系列测试设备，用于尼龙材料各项性能检测和质量控制。

员工们看着研发检测设备摆放得严严实实的实验室，窃窃私语着：自己不是不开发了吗？怎么还花这么多钱装这些？

“人家生产的材料，也未必符合要求嘛。也可能他们那里通过检测，但我们这边不行呢？”有个稍微懂一些的员工回答道。

他们自然无法看到贺财霖眼中的谋划：对员工们来说，两次的研发是失败了；但在贺财霖眼中，这是一堂宝贵的课程。技术的研发不是一蹴而就的，不能等到需要时才投入，而需要有前瞻性，这样才能掌握主动权。现在的风扇厂，还太过弱小，所以要请专业的企业来协助。但是未来，自己一定要有一个设备完善的实验室作为后盾，帮助企业占领技术上的高地。

贺财霖的未雨绸缪，很快就被证明是正确的。不久之后这家合作的供应商偷工减料，使用了伪劣材料，而雪龙因客户急需，只能勉强使用，最终导致生产的风扇产品出现了断裂。这一质量问题，给雪龙造成了巨大的损失。为此，他不得不重新物色供应商，并进一步加强材料质量把控。

2004 年，雪龙又采购了超速试验台、盐雾试验台、紫外光老化测试机等检测设备，同时为保证风扇总成质量，又建成了风扇性能综合测试台和噪声测试室，进一步把控风扇综合性能的可靠稳定。2006 年 4 月 23 日，原国标委主任刘平均前往雪龙集团参观，听取标准制定相关汇报，对雪龙给予了充分的肯定。同年，雪龙实验室申报国家认可实验室。2007 年 4 月，雪龙实验室获得 CNAS L3032 国家认可实验室证书。

尽管找寻到了牢靠的供应商，但贺财霖始终没有放弃自主开发尼龙改性材料的决心。2008 年，他认为时机已到，聘请了技术副总胡飞章，全面负责尼龙材料自主研发。经过近一年不断的试验和调整配方，终于在 2009 年成功开发出全面符合风扇性能指标要求的尼龙改性材料。在材料研发成功的基础上，又购置了六条造粒生产线，从此雪龙生产需要的尼龙料全部由自己造粒供应。同时胡飞章负责设计了设备的集中供料系统，对风扇生产所需各种材料独立供料，既保证了生产供料过程中原材料品质稳定、不出错，又提高了生产效率；胡飞章看到设备所需的冷却水都是单次冷却使用，能源浪费较大，又开动脑筋，对设备冷却水进行集中冷却回用、循环使用。

通过以上一系列成功的技术研发和技术改造，带来的不仅是产品质量的稳定性、生产成本的降低、企业效益和核心竞争力的增强，更有雪龙在行业中地位的显著提升。

曾经，雪龙所制定的向供应商采购尼龙改性材料的标准得到了行业的高度认可。现在，在尼龙改性材料研发成功的基础上，在雪龙的主持下，风扇的尼龙材料标准得到了进一步的优化、修订，并被作为内燃机冷却风扇行业标准内容之一正式发布、实施。雪龙也以此申报了发明专利，填补了国内空白，进一步巩固了雪龙的行业龙头地位。

从 1997 年下决心生产自己的改性尼龙风扇，到 2009 年实现尼龙材料的成功研发，贺财霖走过了十余年的岁月。

这背后，是他在技术上的不断学习、不断进取。为了抢占技术上的先机，他不仅不惜重金引进人才，同时也积极地与在这一领域有科研能力的机构寻求合作。现在，雪龙已经与七所高校、一家内燃机研究所、一家汽车研究所建立了良好而稳固的合作关系，不仅在风扇材料这块继续进行优化，而且延伸至其他产品，如硅油离合器风扇、电控硅油离合器风扇、高低压电机风扇等的研发。这种产学研模式的好处在于，研究团队可以根据实际需要，针对性地根据要求进行研究；而研究成果，也可以及时地被转化到生产中，并得到反馈，进行调整修正。

随着业务的拓展、企业实力的增强，一个个功能不同、职责各异又相互配合的实验室建造了起来。其中不少在行业中都是具有历史意义的，如全国汽车塑料冷却风扇制造业中第一家检测风扇产品性能的风洞试验室和产品可靠性试验室。数年后，雪龙更是投资几百万元建设了“国家认可实验室”，这个实验室综合体量大、配备完善、仪器精密、专业而权威，作为第三方实验室得到了行业的广泛好评。

在他的精心布局下，目前雪龙已经创建了 ISO/IEC17025 认证的国家认证认可委认可的实验室，设立了光学分析实验室、力学性能试实验室、热学性能实验室、三坐标检测实验室、噪声检测室、产品性能检测室、产品可靠性实验室等多个检测实验室，使产品以一流的性能博得市场赞誉。实验室拥有设备近两百台（套），是国内最大最全的风扇及离合器检测实验中心。

随着国家对环保越来越重视，市场上对产品在环保上也有了更高的要求。贺财霖一直在想，如何跟进国家的这一政策。

契机来自一次客户的委托。2008年，一家客户在风扇合同已经签订的情况下，突然提到托板、主动轴等部件上的环保要求，这就意味着相关的配件需要从六价铬改为符合环保要求的价格昂贵的三价铬。但贺财霖果断地答应了下来。

环保是大趋势，他决定化被动为主动，积极探寻使用环保材料，三价铬的选择就是最好的证明。而他这一大气的做法，也赢得了客户的认可，并赢得了整个行业的赞誉。

在密切关注环保问题的同时，主动轴的质量也引起了贺财霖的重视。

当时的主动轴主要是通过浇铸的方式制造。即将金属化成液态，浇注进入有特定形状的型腔，冷却凝固成型。因液体的流动性好，这种方式可制造形状较为复杂的零件。但对于主动轴来说，浇铸有明显的缺陷，那就是在定型的时候，可能会产生砂孔气孔缩孔，从而容易出现断裂故障。更为现实的问题是，当地的浇铸件供应商较少，而雪龙生产的产品规格又多，难以满足需求。

因此经过深思熟虑，贺财霖决定在主动轴的生产上引入锻打的方式。锻打指的是金属在红热状态下通过气锤或压力机等设备进行锻压，这样生产出来的锻打件组织致密，机械性能好，具有良好的力学性能与较长的使用寿命，并且在后期的加工中也能保证金属纤维组织的连续性。如果主动轴采用锻打的方式，品质将大大提高。而合作的浇铸件供应商也可以集中用于生产其他适合浇铸的零部件。

为了实现这个目标，贺财霖亲自带队找寻有能力生产锻打件的供应商。在经过比较后，选中了一家经验比较丰富的锻铸厂。

双方都对合作一事表现出了很大的热情。对锻铸厂来说，如果能够与雪龙这样的企业合作，业务量和生产规模都将大大提高。但问题也在这里，这家厂子的规模不足以满足雪龙的需求。

为表诚意，贺财霖大气地表示可以为其提供厂房："只要能帮我们把锻打件造出来，有什么困难，我们一起协商解决。"

他将雪龙所需要产品的各项要求和指标详细地交给了锻铸厂，厂家也以十分的热情投入生产。但现实是残酷的，尽管几次改良，但这家厂生产的锻打件依然无法达到雪龙的要求，而且生产效率也低，无法保证发货的速度。

不得已之下，贺财霖决定自主研发——雪龙自己来生产锻打件。主意一定，他就雷厉风行地进行了布局：引入最先进的生产设备，安排技术人员操作培训，然后根据要求反复进行试验。

试验的过程同样是枯燥的，但正是在这样枯燥的过程中，雪龙自己生产的主动轴锻打件从原始版本一步步走向了专业化、精致化。模具也摆脱了最初损耗严重的问题，可以根据产品的长短、形状等要求进行分类开模。这不仅保证了产品的质量以及供货的及时，同时也大大降低了生产成本。可以说，经此一役，雪龙生产的主动轴质量得以飞升，而技术的掌控又进一步增强了贺财霖自主研发的自信。

从委托生产，到自主研发，其实贺财霖是被现实逼出来的。是的，没有什么能够阻止他对提升雪龙竞争力的追求。如果合作商无法达到要求，那么就靠自己去研发。

正是凭着这种敢为人先的创新精神，在中国加入WTO遭遇到国际同行的挑战时，雪龙依然得以傲立于潮头。

入世挑战

当时间来到2001年12月，中国正式加入了WTO，更大的挑战接踵而至。国外高端、先进的设备与产品，让贺财霖感到了巨大的冲击力。这不是一个企业与另一个企业的差距，而是一个发展中国家与一个发达国家的差距。

他有一度灰心过。想着把目标放在国内算了，反正国内的市场够大，何必以硬碰硬呢？毕竟技术的研发就是实打实的硬仗，投入的精力与资金难以估算，而能否出成果、多久才能出成果，也是未知。

但真的可以无视这个重要的节点吗？改革开放，走向世界，拥抱世界市场，不正是让我们取长补短的吗？因为这个国策，国家这几十年的发展有目共睹；而加入WTO，正是改革开始深入化的一个标志。虽是挑战，更是机遇。

在挑战面前，在机遇面前，如逆水行舟，不进则退。贺财霖很清楚，如果此刻保守，那么雪龙原本在国内所占的市场，也很快就会被外来的同行吞没。因为改革开放，不只是我们要走出去，也要让外面的竞争者走进来。

这就是"鲶鱼效应"吧？

这个概念，据说灵感来自挪威的渔夫。因为挪威人喜欢吃沙丁鱼，尤其是活的沙丁鱼，所以出海捕捞的渔夫们总是想方设法地想要让沙丁鱼活着被带回到市场上售卖。但奇怪的是，他们尝试了好几种方式，都失败了。绝大多数沙丁鱼没有能够捱过海上的旅程，就会缺氧窒息而死。

一日，某艘捕捞船抵达港口时，其中一个鱼缸里的沙丁鱼还精神抖擞地游来游去，与从前死气沉沉的模样大不一样。大伙正觉得奇怪，有个眼尖的人发现原来沙丁鱼中混入了一条鲶鱼，这才恍然大悟。鲶鱼以小鱼为食物，沙丁鱼自然害怕它，所以当它进入鱼缸游来游去，沙丁鱼们为了闪避，也都纷纷开始游动了起来。这样一来，就有了足够的氧气。

现在，外来企业的进入，正像是放入沙丁鱼群中的鲶鱼。而自己不想被吃掉，就必须游动起来。

贺财霖的战斗激情再次被点燃了。国与国差距缩小，为何不从企业与企业之间差距的缩小起步呢？雪龙，也愿意当这个急先锋。

是的，不能当鸵鸟，一定要走出舒适区。贺财霖抖擞了精神，决定直面。那段时间，一有机会他就出去调研、考察、学习，并做了详细的笔记。

很快，他就在离合器的业务上看到了和国外的差距。当时国内汽车行业采用的主要是硅油离合器，雪龙也不例外。事实上，在商用车市场，雪龙所生产的硅油离合器稳稳地占据着主导地位，可谓一枝独秀。但是市面上已经出现电控离合器了。

当第一眼看到国外生产的电控离合器时，贺财霖眼前一亮。这不是一个维度的东西，意味着一个新时代的到来。惊喜的背后，更多的是危机感：雪龙也不能躺在硅油离合器昔日的光环中。

他买来进口的电控离合器，让技术部门进行研究分析，看它与硅油离合器相比，具体的优势在哪里。经过一系列的反复测试，详细的报告被送到了贺财霖面前。

他在报告面前坐了很久，下了决心："我们也要做电控离合器。"

在电控离合器的对照下，硅油离合器的缺点凸显了出来：因为对水温的高度依赖，它对气温的变化很敏感；天气情况复杂的情况下，水温不好控制，生产就难以做到精确；同时也因为对水温的要求，还会造成对环境的破坏。而电控离合器则不同，因为是通过高精度传感器感知并由数字化电控系统来控制，不仅可操作的档位多，而且能够做到精确度极高；且几乎不受气温干扰，对环境也无影响。这样稳定而高效的生产输出，是前者所做不到的。

贺财霖明白，粗放型的发展方式已经成为过去。随着国家对环保问题越来越重视，对企业的要求也越来越高。在汽车配件这块领域，电控离合器的引入是势不可当的。

可是从硅油离合器到电控离合器，谈何容易？这不是在原有的硅油离合器基础上进行改良优化——那只是更好的硅油离合器而已，本质没有变。电控，是一项新的技术，等于是从头开始。

最初，贺财霖也是想过直接购买的。当时只有国外的企业才能生产，这些进口的产品不仅价格高昂，而且因为罕有竞争对手，还有绝对的话语权。可这么一来，雪龙势必就处在被动的位置上。这不是他愿意看到的局面。

那就自己研发吧。他想着招揽这块有经验的技术人员把电控离合器做起来，可现实是，一方面这涉及公司的机密，另一方面掌握核心技术的人也不愿意过来——当时的雪龙，怎能比得上国外那些大公司的知名度和体量呢？

两个计划都行不通，贺财霖的犟脾气上来了：我就不信，这玩意儿只有国外的公司才能做出来！

2007年，面对这道难以逾越的关隘，刚迈入花甲之年的贺财霖把电控离合器的开发当作雪龙产品研制的重中之重。

“你们自己好好地研究一下，这个离合器究竟是怎么构成的。依样画葫芦也好，用别的办法也好，先把它弄明白了，看自己能不能造出来。”

说这话的时候，贺财霖的面前放着几个买来的电控离合器，旁边围着一圈技术人员。

关于电控离合器，技术人员以前也从来没有接触过。但是他们年轻，有活力，也爱钻研，面对这个新鲜的事物萌发了强烈的好奇心和挑战欲望。

经过多日的分析后，他们下了结论，向贺财霖汇报道：“董事长，别的我们都能生产出来，稍微花些时间就可以。但是这里面的一个核心零部件线圈，难度很大，估计做不了。”

贺财霖看到了希望，为了尽快地把这个新产品做出来，他爽快地说：“那线圈就找其他的供应商生产。”现代企业中，更多的是相互协作、优势互补，任何零部件都亲力亲为是不现实的。

说干就干，贺财霖亲自出马，去找寻适合的供货商。他四处打听，但是因为附近没有做电控离合器的厂家，自然配套的线圈生产也跟不上。最后没办法，只好退而求其次，认为能做线圈就行，就找了一家规模小、设备简陋的厂。

一开始，听说是线圈，厂家爽快地就答应了。但是生产出来的产品，却总是不尽人意，因为传统类型的线圈远远达不到电控离合器的标准。没办法，贺财霖就派了专业的技术人员过去指导，一起研发。

最初，成品总是难以过关。

“这个太粗糙了，摸都能摸出来。”

“导电性不好。”

“这个用不了啊，你看，一放上去，整个离合器都动不了。”

贺财霖有些心焦，一有时间就跑去这家小厂进行督促。终于在反复的试验之后，产品通过了检测。贺财霖大喜过望，想着又一块难啃的骨头被啃下了，但是万万没有想到，很快胜利的喜悦就化作了刻骨铭心的阵痛。

这一日，售后部门接到了一通气势汹汹的投诉电话。是合作的汽车厂家打来的，说车子在路上跑了没几个月，突然无故报警了。

得知这个消息后，贺财霖心中有了不好的预感，他立时派技术人员小顾和合作的发动机厂人员一起前往汽车服务站。经过检查后，发现是汽车在行驶过程中，发动机水温过高，才触动了警报系统。

“七八十码的车速，也会过高？以后这车还要不要开了？”汽车厂的工作人员质问道。

发动机厂的人员无言以对，只好说：“这样，我们进一步做个检查，看发动机里究竟是哪里出了问题。”

“是啊，你也知道，一辆汽车零部件那么多，保不齐是哪里出了问题。”小顾递过去一支烟，想让他消消火。

“还能是哪里？你看这发动机给烫的。”那人余怒未消，“还有那么多辆车子，如果都出问题了，我们生意怎么做？”

小顾说：“我们一定尽快把检测结果报告给你们，有什么损失，我们雪龙也一定不会推脱。”

检测报告出来后，贺财霖心凉了一半。

当时受限于线圈厂家技术设备的落后，雪龙特意建造了检测设备，以保证产品的质量。出厂的那些安装在电控离合器上的线圈也是经过了检测的合格品。但是因为没有规范的工艺，线圈在稳定性和耐久性上都有不足。一是线圈的线和骨架没有缠绕好，二是材料的耐温要求未能达标。这也导致了检测时虽然没问题，但在实际的运转中出现温度过高、离合器接收不到信号等问题，导致汽车无法正常行驶。

该如何处理这桩事故？整个雪龙陷入了焦虑与惶恐。汽车厂要求的索赔，可并不是简简单单的一个线圈而已，而是按照整车来赔偿，还要算上误工费、燃油费……而且原本的不少产品要求退货，原本下的订单作废。所有这些加起来，高达上百万元。

这些款项原本该由生产线圈的厂家承担，但这个小作坊，即便是卖了也拿不出这么多钱。经过痛苦的抉择后，贺财霖作出了决断：有责任就要担，有缺陷就要改。

他咬牙扛下了这些赔偿款，这笔巨款让当时处在起步阶段的线圈业务几乎折戟沉沙。而贺财霖既没有因为这次失败而消沉回避，也没有放弃继续研发。

时代变了，像从前那样找个作坊对产品进行缝合的做法已经过时了。这是一个高技术的产品，要做成功，必须从头开始。他决定和生产线圈的厂家分道扬镳，自主研发。

听闻这个消息，线圈厂家直言不讳地说："贺董，说实话，这个什么电控离合器对线圈的要求实在太高了。我看不只是我们厂，国内没有一家厂能做得出来。"

贺财霖闻言不乐意了。他那不信邪的脾气上来了："怎么，别的国家能生产，我们就不行？既然你们做不了，那我们就自己上。"

"自己上？不是我们故意泼冷水。你自己也看到了，我们就是专门做这个的，花了那么多时间都做不成，反而赔了钱，你怎么做？"

"那也得做了才知道。"贺财霖干脆地回答。

可此时，技术部的同事们经受这个打击，已经心灰意冷了。那些赔偿款，搭进去的不仅仅是金钱，还有他们的辛苦、汗水与热情。线圈厂家的一番话，更让他们萌生了退意。

贺财霖察觉到了这股弥漫在技术部门的消极情绪，为此特意把他们召集起来开了个短暂的小会。

“不可能的事，我们雪龙也不是没有经历过。”过往的历史如影片一般在他脑海中闪过。比如十三天内生产出了三百个从未生产过的 Φ520 型号的风扇；比如在没有吹塑机的情况下制造出了吹塑产品；比如他接手没几个月，将让一家濒临倒闭的风扇厂扭亏为盈……

他简短地讲了讲那些往事，然后说：“这些，都是我们的成绩；但这成绩不是我贺财霖一个人做出来的，而是和大家伙儿一起硬生生地啃下来的。这样的难关，以前碰到过，现在碰到了，将来应该还会碰到。以前我们挺过来了，现在和将来，我们也一定能做到。”

大家虽然依然没有说话，脸上的表情却生动了起来。董事长的话就像一针强心剂，调动了技术人员的积极性。是的，他们不只是自己在奋斗，他们的身后还站着雪龙的前辈们。前人的力量、他们的努力，本就是一体的。现在，雪龙的历史，落在了他们的肩上。雪龙的新篇章，他们也是书写者。

于是，攻克电控离合器的任务，就这么轰轰烈烈地展开了。

弯道超车

后来，这个项目的参与者们回想起这段经历，都带着复杂的情绪。是后怕、自豪、疲惫……这些都兼而有之吧。

研发过程是枯燥而极具挑战性的。失败，重来；失败，重来……这样的过程他们不知道经过了多少次。每一次，都需要重新树立信心：修整了一个错误的地方，就离成功进了一步。而哪怕是极小的一步，也是意义非凡的。

他们相互鼓着劲，打着气："只要干不死，就往死里干。"他们不相信，自己真的拿一个小小的线圈没办法。

终于，当成功的消息传来，连日来的疲惫都化作了喜悦。他们完成了一个不可能完成的任务，就像雪龙的前辈们一样，啃下了一块硬骨头。

在大家的欢呼声中，贺财霖也是热泪盈眶。雪龙实现了电控离合器的完全国产化。这在国内是第一家！

这是技术上的难题，不是单纯地拼时间、拼劳力就能做到的。而现在，雪龙做到了技术上的突破，掌握了电控离合器的自主研发，实现了这个领域知识产权及技术的完全自主化。这是属于我们自己的民族品牌。他为员工们感到骄傲，为自己感到骄傲，为雪龙骄傲。他有足够的理由骄傲。

事实上，这次研发的更大意义要在十多年后才能被世人看见。

电控离合器的成功，大大提升了雪龙在市场竞争中的主动权，也增强了贺财霖对自主研发的信心。

“不要怕困难。眼前的困难，是因为我们投入得还不够，做得还不够。”雪龙的员工常常听见他这么鼓舞大家。事实上，他也是这么做的，一刻都不曾放松对这一领域的关注。在线圈研发成功近十年后，2016 年，贺财霖又一次提出了对电控离合器技术优化的要求。

这天的会上，他把自家产品和市场上最新出现的产品放在一起比较。“不能停留在老的思维里啊，不进则退，我们不能等着别人把我们淘汰。”他敲打着警钟，“我们以前研发的线圈是很好，可你们看看，这些国外的产品已经走到了哪个水平。”

是的，那些产品更稳定、更精准，而且耐用性更好。

“你们想想办法，把这个技术给提升上去。”他作出了指令。

研发部的负责人知道，优化，并不比早期的研发容易。因为这意味着更高的要求。比如，当研发人员把线圈的转速提升上去时，总是会有异响。虽然不影响使用，但异响的存在，本身就说明了产品是有瑕疵的。因为一个问题的存在，背后影响的是整个产品。

但是正如董事长所说的，天下哪有容易的事情呢？挑战本身就是机遇。跨过去了，就赢了；跨不过去，就永远只能跟在别人的身后。

虽然早有心理准备，但这个过程还是比他们想象中的痛苦。

他们尝试了很多的办法，比如更新材料，比如尝试不同的问题，比如用手工进行打磨……

“干脆装上消声器算了。”筋疲力尽的几个人有时候开玩笑说。他们自然知道这个法子是掩耳盗铃，只是实在看不到出路。

“慢慢来，不同的法子都试一下。”贺财霖每次到研发部门，问起这件事时，却一改下命令时的严厉，温和了很多，“方法肯定是有的，知道哪个不行，选项不就少了一个吗？”

“可这都好几个月了。”研发人员抱怨道。

“说不定人家的研发时间还要更长呢，这很正常。你们放手去干，别顾虑太多。”

面对董事长的包容和信任，几个人原本疲惫的精神又振作了起来。

既然我们能做出初始版的电控离合器，我们肯定也能做出升级版的。大家相互打着气。而信心一来，原本堵塞着的思路忽然也打开了。

“我们为什么不试试一体化制作呢？”他们兴奋了起来。

独立制作的几个部件装配在一起，自然容易有异响。那么把线圈放在整个离合器中进行一体化生产，是不是能够行得通呢？

原来的生产模式就如同将别处的树移植到这片土地上，虽然能成活，却多少会有些水土不服；而他们现在要做的，就是直接在这片土地上种下这棵树。树，就是线圈；而土地，就是离合器。

大家紧锣密鼓地再次开始了实验。终于，实践证明这种方式是有效的，半年来的辛劳有了回馈。异响终于不见了。

除了这个问题，一个采用粉末冶金工艺生产的核心零部件，在研发过程中也极不顺利，反复试制都不合格。在意识到仅凭自己的团队无法完成后，贺财霖决定转益多师、多方求教。

当时已经是夏天，已经七十岁高龄的贺财霖亲自带着团队找寻适合的供应商。他花费了大量的费用让不同的厂家根据雪龙的要求来改进模具和工艺，最后在多家供应商的尝试下才确定了准确的模具结构和工艺路线，才终于解决了第二代电控离合器开发中的这一道难关。

仅仅研发成功是不够的，技术要真正得到落实，还需要得到客户们的认可。但在当时客户们的固有观念中，国外的电控离合器在性能上要优先于国产的，自然也不信任雪龙研发的这第二代电控离合器。

为了让这些客户们看到雪龙的实力，证明自主研发的这一产品的质量，贺财霖带着技术人员前往长春一家大客户处。这是一家有能力进行“背靠背”测评的汽车厂。所谓“背靠背”测评就是把雪龙的产品与国外的产品放置于同一赛道，对它们的灵敏性、准确度、持久性等各方面指标做测试。

数日的测评结束后，汽车厂的技术人员向他表达了由衷的敬佩。

他们摇着头，简直不敢置信：“贺董事长，真没想到你们的这个产品比进口的还要强。祝贺祝贺。”

贺财霖紧张的神经顿时松弛了下来，他笑着说：“感谢感谢，辛苦你们了。”

有了这次的测试数据说话，雪龙的第二代电控离合器赢得了客户的青睐，并顺利地打开了市场。

与第二代电控离合器的研发差不多同时，吹塑水箱模内焊接技术也得到了改进。雪龙原本生产水箱采用的是热焊接，从平面进行焊接，容易留下焊接痕迹，而且受人为操作影响因素大，导致产品容易脱开漏水。为了解决这个问题，贺财霖在企业内部积极提倡员工们提出合理化建议，充分发挥集体智慧，调动大家的积极性。在这种氛围下，很快有团队冒了出来。

远在长春分工厂的员工提出了采用模内焊接的设想，即把感应器座加热后直接放入吹塑模，吹塑成型，使嵌件完全融入吹塑料内。这个设想上报到总厂技术部后，很快引起了重视。技术部人员集中精力反复试制，最终让这个设想落了地。而得益于这个技术，雪龙的水箱不仅外观上更为漂亮，而且有效地解决了漏水的问题，再一次提升了雪龙在行业内的口碑。

金身不败

“一流的企业做标准，二流的企业做品牌，三流的企业做产品。”第一次听到这句话的时候，贺财霖心口猛地一震。自己带着雪龙向前走的旅程，如今看来，不正是按着三流、二流、一流这种逐步递进的方式在走的吗?

企业初创的时候，大量的精力都投入在接订单和做产品上，为了做出符合客户要求的产品，多少个日夜难以入眠。为了配套出质量过硬的产品，贺财霖从原料采购到售后各个阶段都全方位地进行了严格把关。

在采购阶段，贺财霖与采购部制定了五条简便易行的规则：

一、以客户需求为导向，经汽车厂认可的送样材料，其生产厂家将直接列入雪龙合作商的考虑范围。

二、考察产品业绩，遴选业界口碑好的原料生产商作为选择对象。

三、建立一套严谨的供应商管理体系，对供应商量化考核，保证其交付的材料满足公司的质量要求。

四、严格遵循“不合格原料不进厂”的原则，对所有的进厂物料进行抽检。检验合格的投入生产，反之则予以退货。

五、召开供应商年会，以质量为第一要素对供应商进行评比，颁发“优秀供应商”奖项，并与获奖供应商建立长期的供货合作关系，其提供的生产原料直接进入产前抽检环节。

这五条规则简单有效，可操作性强，确保了原料的可靠与稳定，为产品的质量提供了前提保障。

在贯穿于产品质量管理的全过程，贺财霖则建立了一套科学规范的质量认证体系。要知道汽车的配套零部件多达上万个，而产品在生产制造过程中容易出现随意性，一旦出现偏差，就会对整车的质量产生影响，因此，为了让零部件生产商的产品与整车保持同样的水准，贺财霖带着团队，用了近十年的努力，完成了四次里程碑式的体系认证及认作模式。

第一个里程碑，是于 2000 年通过了 ISO9002 质量管理体系认证。

ISO9002 指的是“质量体系生产安装和服务的质量保证模式”。贺财霖从 1998 年开始，就开始对应该体系，结合雪龙的实际情况将工作规程进行标准化。如此一来，雪龙就可以将长年积累的技术经验、生产方式、操作规程等通过文件的方式加以储存，同时保证了不会因为人员的变动而有影响，让产品的质量得以稳定。

第二个里程碑，是于 2002 年通过了 QS9000 和 VDA6.1 质量管理体系认证。

QS9000 指的是美国三大汽车厂，即通用汽车、福特汽车及克莱斯勒汽车制定的质量体系，VDA6.1 则指的是德国汽车工业联合会（VDA）制定的德国汽车工业质量标准的第一部分，即有形产品的质量管理体系审核。这无疑是比第一阶段更高的要求。随着中国加入WTO，以及汽车零部件生产专业化时代的到来，贺财霖认为雪龙必须要紧随时代步伐，在生产体系上做进一步的强化。

为此，在2000年，他就邀请了贯标专家蹲点雪龙，用了半年的时间与企业技术、质量、管理等各部门的人员一起深入生产的每个流程和细节，对ISO9002质量管理体系删繁就简，进行了优化。经过两年的贯标实践，雪龙通过了这两个体系的认证，为企业的专业化生产注入了强大的活力。

第三个里程碑，是于2005年通过了TS16949和ISO14001的体系认证。

出于全球化合作的考虑，为了协调国际汽车质量系统规范，国际汽车工作组在ISO9001的基础上，加进了汽车行业的技术规范，是为TS16949体系。ISO14001则是环境管理体系。两者都是在中国加入WTO扩大开放后，雪龙为了与全球市场接洽而对自己提出的要求。

依托这两个体系，雪龙在产品最初的设计阶段就能做好预防，降低次品发生的可能性，提高精品率，走上专业化生产管理之路。

第四个里程碑，是于2002年导入了ERP管理，让质量保证踏上了信息化的轨道。

ERP指的是企业资源计划，即建立在信息技术基础上，以系统化的管理思想，为企业决策层及员工提供决策运行手段的管理平台。为了实现信息共享、提高工作效率，贺财霖认为必须要加强雪龙的信息化进程，于是引入了这个平台。依托于此，雪龙得以实现系统运作集成化、业务流程合理化、绩效监控动态化、管理改善持续化。由此，推动了整个公司质量管理体系的有效运作。

依靠着可靠的质量，雪龙在市场中积累了客户高度认可的口碑，在行业中树立了雪龙品牌。现在，雪龙与国内一汽集团、东风集团、北汽福田、中国重汽、江淮汽车、玉柴集团、潍柴动力等两百余家汽车和发动机生产厂商，以及卡特彼、沃尔沃、韩国斗山、日本洋马等国内外知名车企建立了配套关系，是国内外整车及发动机厂商的一级配套供应商。

稳定而优质的客户，以及“优秀供货商”“A 级供应商”“最佳质量奖”“质量免检证书”等一张张金光璀璨的证书，就是前两个阶段成绩的证明。而贺财霖并不满足于此。他的眼光，看的是更远的方向。他要把雪龙带到一流的行列。而步入一流行列的标志，就是成为标准的制定者。

2006 年是一个分水岭。

在此之前，国内汽车冷却风扇行业沿用的是 1993 年制定的行业标准。从 1993 年到 2006 年，中国社会天翻地覆，中国企业日新月异，而具体反映在汽车这个领域，要求也早就不同了。

中国已经成了全球汽车第一生产销售大国，但是与欧美发达国家相比，平均百公里的油耗远远要比它们高。随着国家对环境保护的重视，对节能减排的呼声日益强烈，汽车行业进行第二次重大转型势在必行。在这一背景下，旧的标准显然已经不适合了。而雪龙一直致力于从传统的粗放型生产管理向节能减排的模式转型——从硅油离合器迈向电控离合器的过程就是一个很好的例证。雪龙的这一努力，引起了全国内燃机标准化技术委员会的注意。委员会向贺财霖发出邀约，希望雪龙作为国内冷却风扇行业的龙头企业，可以参与制定全国内燃机冷却风扇技术的标准。当贺财霖接到委员会抛来的橄榄枝时，内心激动又惶恐。

后来，内燃机冷却风扇工作组秘书处直接设在了雪龙，雪龙成为全国内燃机标准化技术委员会委员单位。在贺财霖的主持下，雪龙起草了内燃机塑料冷却风扇和离合器风扇总成十四项行业标准，参与制定了二十五项国家标准和二十六项行业标准。这些数据，都印证着雪龙的“一流”。

2006 年，当贺财霖与其他的委员们坐在一起，为中国的内燃机冷却风扇技术制定标准展开热烈的讨论时，内心感慨万千。

十年，正好是十年。

十年前的 1996 年，他来到了这家摇摇欲坠、将要倒在历史尘埃中的工厂时，自己也是身体抱恙。

十年间，他跋山涉水、夙兴夜寐，让这家工厂长出了丰满的羽翼。

十年后，他乘着这条“龙”盘旋而上，终于可以干霄入云了。

这十年，他和企业一起，是从死到生、从三流迈向一流的征程。

但一流，并不是终点，而是意味着新的征程的开启。就在 2006 年，贺财霖已经开始对自动化生产流水线进行布局了。

2006 年 4 月的一天，当时已任雪龙集团总经理一职的张佩莉突然接到了一个来电。打电话的是韩国斗山集团在中国区的经理，提出了想要与雪龙合作的意向。

张佩莉很激动。斗山集团是一家享誉全球、很有竞争力的跨国公司，旗下拥有斗山重工业、斗山发动机、斗山产业开发等二十多家子公司。若是能与他们建立起合作业务，那么将是雪龙走向海外的一大步。她立即向贺财霖做了汇报，贺财霖也很重视，让她负责落实。

很快，斗山集团就派专人来到了雪龙，看厂房、生产线、质检标准等各个方面，尤其留意风扇测试时的风量、流量、噪声等指数。

他们一边看，一边赞不绝口，原来中国已经能做出品质这么高的风扇了。合同也顺利地签下了。没过多久，斗山集团也邀请雪龙前去考察，由贺财霖带队，张佩莉同行。这次行程，为他们打开了新世界的大门。

斗山集团很热情，不仅派人去机场接机，而且全程陪同。而给贺财霖留下深刻印象的，不仅是他们的热情和专业，更是他们生产线的自动化程度之高——偌大的厂房，偌大的生产流水线，看不见一个员工，全程自动化。

新鲜、陌生、震撼、失落……种种情绪涌上心头。原来，我们还处在起步阶段。企业与企业之间的差距让贺财霖看到了世界的参差。但失落之后，心中扬起了不服输的劲头。相信这一切，雪龙有一天也会实现的。当然，要做到这一切，还需要更大的努力。

学习，只有不断地学习，才能超越自己，才能追赶上前者。这是海外市场给雪龙带来的启示。

十年后，契机到了。

2015 年秋天，日本高松机械公司在中国的代理商找到了雪龙，商谈自动化生产线的改造。

“我们调查过，中国大陆大部分企业还停留在过去主要倚靠人力或者半人力的生产方式里。有的企业可以，但是像雪龙这样注重技术含量的企业，要再往前走，必须要转型。”代理商谈起了汽车行业的现状，“而自动化已经是当下的主流了。”

这番话正中贺财霖的下怀。十年里，雪龙也一直致力于将自动化的线路作为企业的战略方向，但是与国际水平相比，显然还有差距。现在高松的这一提议，正是一个极好的契机。

得知雪龙真的要将自动化加以实施，有人表示了担忧：“如果真的全都自动化，都让机器来做，会不会要裁员？”

贺财霖笑道："机器也是要人来控制的，而且我们产业规模做上去，需要的员工只会多，不会少。不过这些员工，都得经过好好培训才行。"

秉承着一贯的雷厉风行的做派，没过多久，贺财霖就定好了去日本的行程，短短两三天时间里，就与对方签订了合同，引进高松的自动化生产线。贺财霖对这个项目极为重视，这不是小打小闹，而是关系到整个企业的脱胎换骨——唯有走智能制造之路，才能提升核心竞争力；要成为国内行业的领先者与领导者，与国际知名一流企业竞争。为此，他在其中投入了大量的时间和金钱。

"以后我们看到的，就是一个升级后的雪龙了。"贺财霖很兴奋。"科技是第一生产力。"小平同志的这句话萦绕在他心头。唯有在技术上持续投入不松懈，才能不被淘汰。

2017年，雪龙从高松自动化株式会社引入了三条全自动化机加工流水线。有了这条流水线，零件的毛坯放在转盘上，设备自动识别加工，加工完成后从另一端出来，中间无须人工操作和搬运；而且该设备还能自动检测产品质量，剔除不合格的残次品。在认识到其巨大优势后，后来的几年间，雪龙又陆续采购了二十四条流水线，在所需工人减少一半的前提下，将生产效率提高了百分之八十。

凭借着这先进的自动化流水线，雪龙不仅实现了部分生产的无人值守，还可以进行多任务并行操作，大大缩短了生产周期；与此相应的，则是产品质量的提高。自动化流水线可以实现对产品的自动化检测和控制，对产品尺寸、重量等指标进行精确检测和控制，从而确保质量的稳定和可靠。

经过这一番脱胎换骨般的升级改造，雪龙进一步确立了在市场中的竞争力。

谋事在人

对贺财霖而言，创业的过程，其实也是他带领团队一步步发展壮大的过程。作为团队的灵魂人物，他时常考虑的，就是把适合的人安排在适合的岗位上，如此才能发挥出其最大的价值。

在早期创办团队的时候，人手不够，一人多任，频繁地乱转换岗是常态。但这种看似粗糙的模式，却最为锻炼与磨砺人的心志。实际上，贺财霖团队中的不少骨干，就是在这个过程中发挥出了此前连自己都未曾注意到的潜力。

贺财霖一直很注重人才的培养。他深知，事，是人干出来的；要干成事，人必须得靠得住。在他创办雪龙的过程中，除了张佩莉、贺根林、黄必洪这些中坚力量的陪伴，还有一批同伴也逐渐长成了可以独当一面的骨干。

实验室主任史嵩雁在 1996 年 12 月就已经来到了风扇厂，当时主要做的是机床操作的工作。而后，随着雪龙的发展壮大，各部门逐渐完善。贺财霖在看到技术变革的重要性后，决定建立一个自己的实验室，首先想到的人选就是史嵩雁。

史嵩雁心里有些发慌："我就是一个初中毕业生，哪里懂什么实验啊，还有什么材料性能检测，什么风洞试验。"这些名词对他而言显得如此陌生而遥远。况且1969年出生的他，当时也已经三十出头了，总觉得自己的人生道路已经定了。

可贺财霖不这么想，他一个劲地打着气："你机床操作得这么顺手，试试又不妨事。不会可以学嘛，我会找人带你的。"

就这样，史嵩雁新的职业生涯在这个占地不过四五十平方米的小房子里开启了。贺财霖没有食言，他动用自己积累的人脉，找来了自己熟悉的军工企业的技术员罗来福进行指导。只是很快，因军工厂那边离不开人，这个唯一能指望的人待了一个星期就离开了。

"那就硬着头皮上吧。"史嵩雁当时只剩下了这一个念头。

实验室对于他而言，就是草创阶段的雪龙之于老板贺财霖。除了拼劲，没有其他。经验全无，设备简陋，人手匮乏。

说起往事，他指了指自己的眼镜，说这也是那个时候留下的礼物。当时合作的东风公司造了一个风扇性能试验台，将尺寸图纸发来，由实验室承担机械加工的任务。到了电焊这个环节，毫无经验的史嵩雁连防护面具都没戴就上了。结果实验台造好了，可他的眼睛又红又痛，像进了沙子一样。

"没办法，那时候啥也没有，只好人家做个三五百道的活，我做个七八百道，这样才放心。"

这固然是一个艰苦的过程，但回想起来，史嵩雁特别感激董事长贺财霖，因为他让自己的人生拥有了更多的可能性，而这个可能性是和学习能动性密切相关的。

正是在这个时候，从未接触过电脑的他，甚至开始了编程。2003年，他和两个同事奉命到诸暨订购数控车，因雪龙要为研发离合器做准备。设备买好后，还需要进行一段时间的培训，特别是编程。没想到刚学了三天，就接到了董事长的电话。厂里人手紧张，需要他回去。

“他说三天就够了，接下来得自己琢磨着学。”现在想来，史嵩雁仍然觉得不可思议，董事长怎么就觉得自己能搞定离合器的编程。

但董事长对他的学习其实一直放在心上，毫不含糊，一有学习的机会就会想到他。

当时实验室里买了测量产品三维形状的测量器，可是连说明书都是全英文的，上面的图标也很陌生，天书一般，还怎么编辑自动检测的程序呢？史嵩雁没法可想，直到贺财霖让他去青岛学习了十五天。他到了那边才知道系统有中英文版本，而每个图标也有各自清晰的含义。

通过不懈的学习，2004 年，史嵩雁被评为“宁波市首席工人”；2006 年，史嵩雁在贺财霖的规划下开始负责国家级实验室的建设；2020 年，他被评为国家行业标准先进工作者。

回顾自己的职业生涯，史嵩雁常有被赶鸭子上架的感觉——赶鸭子的自然是董事长。他怎么知道自己这只鸭子最终真的能上得了架呢？真是件神奇的事。史嵩雁一说起来，就憨憨地笑着。

如果说史嵩雁在贺财霖的安排下，深耕于实验室这个领域，那么石凯微在雪龙的历程则是不断地“跳槽”，从财务，到管理，再到质检……她走遍了除技术部门外的每个部门。

1996 年 10 月，二十六岁的石凯微来到了刚刚成立不久的风扇厂（雪龙的前身），那时的她，以为自己会在财务岗位上待一辈子。财务这个岗位，烦琐而细致，需要极大的耐心，所有人都认为这个岗位对一个女性来说再适合不过，包括石凯微自己。

可仅仅一年之后，贺财霖找到她，表达了让她学管理的想法。石凯微很是意外，第一反应就是拒绝。好好的财务工作已经得心应手了，何苦还要去折腾自己呢？

可接下来，董事长说了一句让她铭记一生的话："做过管理，你人生的路就会不一样。以后哪怕不在雪龙，也可以胜任更多的岗位。"

石凯微的内心受到了深深的触动。她没想到董事长对自己有如此的期许，目光又放得如此长远。事实上，仅仅两年后，董事长又将她提升为生产部门的副经理。

这无疑是一段艰苦的岁月。她几乎每天都要工作到很晚，一个客户的电话过来，她都得快速地报出成本。幸亏她的记忆力很好，人又有干劲，总是能出色地完成相应的工作，让客户满意。贺财霖也是看中了这一点，有意想锻炼她，加以栽培。而在这个过程中，他给了她最大的支持和保护。

石凯微记得自己还是财务时，一次董事长的外甥报上来的采购单金额经核对后有出入，她就提了出来。而外甥仗着自己的关系，并不把石凯微放在眼里，当众给了她难堪，强硬地表示必须得给报。石凯微把委屈咽了下来，准备先作冷处理，可董事长听说了这件事后，很快把大家召集在了一起。

他脸色冷峻，先简单地复盘了这件事，然后把目光锁定在了外甥身上："你不能毫无理由地批评财务。她哪怕做错了，我们会指出来，她也会反省，但是轮不到你来指责。她在做的工作，就是代表我的态度。你必须要服从，不然就别在这里干。"

类似的场景在后来也出现过。

到了生产部门，有一次，石凯微按照工作流程，将产品的图纸递交给车间主任，可主任眼皮子都不抬，直接把图纸扔在了地上。似乎在说，一个新人，没有资格和他对接。

某次被贺财霖看到后，他郑重地说："我今天把丑话说在前头，石凯微在做的工作是我交代的，你们要是有问题，也得先落实她的工作，再解决别的。你们能干就干，不能干就走人。"

贺财霖在公开场合的这种维护，让石凯微感动得几乎落泪。贺财霖信奉的是疑人不用、用人不疑。即便石凯微哪里有差错，他也是找适合的时机私下沟通，而在其他员工面前，坚定地维护她的权威。信任，就是董事长给予她的最强大的力量。

就这样，她从一个单纯的财务人员，成为一个综合性的人才。2019 年，石凯微又被提升为副总。这是她二十年前根本想都不敢想的事。她没想到雪龙会有今日这样的规模，也没有想到自己能够得到这样的发展。

聊起石凯微一路走来的历程，贺财霖曾感慨道："如果一个人在一年内能培养出来，已经很了不起。如果要花几年培养，更是不得了。"

对此，石凯微只有深深地感恩。这些年里，不少猎头也曾试图挖墙脚，但石凯微都给予了坚决的回绝。她知道，他们看中的那个自己，是董事长一手栽培出来的。

技术部的张文辉，其职业生涯的高光时刻，就在于离合器的开发。当时国内没有生产离合器的厂家，所能见到的产品都是从美国进口的。贺财霖预见到，随着国家开放的深入，这一块市场迟早会起来的，于是叫来了张文辉。

2002 年，在接手雪龙离合器开发项目前，张文辉已经做了二十多年的五金业务，对这个领域一窍不通；而这一年，他四十六岁了。

四十六岁的自己还能转到这个新赛道吗？他问自己，也问董事长。答案是确定无疑的——贺财霖接手风扇厂时，也是知天命之年，他本身就是最好的答案。

研发的过程无疑是辛苦的，但最让张文辉刻骨铭心的还是跟车测试，以及各种突发的售后问题。中国幅度大，南北气候差异大，在新世纪初，交通网络的建设远没有今天这么发达，很多偏远地区路况极差。这就导致了很多意料之外状况的发生。很多车子在测试阶段是完全没有问题的，但是遭遇了极端的地貌和天气时，就无法行驶。为此，张文辉跑遍了天南海北，化解了各种各样的难题。

2022 年，已经返聘了五年的张文辉退休了，但他还是很喜欢来雪龙坐坐。他对董事长说，现在还有不少服务站会给他打电话，有的是来问技术问题的，有的则是在工作之外和他结下了友谊。他喜欢这种被社会认可的价值，而这个价值，和雪龙是一体的。

张佩莉、贺根林、胡飞章、张治宏、史嵩雁、石凯微、张军杰、张文辉……每一个名字的背后，都是贺财霖关于雪龙一路走来的记忆，是他心中最为宝贵的财富。他们一同经历了早期创业的艰难、中途壮大的风雨，共享艰辛与荣耀。而到了新的时代，随着雪龙质的飞越，贺财霖意识到，要以不一样的标准来选拔人才了。

早在 1988 年的时候，国家就明确提出了科技是第一生产力。而后，又提出了人才强国战略：抓住机遇，迎接挑战，走人才强国之路，是增强综合国力和国际竞争力、实现中华民族伟大复兴的战略选择。国家如此，企业也要如此。贺财霖早就敏锐地意识到，社会时刻在转型之中，企业与个人的思维也必须与时俱进。从前的产品技术含量低，常常用便宜的劳动力来压低价格，争夺市场。但在未来的市场争夺中，这种思维定式肯定会被抛弃。

几十年前的这些员工，几乎人人都是一块砖，哪里需要便往哪里搬。但随着雪龙如今分工的专业化、精细化，这种情况再难出现了。现在的雪龙，需要的是高层次的管理人才和科研人才。于是，一批年轻的血液开始缓缓注入。

在筹备雪龙上市的过程中，办公室一个年轻的身影显得格外忙碌，那就是副总经理竺菲菲。

在来到雪龙之前，竺菲菲在慈溪市社科院综合办过着按部就班的日子，每天的日子不是写材料，便是搞接待。她心中，一直渴望着改变自己。她和母校宁波工程学院的老师还时常保持着联系，几次提起自己对未来的憧憬，说想去企业里历练一番。说来也巧，正在考虑为雪龙办公室引进人才的贺财霖，也向宁波工程学院的校长问起能否引荐一些合适的人选，需学历高、人品好，做事稳当。校长也曾听同事说起过竺菲菲，后来的一切便水到渠成了。2012 年，经过三轮面试，竺菲菲成功地入职了雪龙。

最初，竺菲菲只是一个普通的办公室主任助理。她深知从社科院到雪龙，是一个巨大的转型，要学习的地方有很多。这个过程中，董事长给了她极大的鼓励，让她放手去干，有什么不适应的，随时可以找他。竺菲菲没有忘记自己的初心，她来这里，就是为了锻炼自己，更快地成长的。她想要让周围的同事看到自己的真正价值。实力，才是最能服众的。

最初的几年里，她一直尽可能多地跑项目，通过项目的申报来熟悉工作，也让领导和同事看到自己的努力。很长一段时间内，她甚至直接就住在了办公室里。她深信，机会是属于有准备的人的。在工作的同时，她还于 2015 年去宁波大学攻读了工商管理专业的在职研究生。

她的好学、勤奋，都被董事长看在眼里，很快，属于她的机会就到了。2016 年，雪龙开始筹备上市，需要一个董事会秘书具体负责整合资料、协调各方人事、跟进流程等工作，这个关键的岗位最终落在了竺菲菲身上。2017 年，她正式担任了副总经理兼董事会秘书的职务。这一年，她还不到三十岁。

在推动上市的过程中，这个年轻的姑娘身上爆发出了惊人的潜力。她不仅要熟悉雪龙从成立之初到现阶段的历史，还要与整合券商、律师、评估师等各方人士协调，进一步完善雪龙的各项资料，向董事会做汇报，并根据要求对公司架构等做相应的调整。更大的压力，则是来自政策的调整，每一年上市的环境可能都有出入，为此，那几年里，她的神经总是紧紧绷着。哪怕 2018 年她怀孕期间，也没有把工作放下。

“董事长那段时间还叮嘱我注意身体。但那时候整个公司、所有人都向着一个目标冲去，我是董事会秘书，肯定得冲在前头。”

如今，雪龙已经顺利上市，而这也成为竺菲菲职业生涯中的辉煌一笔。

贺财霖一直很重视和高校的合作，一方面得以掌握行业最前沿的信息，另一方面也是考虑到年轻的科研人才的引进。王新玲就是通过这个渠道来到雪龙的。

王新玲在沈阳航空航天大学读书期间，就跟着在华南理工大学的导师做研究。华南理工大学和雪龙有合作，于是 2015 年，她在导师的引荐下来到了雪龙做实习生，并在毕业后直接入职了技术部门 CAE 仿真科。

CAE（Computer Aided Engineering）指工程设计中的计算机辅助工程，指用计算机辅助求解分析复杂工程和产品的结构力学性能，以及优化结构性能等，把工程（生产）的各个环节有机地组织起来，其关键就是将有关的信息集成，使其产生并存在于工程（产品）的整个生命周期。简而言之，以往需要造出实际车辆模型做检测进行分析的环节，可以通过电脑编程替换了。王新玲的主要工作就是将车辆行驶中的风量、流量、噪声等数据化，并给出分析。这不仅更专业、更精确，同时也可以大大降低生产成本。

如果说，雪龙初创阶段的技术跟进还可以通过比同行多几倍、几十倍的辛劳实现，那么代表当下和未来雪龙科技力量的，必须是以王新玲为代表的专业院校培养的专业人才。这也是雪龙开展校企合作模式的目标和成果之一。

提起董事长，王新玲只有感激二字。一是在生活上。贺财霖在她入职没多久就将她叫到办公室，亲切地问她是否有生活上的困难。雪龙为员工每月都提供住房补贴，除此之外，贺财霖还特别让她申请了政府补助，以减轻她的生活压力。二是在工作上，雪龙的大型项目都尽量让王新玲参与，以作为她的工作成果。王新玲也因此得以在 2021 年便顺利地评上了中级职称，而下一步，便是高级职称了。

王新玲是山东人，求学也不在宁波，但被雪龙这个大家庭融洽的氛围感染，很快成为其中的一员，实现了安居乐业。

贺财霖对这些自己招募进来的科技人才表述了自己的立场：“我们办企业，不是为了今天而办，也不是为了明天而办，而要考虑到后天，甚至更远的未来。科研上如果差一点，产品上差的可能就是一座山，企业上差的就会是一个大洋。”

正是这样的格局与胸怀，让雪龙不仅能够招揽人才，更能留住人才，为保证雪龙的腾飞提供了强大的技术研发能力，让贺财霖在后来越发激烈和血腥的市场竞争中，有足够的底气秉持走自己道路的原则。

从早期创业的元老，到如今这批术业有专攻的年轻力量，贺财霖稳步搭建着雪龙的人才梯队。

作为团队的核心，他深知，必须要依靠集体的力量和智慧。就像一把伞，如果说董事长是中帮，是核心，那么团队中的其他人员则是一条条伞柱，它们围绕着中帮，各司其职，唯有如此，才能将企业这把大伞撑起来，真正做到抵挡风雨、稳步前行。

家国情怀

2007 年，北京，人民大会堂。

聚光灯下，贺财霖站在领奖台上，有些紧张，但更多的是激动。

这一年，雪龙荣被评为了“中国名牌产品”，为他颁奖的，是国务院副总理吴仪。他没听清颁奖词说了些什么，只记得吴仪副总理和蔼的笑容、亲切的握手、台下雷鸣般的掌声，还有眼前晃动着的无数个闪光灯。

怎么上台的，又是怎么落座的，他已经忘了。但清晰地记得那被瞩目的感觉。这样的荣耀属于雪龙，当然也属于它的缔造者贺财霖。

从北仑，到宁波；从中国，到世界。现在，他置身于祖国的心脏，感受着世界的每一次心跳。

如果说，是改革开放的浪潮为贺财霖的创业催发了契机，那么中国加入 WTO 的历史机遇则像一阵东风，让他看到了更广阔的市场、更长远的道路。

加入 WTO 后，中国与世界的联系更紧密了，资源流动的渠道更多样化了。在经济领域，最显而易见的是国外资本的注入。这些成熟的资本，就像嗅觉灵敏的捕食者，四处游走，找寻着机会。

中国大陆市场的巨大潜力对他们来说，就是肥美的猎物。很快，境外的外资随之流入，急切地找寻着各种投资的机会。而雪龙，也理所当然地成了他们的目标。

雪龙虽然年轻，但是已经彰显出了勃勃雄心，前途不可限量。要进入中国的汽车行业，这是一个极佳的投资对象。

时间来到2005年，这时的雪龙集团在业内已经颇有声誉，尤其是其引以为傲的风扇业务——雪龙生产的汽车发动机冷却风扇在中国商用车市场的排名中占据第一，地位卓越而稳固。这引起了美国一家投资控股公司的注意。

雪龙的未来不可估量。因为此时的中国正在大力进行工业化建设，全国各大城市都在架桥铺路、造房建厂，一派生机蓬勃。与之相应的，是对工程车的倚重。而这，必然会给雪龙这些为发动机提供配套设备的企业大展拳脚的机会。美国这家公司想必已经在中国这个拥有庞大潜力的生产与销售市场做了深入的调研，在对雪龙进行了综合评估后，抛来了橄榄枝。

贺财霖记得很清楚，那是2005年年初，天很冷，像是要下雪了一般。这家美国企业在中国区的副总裁，就冒着严寒带队来到了这个东海边的企业，考察并商谈合作的可能性。

美国企业雄厚的资本实力，有助于雪龙走向更高的平台，所以他做了精心的安排，热情地进行了接待。

一番寒暄过后，双方都有了合作的意向。但当谈到下一步控股权问题时，分歧出现了。

副总裁很直接，表示希望能够投资雪龙，买下百分之五十一的股份进行控股。他满怀期待自信地看着贺财霖。此前他们已经在这片土地上顺利收购了不少颇具活力的企业，这一次，他同样认为一个跨国集团的体量足以吸引这家民营企业。从单纯的民营企业成为跨国集团的一部分，将是一个质的飞跃，这是多少中小企业可望不可即的好事啊。可出乎他意料的是，这次失算了。

贺财霖原本的热忱迅速退却。他翻了翻他们准备好的一些资料，抬起头，客气而生疏地说道："你们远道而来，本不该让你们白走一趟。但说实话，如果是生产吹塑产品的这块业务，你们投资、控股都没问题。至于控股整个雪龙集团，那是不现实的。"

彼时的雪龙旗下，也有了多家子公司，涉及不同的业务。风扇，依旧是整个集团的核心竞争力所在，也是贺财霖绝不会轻易放手的主业。

听到提议被拒绝，副总裁有些意外，争取道："贺董事长，我们理解你对自己创办公司的感情。但不论是长远来看，还是从整体来看，我们带来的资本要是能够注入雪龙，那么雪龙将来的发展规模和技术水平，将会有显而易见的进步，设备可以更新，产能也会扩大，效率也能提升，打开国际市场也会更便利，不是吗？以你的抱负，应该不会止步于国内这个市场吧？你不妨再考虑一下。"

但贺财霖决心已定，他摇摇头："我承认，你说得都对，都有道理。我当然希望雪龙发展得好，但首先，我希望它是中国的雪龙，是中国人的。其他领域的合作我非常欢迎，只有风扇的控股权，必须在我们自己手中，这一块没有商量的余地。"

副总裁似乎听懂了贺财霖的意思，终于明白了他所坚持的，不仅仅雪龙是作为一家企业的发展，更是作为中国民族企业的定位。

"我希望你的坚持是对的。"副总裁由衷地说道。临走前，两人再次握手。

贺财霖很清楚，这是自己唯一的选择，是他根据自己的本心和本能作出的选择，他要打造一家属于中国人自己的国际一流品牌。

也许有了外资，雪龙会发展得更快；但更快，就一定更远吗？他相信，即便没有外资，雪龙一样会发展得好，也许会慢一点，但也可以稳一点、远一点。一步一个脚印，一样可以走向世界，在国际市场上占有一席之地。

贺财霖不止一次在集团会议上强调："现在我们的竞争，是整个世界范围内的竞争。不想被淘汰，就只有不断地去进行革新。我们在中国的风扇行业中占据了主导地位，可以说，我们也是代表中国，在和国外的企业竞争。"

他是这么说的，也一直如此践行着自己的理念。无论是2007年线圈的研发，还是2016年电控离合器的生产，后来的历史都证明了这些付出所得到的回报，远远超过贺财霖的预期。

2020年初，新冠疫情暴发，一时之间，防控一线成了战场。为了支援那些受到波及的城市，整个国家都被调动了起来，其他省份的医护人员和物资源源不断地向那里增援。

那些焦灼、惶恐、悲伤的情绪从一个地方蔓延至了另一个地方，整个国家都笼罩在各种不确定的迷雾中。贺财霖的心揪着，为那些被不幸击中的家庭，为那些勇敢的逆行者。

那段时间，身边的人都看到他的烟瘾越发地重了。"山川异域，风月同天"，更何况是同胞之情呢？可自己又能做什么呢？

很快，需要他的时候到了。很多人可能并不清楚，疫情对汽车行业也是一个新的挑战。在此期间对救护车、工程车的需求量大增，然而因为中美贸易战，很多零部件的供应合作被迫中断，原本进口的电控离合器无法按时配置到生产这些车型的企业。而这又将直接影响到救援工作的顺利开展。

一筹莫展之际，雪龙的出手，成了照亮这暗夜的光芒。雪龙自主研发的电控离合器技术成了关键——既不受制于人，同时又有毫不逊色于进口产品的质量，很快补上了这个缺口。

那段时间，贺财霖日夜待在企业里。当防疫前线的白衣天使们为挽救生命夙兴夜寐之时，雪龙集团里也是通宵灯火通明，根据不同的车型对电控离合器做调整，加班加点进行生产。

雪龙成了支援武汉行动中首批启动的企业。那些参与火神山、雷神山建造的工程车中，就有雪龙矫健的身影。

在那连轴转的日日夜夜里，贺财霖只觉得庆幸。他当初作出了一个正确的选择，这个选择不仅让雪龙立稳了脚跟，更为主要的是，当国家需要的时候，当同胞们需要的时候，自己可以尽一份心。这远比生产利润带给他的成就感和满足感要更高。

与此同时，他觉得自己似乎触摸到了祖国心脏的跳动。一个个电控离合器，运送到一家家汽车生产商那里，然后带着雪龙的温度，驶向需要的战场。

就像一滴水，涌入大海；就像血液，流向心脏。

在贺财霖高瞻远瞩的布局之下，如今的雪龙早已成了国内外整车及发动机厂商的一级配套供应商。雪龙已经走向了世界。但走向世界的雪龙，并没有忘记自己的使命担当。

海外市场的开放，与跨国集团的接洽，让贺财霖更直观地感受到了与发达国家同行业的差距。那么，在推动国内这一领域的发展上，自己是不是能够做些什么呢?

贺财霖深知，一枝独秀不是春，百花齐放春满园。要在世界上展现中国力量，仅仅依靠一两个企业是远远不够的，而是需要中国企业界整体的奋进。为此，他毫不吝啬地将自己花费了巨大心血、投入了巨资才搭建起来的技术检测资源分享给了同行们。

雪龙一直很注重在技术上的投入，早在2003年的时候，贺财霖就投资了近千万元，建设国家级实验室。这个实验室拥有“风洞性能试验室”“材料性能检测室”等，并备有高精度检测设备七十余台，可满足产品的各项检测要求。

这样的实验室，国内同行中还没有。在与不少同行接触的过程中，贺财霖发现宁波这边无力购置这些检测设备的中小企业有检测需求时，只能跑到上海甚至北京、广州等地，既费时又费力。

于是，他做了一项决定：雪龙的这个实验室作为“宁波市公共服务平台”，以免费或者只收取成本费的方式对外开放所有检测设备。

这是他的社会责任感使然。个人与家庭，企业与国家，命运是紧紧联系在一起的。而国家也将是企业最有力的后盾。这是过去几十年的风雨中，贺财霖最为深切的体会。很快，他又会对这一点有更深刻的认识。

2008年，一场从美国引发的次贷危机席卷全球，已与世界市场相连接的中国大陆市场也不可避免地受到了冲击。尤其是那些以“走出去”为指向的企业，遭受的损失更为惨重。最近一次这种地震般的惶恐，还是1997年金融风暴的时候，我国还没有加入世界贸易组织，在经济各方面开放程度不高，虽然也有一些主要依靠东南亚市场的出口企业受到重创，整体经济没有受到影响。

可这次显然不同，一片风声鹤唳，每个企业都感受到了寒冬将至。对雪龙而言，最直观的影响就是海外的订单大幅度下降，原本一些已经下单的合作商也纷纷来电表示要取消。可订单取消了，机器还在运转。越来越多的产品囤积在仓库了。如果不及时清仓，尽快消化，会给后续的生产带来更大的麻烦。

这样的危机是前所未有的。从前最多只是旁观者，而现在却成了亲历者，惶恐的气氛像迷雾般散开，也渗透进了雪龙集团的每个角落。不安的情绪从一个人，传递到了另一个人身上。

“听说美国好多家公司都倒了。”

“国内也是啊，很多外贸厂发不出工资了。”

“我们是不是也快了？”

是的，覆巢之下，焉有完卵。这样的形势下，没有任何一家企业可以靠自己的能力支撑。这些情绪自然也影响到了贺财霖。

该如何应对呢？自己能做什么呢？大江决堤，雪龙又怎么可能独善其身呢。虽然心急如焚，但贺财霖并没有失了方寸。最重要的，是不能自乱阵脚。

一定会过去的，自己一定要撑到这场风暴过去。他告诉自己。而且他相信政府一定不会袖手旁观的。这样的判断来自他的人生阅历：从中华人民共和国的成立，到改革开放，到香港、澳门的回归……每一步，都走得如此坚定；每一扇门，都打开了一个新的世界。贺财霖是这个历程的见证者，也是参与者。是奉献者，也是收获者。

所以他以不变应万变，和从前一样，每日在办公室内忙碌着。不，比从前更忙碌，处理着退订单、调整生产线、安抚员工……内心汹涌澎湃，但表面上，依然是云淡风轻的样子。而这种安静，有着神奇的力量。

很快，雪龙集团内部的惶恐情绪慢慢地也退散了。

国家并没有让贺财霖等多久，2008 年 11 月，一则好消息瞬间为企业家们送上了定心丸。

电视上、报纸上、网络上，到处是中国政府提出的进一步扩大内需、促进经济平稳较快增长的十项措施，其中有一项是“加快铁路、公路和机场等重大基础设施建设”。

与之相应的，便是4万亿元规模的基建投资。基建的进行离不开工程车，而雪龙的风扇正是其中重要的一环。于是，订单如雪片般飞向这个东海之滨的雪龙，托举着它在九天之上遨游。

当一寸寸铁轨在碰撞中发出悦耳的声音，当一辆又一辆列车从这里驶往远方，当一座座铁塔在贫瘠的山地上矗立而起，电流在风云交汇处纵横驰骋……当“基建狂魔”的名号渐渐为国人、为世人所知，这背后助推的大浪中，正有雪龙的身影。它乘势而上，贡献着自己的力量；也在这力量中，汲取着更大的能量。

在全国各地的建设浪潮中，无数家像雪龙一样在风暴中摇摇欲坠的企业被拉了回来。艳阳高照，秋霜尽消，天高云淡。贺财霖长长地舒了一口气。

金融危机安然度过，突破了这个瓶颈之后的雪龙更加势不可当，但贺财霖并没有被高处的风景迷惑了双眼，而是一直秉承着作为一个实干家的初心。

居安思危，方能守之以恒。

2012年，贺财霖多次乘坐飞机前往长春。他不是去游玩，不是去谈风扇业务，而是去考察厂址的。他要在这里建一个分厂，把雪龙引向这里。

从东海之滨到东北平原，这样的跨度不可谓不小。而这样的战略布局，贺财霖其实已经考虑了很久，现在，时机成熟了。

多年来，雪龙和长春的一汽已经达成了默契的合作。雪龙的穿梭管道等配套设备，持续、稳定地供货给一汽。但是宁波生产后再运送过去，成本高，途中不稳定因素又多。既然如此，为什么不能就近建厂呢？

只是此前，贺财霖虽然因为谈业务的事多次去过长春，但购买土地建厂，却完全是另一回事。他穿梭在这座陌生的城市里，努力熟悉它的布局，贴近它的节奏。在拜访了一个又一个部门、考量了一个又一个地址之后，终于在这一年的十二月份定下了三十亩土地。

这时候的长春，早已是天寒地冻，贺财霖的心中却是春意盎然。

眼前的这块土地，很快就会被解冻；这片寂寥，也会被打破。届时会有一排排厂房簇立起来，将一个个产品送往下一站。这广袤辽阔的东北平原、银装素裹的东北平原，正等待着雪龙飞来。

时间来到2021年，雪龙在长春的分工厂也早已建成并投入了使用。

在从宁波飞往长春的飞机上，贺财霖也跟着穿过了层云，俯瞰大地。钱塘江、长江、黄河……波澜壮阔的河流，连接着高低起伏的山脉，一如他这些年走过的道路。

这时候，距离中国加入WTO已经整整过去了二十年。二十年风雨变幻，贺财霖心中更是感慨万千。这二十年，仿佛不过弹指一挥间，奥运盛典、金融危机、世博会、新冠疫情……那些印记，都是他生命的一部分。

这二十年，是中国经济腾飞的二十年。

这二十年，也是他亲手缔造雪龙集团腾飞的二十年。

他贺财霖，无愧于这二十年。

济困扶危

雪龙的员工们，经常能在食堂里看见董事长贺财霖的身影。就像所有的员工那样，他手里拿个餐盘，跟着队列往前走，打菜、刷卡，动作熟练。

身边的秘书小吴，总是把准备好的药丸递给他，嘱咐道："老板，先吃这个。"因为早年操劳太多，近些年来贺财霖感到身体有些不舒服，就请医生开了些调理的药。有时候事情一忙，还经常忘记服用，就把提醒这事交给了小吴。

不少员工小声嘀咕着："董事长怎么还来这里吃饭啊？"

因为在这个员工食堂建成后不久，旁边又建了一个豪华的餐厅。这个餐厅分为几个包厢，装修豪华，用料考究。那不是为董事长和公司高管准备的吗？怎么还来这里和大家一起吃大锅饭呢？

但事实上，那个餐厅主要是用来接待的，一般是有工作上需要的时候，贺财霖才让人做专门的准备。而他本人在饮食方面并没有过多的讲究。苦出身的他，更多的满足感来自工作的成就，来自看到员工们在此通过劳动换取丰衣足食。

但民以食为天，贺财霖经历过那段艰难的岁月，深知吃饭的重要、粮食的珍贵。吃饱饭，曾经是他的理想；好在，随着改革开放以来生活的改善，这已经不再是个奢望。所以他想的，是怎样让员工们吃得更好。

雪龙的食堂是一个独立的建筑，位于进企业大门后的左手边，去那里需要穿过一个小花园。亭台水榭，绿树红花，清波碧浪中几簇锦鲤自在地游荡着。连接食堂与办公区的是一座古典的中式小桥。

在贺财霖心里，过了这座桥，就可以暂时放下工作中的忙碌与繁杂，让身心休息一下。很难想象，一个企业的董事长在食堂的建设和运营上会如此关心，但贺财霖就是这么做的。不仅在项目施工过程中，时常过问进展，而且在建成后，多次强调菜品不仅要干净卫生、营养搭配合理，而且一定要多样化，满足员工们的口味。

他的细致与细心有目共睹。北仑靠海，是个港口，这里的海鲜肥美滑嫩，员工又多是本地人，所以他就让食堂在菜品上多准备些鱼虾之类的。后来随着企业规模的扩大，来自湖南、安徽等中部城市的员工也多了起来，他又吩咐食堂的负责人要照顾他们的口味，辣的或是酸的都要有，丰富一些，而且要根据时节来调整。仅仅听旁人的意见，未必牢靠，所以他也时常自己到食堂品尝。有一段时间饭菜显而易见的粗糙敷衍，他干脆命人把厨师给换了。毕竟美食能让人身心愉悦；而大家的心情好了，幸福感也将进一步得到提升。这不也是雪龙存在的价值吗？能做得好一些，为什么不呢？

衣食住行。除了吃饭，贺财霖也非常关心员工的住宿问题。

雪龙，是他一生为之奋斗的企业。这个企业里，安放了他生命中大部分的时光。而对一个雪龙的员工来说，这里也是他们生活的一个重要组成部分。实际上，为了改善住宿环境，雪龙在员工宿舍上前前后后投入了三百余万元。

宿舍楼在雪龙集团西大门的右手边。在建造的那段时间，贺财霖走进办公大楼前，时常会在尘土飞扬、哄闹嘈杂的施工现场停留片刻。

“一定要造得牢固，让人住得舒服。住舒服了，大家才能休息好。”

在他的指示下，宿舍按照单身公寓的标准进行建造，分单人间与两人间这两种类型，员工只要有需要，就可以申请入住。

“人不是机器，得吃饭睡觉；人也不是动物，除了吃饭睡觉，也得找些喜欢的事做才行。”为了丰富大家的业余生活，贺财霖不仅在宿舍里安装了电视，还在宿舍楼边配套了文体活动室。

安装电视这个环节还有个小插曲。安装后发现电视信号差，很多台都收不到，有时候刚收到就又跑了，让人哭笑不得。这种模拟信号电视的抗干扰能力差，画质也不稳定。贺财霖听说后，先是想着怎么增强信号，后来干脆就把设备统一做了升级——直接安装了数字电视，这下流畅的画面和声音顿时就涌入了宿舍里。当然，成本也大幅上升了。

而在文体室，既有健身房，又有阅览室。爱运动的，可以在这里找到乒乓球、台球，爱看书的可以阅览书籍杂志，好动脑的也可以来此与人对战一盘棋。

落实硬件设施后，贺财霖还带着员工们组织开展了各种活动。雪龙内部，不仅有“雪龙合唱队”“雪龙篮球队”等组织，还有“雪龙杯”“雪龙金秋夜”“雪龙之约演唱会”等品牌文化活动。可以说在雪龙集团这个大家庭里，员工们可以享受到充盈的精神生活。

随着一个又一个活动的展开，大家脸上的笑容多了，这笑便也开在了贺财霖的脸上。这些细致之处，让员工们得以安居乐业；但最让他们铭记于心的，是员工在危急之时，董事长一次次毫不犹豫地伸出的援助之手。

“恩重如山。”锦旗上的这四个字，倾注了雪龙的一个普通员工袁利对贺财霖最朴素、最真挚的感激之情。

2013 年国庆后不久，袁利向主管请假。主管见他脸色不好，仔细一问，才知道他家中出了大变故。

假期里，袁利原想着带妻儿好好玩玩，可妻子总是浑身乏力，很快连肠胃都感到了明显的不适。送到北仑人民医院检查，做了血检和骨刺，检验报告要一周后才能出来。这一周是袁利人生中最漫长的一周，他像一个犯人等待着宣判。而当检查结果出来，他才体会到了何为晴天霹雳——“血癌”。

袁利本是江苏人，2003 年进厂，在北仑无亲无故。在老家认识了妻子并结婚后，觉得雪龙的待遇好，就经人介绍到了注塑部门工作。原本的日子虽然平淡，但是他一直相信通过自己的努力，踏踏实实地过日子，生活总是有盼头的。随着一对儿女的出生，这个家庭渐渐热闹了起来。可这场大难，将一切都打回了原型。

“后续的治疗，包括检查、化疗、配型、手术……至少要准备五十万元。”和检查报告一同到来的，还有医生的这句话。

五十万元，对这个家庭而言不啻天文数字。袁利清楚地知道，家中的存款不过四五千元，除了日常生活外，还要负担两个孩子的学费。虽然雪龙给每个员工买了职工医保，但那也不过是杯水车薪。

他不知道那天是怎么向主管请假的，只觉得那段时间自己整个人都神思恍惚。让他没想到的是，很快主管就找到他，还塞给了他一个厚厚的信封。

“这是老板让我交给你的，先应应急。两万元钱，你数数。”

袁利有些没反应过来：“老板？老板干嘛给我这么多钱？”

听到这话，主管笑了起来："咱们老板不就是这样的么，见不得人有难。他说了，你先放宽心，后面医药费之类的，公司会一起想办法的。"

果然，雪龙为此组织了一场募捐活动，董事长贺财霖带头捐助，这次共捐了十五万元。有了这些钱，袁利守住了原本摇摇欲坠的家。

贺财霖的关心并没有到此为止。2014 年 10 月，当他得知骨髓配型成功，袁利的妻子要去苏州做手术后，为了缓解袁利的压力，他不仅派了专车送去，还随车派人前去照料。这样周到的考虑，哪怕过了十年，袁利提起来依旧感动不已。

手术后，考虑到袁利妻子还需要服用药物，每年年底贺财霖还特意交代额外资助其两万元钱。袁利几次推辞，但这个资助一直坚持到了 2022 年这一年，他的妻子身体状况稳定，无须再服用药物了。所以当他再次推辞时，贺财霖终于同意了。

"如果不是老板，真的不知道怎么过。"说起董事长的帮助，这个质朴的中年男子眼中泛着涟漪。他还提到自己在 2019 年时，心脏瓣膜也动了个手术，董事长得知后又派人送了三万元钱到他病房，后来又派专车接他出院。袁利又有些羞涩地补充道："我之前和老板都没见过面。就见了一次，就是送锦旗那次。"

是贺财霖的慈悲情怀，让一个家庭重回了正轨，让陷于绝望中的生命重新看到了希望。也正是他的大爱，让雪龙成为一个充满温暖的大家庭。

2012 年的一天，贺财霖在食堂吃饭，忽然听到旁边一桌的员工在议论什么。

"孩子还不到两岁呢，实在太可怜了，不知道手术能不能做。"

“这个听医生就行了。问题是，他家哪有这么多钱啊，就那么点工资。手术的开销肯定不小……”

“是啊，他从河南来了才多久，还不知道怎么挺过去呢……”

贺财霖留了心，回到办公室后让底下人一打听，才知道有这么个情况：有个姓邱的员工从河南来雪龙工作没多久，他的儿子总觉得胸闷，医院一检查，才发现胸腔生有肿瘤，需要实施切除手术。

这个手术难度系数高，宁波的医生建议转到上海的大医院，这样的话，除了医药费，还需要请假去上海照顾孩子。这对本不富裕的这家人来说，无异于雪上加霜。

得知自己员工的家庭因此陷入了困顿，贺财霖马上让雪龙集团工会的孟主席去跟进这件事。

“假当然要给人家请，”贺财霖说，“你让他安心照顾孩子，医药费的事也不要急，总会有办法的。”

他去银行取了一万元钱，让孟主席转交给了邱某。想了想，他觉得还不够，还特意让办公室在公司范围内组织了一场募捐活动，号召大家一起出份力。

其实出的钱多钱少还在其次，更重要的是从中生发出来的凝聚力。这种凝聚力，在攻克技术难关、攻克业务难关时曾一再出现；而现在，当雪龙的员工生活中遇到困难时，凝聚力再次出现了。

邱某没想到自己家中的事会传到董事长那里，更没想到，董事长非但没有因为他的请假为难他，还主动为他化解困难。

“没想到，真的没想到。怎么想得到呢？”提起这件事，他总是用“没想到”这个简单的词汇来表述他激动而复杂的心情。

贺财霖用实际行动告诉大家：雪龙是一个整体，每个人都是其中有血有肉、不可或缺的一分子。

类似的故事，在雪龙不知上演过多少次。

雪龙有一个员工陆某，因为身体残疾，只能在车间里做些简单的工作——这也是贺财霖特意给予的关照；不幸的是，她的丈夫因患病，收入也很微薄。

这一日中午，贺财霖在食堂经过，忽然看到有人在看自己。他一转头，发现是陆某。

陆某见董事长注意到了自己，慌忙低下了头。

贺财霖察觉到她脸色有异，就走了过去："是不是有什么事？"

"没，没什么事。"陆某矢口否认，但很快又改口道，"我想，能不能请两天假。"

贺财霖觉得奇怪，请假的事，和车间主任说就可以，没有必要找自己。可是食堂里人来人往，他也就不好多问。点点头，便离开了。可他分明觉得，那双眼睛还在背后祈求地看着自己。

上了班，事情一忙，他就把这事给忘了。临下班，忽然又想了起来，让人去打听了一下，这才知道陆某确实遇到了难处：她的丈夫刚刚过世，因为看病，欠下了好几万元的债；而她的女儿正在读初三，马上要面临中考。

要还债，又要照顾女儿，陆某的压力可想而知。她想必是想找自己帮忙，但最后还是没能开口吧？贺财霖想。要是不能早些解决，恐怕会影响到她孩子的前途。

他越想越揪心，马上找来工会主席，让他再去多了解一下情况，还强调："员工有什么困难，一定要及时地去了解。能解决的，就解决；解决不了的，也要去帮衬一把。毕竟人在这里工作，不能发了工资，就当两清了，你说是不是？我们也得有人情味啊。"

"是，她的情况我也是才知道。"工会主席忙不迭地答应着。

"有些员工不好意思开口也是正常的，所以得靠你们多长个心眼，多了解、多关心。"

看着董事长眉头紧锁的模样，工会主席连连点头称是。

“这样，你组织一次捐款，让大家参与进来。谁都有可能遇到困难，至少让他们知道，我们雪龙不是那种只在乎赚钱的公司。”

“是，是！”

募捐活动展开后，贺财霖带头捐款，并对大家说：“对雪龙来说，每个员工都很重要，每户人家都很重要！”在他的感召下，员工们纷纷慷慨解囊，很快，募捐箱就满了起来。一张张人民币，凝结的是雪龙的温度，对员工的关怀。

贺财霖让工会主席把这些捐的钱计算清楚，然后又递给他一个大红包。

“这一份，是我捐助的，是我的一点心意。你转告她，谁家都有碰到困难的时候，总能挺过去的。要是还有困难，一定要告诉我们。让她一定要放宽心。”

工会主席带着雪龙的心意，把红包交到了陆某手中。

有了雪龙作为依靠，有了这个大家庭的温暖呵护，陆某终于度过了人生中那段最黑暗的岁月，生活得以步入正轨，孩子的学业也得以继续。

作为董事长，贺财霖对员工的爱护，并不仅仅限于他们在职时；哪怕离开了这里，只要有需要，只要他知道，随时都会伸出援手。

2003年的某天下午，杨女士正在家休养，忽然响起了敲门声。她觉得奇怪，卧病已有多日，早已深居简出，谁会在这时候来呢？

打开门，竟然是雪龙集团工会主席，不由得吃了一惊。

几个月前，她突感身体不适，去医院检查后发现有些严重，不得不住了院。当时贺财霖带着工会主席一起去医院看望过她。

当时她想着，只是企业的一个惯例流程而已，看过了，就算是完成了一个任务，也没有多想。可现在，她已经因为无法胜任工作辞职了好几个月了，亲友们看过一两次，也就不来了，没想到从前工作的雪龙却还记得她。

“你怎么找来这里了？”

工会主席一边往里走，一边说：“贺董事长让我来看看你。他事情多，实在是没时间。”

“董事长那么忙，怎么还把我的事放心上？再说，之前都特意去了趟医院了。”杨女士还是觉得意外。

“董事长记着你的事呢，还特意让我转告你，别想太多，好好调养。要是觉得身体硬朗了，雪龙随时欢迎你回去。”

杨女士沉默了半晌，才抬头道：“你帮我谢谢董事长。跟他说，能在雪龙工作过，实在是我的幸运。”

临走，工会主席放下一个红包：“这也是董事长的心意，他还说，如果生活上有什么困难，也随时可以找我们。工会本来就是为员工服务的嘛。”

杨女士点点头，使劲不让眼眶里的泪水掉下来。她实在是不知道说什么了。

而雪龙对她的关怀并没有到此为止。数年后，杨女士已经离开了雪龙。后来因为身体不适，又入住了医院动手术。因为连年被疾病所累，她已经身心俱疲。一趟趟地跑医院，看不见希望；而这无形中又增添了家庭的负累，更让她倍感压力；再加上与外界接触的减少，她觉得自己的存在感越来越低了……

可当她从手术室出来时，家人告诉她，董事长刚刚派人来过，还专门从“雪龙慈善基金”中拨了一万元钱给她。

原来自己并没有被忘记。这一万元钱不仅在经济上缓解了她的家庭困境，还抚慰了她黯淡的心情：尽管她离开了雪龙，但是雪龙没有忘记她。

是的，贺财霖董事长当年说的“随时可以找我们”，并不是一句虚言。哪怕她没有去找，可是显然，他一直记挂着自己曾经的员工。哪怕自己离开了，但是雪龙却没有离自己而去。这样的情谊，几人能有幸遇见呢？

温暖一点一点汇入了杨女士的心田，失去的力量似乎回来了。这个世界总有美好之处值得留恋吧，自己又有什么理由不好好振作起来呢？

如此这般对员工的关爱，在雪龙其实已经制度化了。贺财霖在企业内部建立了一个“六必访”制度，即遇到员工生病、结婚、生育、家属亡故等事宜，必须有高层代表出面，传达公司的心意，让员工们真切地感受到自己与公司之间的连接。

贺财霖知道，一个人，不仅仅只是一个人。他的背后，还有一个家庭。他若是倒了，一个家，也许就散了。就像树枝一样，那上面还连接着一片片的叶子。如果树枝受了伤，叶子就离枯萎凋零不远了；而保护了树枝，也就保护了那些叶子们。当树枝蓬勃生长，当树叶重新焕发生机，那么整片树林才是拥有最强生命力的。

他希望雪龙是这样的森林，他也愿意尽自己最大的可能去做好守园人，让这里的枝枝叶叶沐浴阳光雨露，生生不息。

“老吾老，以及人之老；幼吾幼，以及人之幼。”在贺财霖心中，所有的员工，都是这里不可或缺的一分子。而他，也愿意尽己所能，将他们当作自己的朋友，甚至是家人。特别是当意外来临时，贺财霖总是愿意伸出援助之手，让他们在遭受生活的冲击时，能够得到一丝缓冲，一点温暖。

大爱无疆

贺财霖的爱心，并没有局限于雪龙集团内部，而是只要有需要，便无远弗届——无论是何领域，无论是熟人还是陌路者。

多年前一个秋日的午后，贺财霖收到了一封来信，字迹青涩而质朴。

写信的是一个男孩。他在信中说，刚刚收到了大学的入学通知书，被自己心仪的专业录取了，于是想和贺伯伯一起分享这份喜悦。因为他读中学时，如果没有得到贺伯伯的资助，不知道自己是否还能走出低谷，继续学业。而现在，他如愿以偿地上了大学，看到了人生的希望，并期待自己工作后，也能以相似的方式来回报社会。

落款的名字看了半天，贺财霖怎么都想不起来。旁边的人提醒道，是不是住阿育王寺那边的那家？

阿育王寺？贺财霖似乎有了些印象。但是具体的细节，还是模糊一片。阿育王寺位于太白山麓华顶峰下，离北仑不算远。这是中国现存唯一以印度阿育王命名的千年古寺，长年香火不断。而在那附近，有不少的村落。那个男孩似乎就是从那里出来的。

贺财霖看着信件的内容，碎片化的记忆慢慢拼凑在了一起，终于还原了这段故事的大概。几年前，他偶然在与旁人的闲谈中得知了这个男孩的艰难处境。男孩是在单亲家庭中长大的。他的妈妈从其他地方搬到阿育王寺附近，没有亲友可以帮衬，自己收入又微薄，又要养两个孩子，实在吃力。当男孩高中即将毕业之际，又面临着一个极为现实的问题：是继续读下去，还是辍学去打工？

从旁人的叹息声中，贺财霖心中柔软的那一角被触动了。不知怎的，他在这个孩子身上看到了自己当年的影子——那个在学业与家庭重担之间徘徊的少年。

既然孩子成绩跟得上，要是因为钱的问题读不了，就太可惜了。贺财霖心生恻隐之心。发生在自己身上的那些遗憾，不要再继续了，他想。

于是，他便托人转交了几万元钱，并转达了对男孩的鼓励。几年过去了，这件事也早已被他淡忘，因为类似的善举太多，他做了就放下了，从未想过要什么回报。

这封信的到来，却让他感受到了一种被回赠的愉悦，也更坚定了他做慈善的信念。他告诉这个素未谋面的孩子，生活中有残酷与艰难，更有那些善意与美好。

那时候，他经过即将干涸的种子，随手给它浇了水，然后离开了。而那种子也许会成长为参天大树，给后来路过这里的人遮风挡雨。这些人里也许没有他贺财霖，但又有什么关系呢？赠人玫瑰，手留余香。他已经闻到了那阵芳香。他知足了。功成不必在我，大概便是如此吧。

大概是因为也曾在校园里教书育人，贺财霖对于教育事业始终抱有诚挚而热烈的情怀，因而一旦这项事业有需要，他便不遗余力地投入全部的热情。

2017 年夏天，在家休息的贺财霖接到了一个电话。来电的是他的老朋友、浙江师范大学的校长郑孟状。

“郑校长，好久不见，怎么有空给我打电话呀？”他有些意外，因为郑孟状是个大忙人，在去了浙师大之后更是如此。

“再忙也不能不和老朋友联系啊，”郑校长笑道，“贺大哥，我不是前段日子才刚来金华吗，眼下呢刚刚安顿好。你要是有空，来我们学校看看，指导指导？”

贺财霖知道他在打趣自己，也大笑了起来：“只要你有空，把行程安排好了，我随时都可以动身。”

郑孟状是北仑人，原来在宁波大学任教，这年四月份刚刚担任浙江师范大学校长一职。不知是因为想念老朋友，还是想让老朋友分享他的喜悦，盛情邀请贺财霖前去。

贺财霖的日程表其实排得很满了，但是想到老朋友，又想到浙师大这所学校，就把原本要参加的一些活动推掉了。

这一年，他刚刚步入七十岁。人生七十古来稀，可对贺财霖来说，生活的另一幅画卷却似乎刚刚展开。现在，雪龙集团已经步入了正轨，他也开始放权，把经营管理上的很多事情交给了小女儿贺频艳。一方面是锻炼她，另一方面，自己也想去做其他的事情。

自创业以来，他一直把自己和企业的命运紧紧地捆绑在一起。可以说，雪龙，就是他生命历程的外化，是他一生奋斗的结晶。他有时候回想过往，记忆中的自己一直在不断地翻山越岭、冲锋陷阵。只能向前走，一定要向前走。有个声音一直在告诉他。不如此，便会被风雨所吞没。而现在，他已经走过了风雨，可以放慢脚步了，可以留一些时间给自己了。当那些繁杂的事务沉淀下来，他听到了来自内心深处的另一个声音。去企业之外看看吧。

郑校长的电话来得正是时候。

从北仑到金华，道路蜿蜒绵长。夏日草木郁郁，一路繁花似锦。贺财霖看着窗外一道道闪过的风景，往事历历涌上心头。

他想起冬季雨天里，因为心疼鞋子，踩着龙骨砖上学的小男孩；想起老师来家访，再三劝他不要退学，强忍着眼泪的小男孩……也想起了第一次上讲台时，捏着粉笔的手忍不住发抖的自己；想起了带着师生们一起开垦的荒地，收获红薯的自己……

那些稚嫩的、青涩的岁月，同时也是散发着汗水与激情的岁月，怎么就成了过去了呢？一时之间，他有些恍惚。从三尺讲台，到辗转创业，人生的起落转折，似乎也不过在一瞬之间。

难得闲下来的时候，他也会设想，若是当年他继续学业，现在会是在哪个研究所里，还是站在学校的讲台上呢？如果他当年没有离开学校，又会有多少的学生游走在这个世界的角角落落呢？

可人生没有如果。当他把思绪收回来的时候，清楚地意识到，自己大概还是会选择创业的。因为他的血液里，有着一种天生的、渴求突破的冲动。校园里的生活太过安稳，而他，却注定要走另一条路。

尽管如此，每当创业路上被风霜雨雪阻隔时，他还是会在时间不算长的学习生涯和教师生涯的历程里找到一丝安慰。那段纯粹而赤诚的岁月，藏着他的精神源泉，足以抚慰他的灵魂。

也正是因为这股特殊的情怀，当接到老朋友郑校长的访校邀请时，他爽快地答应了。

大概三个小时后，车子终于缓缓停下了。贺财霖原本有些困倦，车门一打开，阳光照在脸上，立时就清醒了。

“辛苦你了，这么大老远赶过来。”迎上来的人正是郑校长。

贺财霖嘿嘿一笑，握住了他的手：“你叫我来，我敢不来吗？”

两人说笑着向前走去。因为已过中午，就先去餐厅吃了饭。

“你在这里，还习惯吧？”贺财霖关切地问道，“和宁波差别大不大？”

“挺好，”郑校长答道，“金华的地理位置虽然没有宁波那么便利，但是呢，学风却很正、很浓。这里的一些老师，我原本也熟悉。就是管理上的事，还需要慢慢来。不过既然都是教育这块的，问题应该不大。”

“当了校长，格局不一样了啊。”

“哪里，所以来向你讨教来了么，这管理学校和管理企业，肯定有相通之处。”

两个人聊着天，贺财霖不知不觉和他谈起了自己当老师时的那段岁月。这些故事，郑孟状校长已听过多次，但每次听后，都会生出新的感慨。

“是啊，那时候那么艰苦的岁月，你们却还是那么乐观，现在想想，真是不可思议。”

“其实也是因为社会比较简单，诱惑少，人也就容易满足。”

“对，如果我们的学生走向社会后，还能记得学校里的学习所得，我们也算没有白忙乎。”

用餐后，等阳光不再那么烈了，郑校长就带他参观起了校园。

校园里最醒目的，是几幢苏式风格的建筑物，它们沉淀着岁月的痕迹，诉说着这个校园的悠久历史。位于教学楼前广场中心位置的孔子像，时刻提醒着为人师表的准则，也彰显着这所学校校训的精神：砺学砺行，维实维新。还有几个绿荫边的湖泊，让勃勃生机的草坪多了一份安宁，也让这个夏天添了清凉。

郑校长一一介绍着这些地标性的建筑，笑道：“其实这些，我也才知道不久。我这个导游还不错吧？”

贺财霖也笑了:“这儿的环境真不错，适合你。”

因为正值暑假，学生还不多，但走到哪里，似乎都被一种淡淡的书香气包裹着。贺财霖很喜欢这种既陌生又熟悉的感觉。

虽然喜欢，但是毕竟雪龙那边还有不少事等着他决策，所以在浙师大住了一晚，贺财霖第二天就踏上了回程。

出发前，他特意对送行的郑校长说：“这里是个好地方，有机会，我一定会再来的。”

贺财霖没有食言。事实上，仅仅几个月之后，他又来到了这所校园。回到宁波后，浙师大的一草一木，时常浮现在他的脑海里，撩动着他，促使着他去做些什么。作为一个企业家，他想着最直接、最有效的方式，就是捐赠。把钱捐赠给他曾经努力过的事业，捐赠给继续行走在那条道路上的老师，以及未来的老师们。他是个执行力很强的人，很快就打电话给了郑校长，说明了自己的心意。

郑校长没想到贺财霖只来了一次，就下了这样的决心。但也并不感到十分意外，因为这些年，贺财霖一直秉持乐善好施的精神，做着慈善事业。加上他本身又与教育事业有渊源，捐赠给浙师大也在情理之中。

“贺大哥，你有这份心，把钱投入教育，说实话，我是真的感激。不过会不会太急了？”

“你不用多想，”贺财霖诚挚地说，“教育这个事，得靠你们去做。人才，得靠你们去培养。我别的做不了，只是有一些钱而已。等于是你们帮我去做教育上我想做的事。要是觉得可以，我们马上就办。”

“对我们来说，当然是件好事。”郑校长没再推辞，说，“这样，我们先起草个方案，然后再对接一下？”

“好。”

双方一拍即合，一锤定音。

2017年10月31日，浙师大校园里，秋光满地，人潮涌动。这里正在举行一场郑重的捐赠仪式：贺财霖捐赠了五百万元给浙师大作为教育基金。而为了表示感谢，浙师大将美术学院大楼命名为“贺财霖楼”，并将“贺财霖楼”的模型赠予了他。

为此，浙师大还邀请名家写了一篇赋，来讲述贺财霖与教育之间的渊源，并向他致敬：

浙水汤汤，亘古不息；浙学绵绵，源远流长。昔有名儒，经世垂范；今有浙贤，亦儒亦商。宁波贺财霖先生，字圣镇，今之儒而商者也。幼以家贫失学，耕作田间，不废诗书。囊萤苦诵，知名乡里。茂年教授甬上，以隽异执掌一校。陶育英才，乐之不已，方将终老其间。适逢改革之岁，先生豪杰人也，弃文从商，敢为人先。赤手起家，备历艰辛，知非之岁，脱颖而出。创立雪龙集团，卓有声闻，俨然浙商翘楚。先生自起于田间，以迄成才立业，皆非曰无因。盖东浙尚儒贤，重用实，千载以来，霑溉无穷，先生亦其一也。

先生既成高名，每念杏坛不置，追维往昔，思造福桑梓，光大两浙。我师大崛起东南，全国百强，占得一席。先生见之而喜，慷慨捐资五百万元，襄助腾起。其慕义兴教，重立国之本，不愧东浙先贤，而足为当世楷模。感其高义，因命美术学院楼曰贺财霖楼，并勒碑铭记。莘莘学子，当扬奋自励，以为济世英才，不愧先生义举云。

这典雅而大气的文字，久久地回荡在贺财霖的心田里。让他看到了汉语之美，也看到了自己的职责与祖国未来的希望。

事实上，贺财霖在教学事业上的投入远不止于此。2020 年，贺财霖设立了霞浦学校“贺财霖奖育奖学金”，此后又在九峰小学捐赠设立“贺财霖奖学金”、在泰河中学捐赠设立“贺财霖助困奖育奖学金”。贺财霖曾经既是一个学生，又是一个老师，他既懂得学生对于求学的渴望，也了解教学生涯的清苦，因此，这些奖学金的奖励对象既包括学生，又包括老师。这些奖学金设立以来，共奖励资助学生两千多人，奖励优秀教师三百多人次。

在教育事业之外，贺财霖对文学事业也很关注。2022 年 9 月，第一届与第二届“贺财霖 · 科幻文学奖”颁奖典礼在宁波隆重召开。贺财霖坐在台下，静静地看着星光下获奖者们那一张张青春飞扬的脸庞。

当《文学港》杂志主编荣荣第一次和他聊起这个奖项时，贺财霖就产生了极大的兴趣。这个奖项的前身是“华语科幻文学奖”，已举办过几届，也有了一定的影响力。但是如果有大额的资金投入，那么赛事规模将进一步提升，宁波也将成为科幻文学的重镇。

对宁波的情怀、对年轻人的扶持、对文学事业的关注……这些思绪在他的脑中交错徘徊，最终促使下决定以个人名义出资设立“贺财霖 · 科幻文学奖”，每年三十万元共五年一百五十万元资助。有了他的支持，这个奖项的品质也提到了新的高度。

在筹备阶段，主办方曾希望贺财霖能够上台致辞，但他拒绝了。“这个舞台是属于那些年轻的写作者的。”他对文学其实并不太熟悉，也未必多热爱。但他愿意帮助那些在这个事业上奔跑的人。自己作为守护人，或者说摆渡人，就够了。那些优秀的作品，那流动的文脉，就是他的初衷所在。

作为从礁碶走出的成功企业家，贺财霖最关心的自然是自己的家乡。对这片故土，他始终抱有深厚的情感。

每到春节的时候，礁碶村的新址就会比往日热闹许多。一是在外工作的人集中回到了故土，人多了，想不热闹都难；二是因为戏班子来了，连着三天，农村礼堂里都锣鼓喧天，唱着大戏。平日里不太出门的老头老太太，哪怕腿脚不利索了，也让儿子孙子先去占个好位子。

戏班子是贺财霖掏腰包请来的。他知道，村里娱乐生活少，而村里的老年人对越剧情有独钟，所以他就特意花高价从外地请来“小百花”等有名的越剧团，作为一份节日贺礼——过年期间，要请到这些剧团，也不是容易的事。

有时候他回到村居，迎面而来的老人家就会问他：“财霖，今年请谁来唱啊？”

“那你想听谁的戏啊？”

与故土的情谊，就在这一来一往的对话中绵绵地延续着。

不仅如此，贺财霖每年还会给礁碶村老年协会捐赠十万元的活动经费，用于协会的装修、购置生活用品、定期体检，以及组织娱乐活动等。这对一个村来说，是一笔极为丰厚的资金了。

或许，是因为父母去世得太早，没能看到他成功的这一天，让贺财霖常常觉得遗憾。所以他把这份孝心也一并投射在了对故土，尤其是故土上的老年人身上。他们的安康，他们的欢乐，都让他觉得宽慰。似乎自己的父母，也能分享其中的喜悦。

当然，不只是对于家乡，当得知其他地方有需要时，贺财霖也会慷慨解囊。贵州毕节、青海天峻县……中西部地区的同胞们不少还挣扎在贫困线上，而他同样以捐赠的方式表达了心意。

2021年，一部名为《山海情》的脱贫致富电视剧看得无数人热泪盈眶。贺财霖也是其中之一。

这一年，中国共产党成立一百周年。“共同富裕”这个名词一再被提起。贺财霖的心被深深地触动了。是的，自己的财富也是来自社会，所以也要回馈给社会，才能实现它的价值。这才是一个社会应该有的良性的发展，这才是一个企业家最好的实现自我社会价值的方式。

而这些年来，他何尝不是这么在做的呢？为了更好地回馈社会，他还设立了“雪龙慈善基金会”。这个基金会自成立以来，持续性地开展助学、助老、助困、扶贫工作。近年来，累计捐款已经高达四千余万元。

2016年2月22日，正是元宵佳节。

“东风夜放花千树，更吹落，星如雨。宝马雕车香满路，凤箫声动。壶光转，一夜鱼龙舞。”

这日晚上，宁波北仑体艺中心灯光璀璨，群星荟萃。舞台上，中央电视台著名主持人李思思、杨帆介绍着一个个出场嘉宾。继而，一曲曲动人的歌声响起。蒋大为、石头等歌手相继登场，献上一曲曲动人的歌曲。

舞台下，座无虚席，观众中有领导，有企业家，但更多的，是来自礁碶村的村民们——贺财霖的老乡。

这台晚会原是为贺财霖的生日而准备的庆典。民间习惯按照虚岁来计算一个人的年龄。按照虚岁，这正是贺财霖七十岁的生日。他却执意地把它改为雪龙感恩社会庆祝元宵大型公益演唱会。

六十九年前的元宵节，一个娃娃在贫苦的家庭中呱呱坠地。

六十九年后的元宵节，这个娃娃已经长成了一个有担当的企业家。

那一个元宵节，寒风凛冽，山河冰裂。

而现在的这个元宵节，灯火辉煌，盛世如莲次第开。一个甲子，地覆天翻。国家的命运，个人的命运，已然大不相同。看着舞台上星光交错、舞台下欢声笑语，贺财霖仿佛坠入了梦中。

但庆贺方式并不止于此。

“请贺财霖先生上台。”

伴着主持人盈盈笑语，他走上了舞台，将多达四百五十万元的善款交到了慈善总会手中。这也是这场演唱会的高潮所在。

“感谢贺财霖先生！”

继而，雷鸣般的掌声响起。

贺财霖相信，这笔善款，他的善意，一定会传达到那些需要它的人身上。其实除了这笔捐款，贺财霖还细心地为村里所有六十岁以上的老人赠送了毛毯等礼物，希望他们能够安然度过每一个寒冷的冬夜。

这就是贺财霖的初心。当度过了最艰难的初创业期后，贺财霖一直在尽己所能地散发着所积累的财富的光和热。从身边的员工，到家乡，到遥远的中西部……一点一点，汇入了时代的命题之中。

也许，是因为自己经受过风雨，所以贺财霖希望当那风雨落到别人身上时，他能够递上一把伞。风雨无情，无人可以阻挡它们的到来。但是那一点温暖，却是人世间最为珍贵的礼物。

这是他最质朴的愿望。

财霖，财霖。这是一个寄托了父辈美好愿望的名字。从前，他在这个名字上想的是，是希望财富能够如雨水一般落在自己手上，让自己吃饱穿暖，让家人过上好日子，不必再像小时候那样，为吃饭发愁，为上学发愁，为家具发愁……

但现在，他的想法变了。他希望自己所拥有的财富可以如雨水一般去滋润那些干旱的土地，让那里也能展现出蓬勃的生机。

唯有那样的世界，才是真正的理想所在。

薪火传承

2006 年正月初一一大早，贺财霖的家中就热闹了起来。

“爸，妈，我们拜年来了啦。”两个女儿带着自己的丈夫和孩子，拎着大包小包的礼物进了门。

贺财霖看到孙辈们，格外高兴，摸摸这个的头，拍拍那个的肩。因为两个女儿小的时候，自己很少有陪伴的时间，所以对这几个孙辈就格外上心。

“这家伙都长这么高了啊！”

“明年该上几年级了？会背哪些古诗了？”

“作业多不多？过年想去哪里玩？”

孩子们乖巧地一一回答着，然后就四散着跑开，有的在院子里玩耍，有的拿起遥控器，坐在了电视机前。

大女儿贺群艳进了厨房，帮着母亲打起了下手。

贺财霖和两个女婿寒暄了几句，就示意小女儿贺频艳跟自己上楼。

父亲是有什么要紧事，不方便在楼下说吗？贺频艳觉得奇怪。莫非，又是那件事？父亲不会还想着让我去做吧……她有点紧张了起来。不过只是顺从地跟在身后，没有多问。

进了书房，只有父女两个人。太安静了，贺频艳在父亲的气场下有些局促不安。

果然，又是那件事。

“阿频，你看过了今年，我就六十岁了，有些事得尽快定下来了。雪龙一天没找到接手的人，我就一天都没法安定。”

贺频艳忙坐直了身子，说：“爸，你说什么呢！才六十岁而已，你身体这么好，再干二十年都不是问题。现在又不是以前，六十岁也不算年纪大啊。”

贺财霖摆摆手打断了她的话：“就算现在可以，但是再这么干下去，再好的身子骨也扛不住啊。而且，不管是十年还是二十年，厂子迟早得有人继承的。难道你就忍心看着我多年的心血付诸东流？雪龙能有今天不容易啊。”

其实此次谈话，并不是贺财霖心血来潮。他很早就考虑起了公司接班的事，也不止一次地和两个女儿谈起过。

那段时间，他一直忧心忡忡，担心接班的人选有差错，自己多年的苦心经营毁于一旦。

这种事在企业界并不罕见。

比如海翔药业。创始人罗邦鹏生于1945年，是贺财霖同时代的人。他在2006年，就成功地将企业做到了上市。上市三年后，儿子罗煜竑正式接任公司董事长一职。而后便是接连的决策失误，最后不得不接连抛售股份，退出公司。

罗邦鹏奋斗了四十年的企业，却在短短几年之间换了主人，一生的心血付之东流。

想起这件事，贺财霖心中五味杂陈。

商界，是没有硝烟的战场，看似风和日丽，实则暗潮汹涌。一定要居安思危啊。

雪龙会走往何处？关于接班人，贺财霖也想过很多方案。

最初，他其实并不想把企业交给女儿。原因很简单，这是一项艰苦卓绝的工作，作为企业的负责人，你的生活、命运，就与它绑定在了一起。其中的滋味，恐怕只有经历过的人才能感同身受。所以，不如让女儿去找份安稳的工作，朝九晚五，踏踏实实地过自己的日子。

他在考察了很多企业的接任模式后，觉得请职业经理人来管理，也许是个不错的选择。两个女儿的人生，未必要和雪龙捆绑在一起。所以贺群艳和贺频艳毕业后，一个在霞浦镇人民政府从事档案管理工作，另一个入职了北仑开发区劳动局社保中心。在此期间，她们成家、生儿育女，日子波澜不惊。

但职业经理人来到雪龙后，相处了一段时间，贺财霖总觉得哪里不对。

他们确实很专业，在企业管理上有一套自己的方式。但问题在于，雪龙对贺财霖来说，不单单是一个企业。他在其中投入了他的心血、他的情感，可以说他们的命运是交织在一起的。但是对于空降的职业经理人而言，这个只是他们接手的又一单业务而已。他们要保证的是这家企业在他们管理时的经济效益，而至于雪龙的历史、文化，与它相关的人员的情感，他们并不感兴趣，自然也不会投入太多精力去了解。可这对于贺财霖来说，却是不可或缺的一环。

另一个问题是，他们或许可以维系雪龙的生存，但不会有魄力去开拓新的局面。而这，不是贺财霖想要的。

于是，又回到了最初的问题——由谁来接任。他不得不把目光看向了自己的两个女儿。

两个女儿性格不太一样。大女儿贺群艳继承了母亲的柔顺，为人细致耐心，而又负责。这是一个很好的辅佐人才。贺财霖想把雪龙的财务这块交给她。相比之下，小女儿贺频艳性格爽直而有魄力，更重要的是，贺财霖在她身上看到了自己年轻时的锋芒。这也是一个企业的领头人所需要的气质。

权衡之下，贺财霖向贺频艳提及了自己的打算，但是几次都被搪塞了过去。在贺频艳看来，接手雪龙并不是一个好选择。她更愿意维持现在安稳的生活状况。

当时她在北仑开发区劳保局社保中心工作，工作稳定，作息规律，受人尊重，福利待遇都不错。还有很重要的一点，就是心中踏实，能照顾到家里。而企业的管理，却是充满不确定的。

旁人们都只当贺频艳是个生活优渥、无忧无虑的富二代。但事实上，在她成长的大部分岁月中，父亲贺财霖正在事业的起步与发展阶段，家境并不算太好。而且贺财霖一心扑在创业之事上，很少能够照顾到家里；而当他创业成功后，贺频艳其实已经长大成人了。所以，在她的人生历程中，更为刻骨铭心的，是父亲在创业上的艰辛，以及他的忍耐与拼搏。其中的艰苦辛酸，是外人很难看到的。正因为太过熟悉，所以贺频艳明白，一旦自己接手了雪龙，那么这样的安稳与闲适将成为过去，毕竟从小到大，父亲所有的操劳与压力她都耳濡目染。这么大的工作强度自己能适应吗？这么艰辛的付出，值得吗？而且即使自己勉强承担了下来，别人也会觉得自己在吃老本吧？

况且自己在社保中心年年被评为先进，前途不可限量。好不容易凭自己的努力在事业上获得了一些成就，难道这一切要为了雪龙放弃吗？她不愿意。

对此，贺财霖也理解、默许、支持着。但数年过去，情况有所不同了。

一方面是贺财霖六十岁了，这对他来说，是个节点。他必须要作出选择，为自己，为频艳，也为雪龙。另一方面，贺频艳的孩子已经入学，这意味着她家庭中的压力可以相对小一点。

但贺财霖依然没有十足的把握可以说服小女儿，所以才有了这次郑重的谈话。

楼下充满着欢快的热闹的节日氛围，而楼上只有父女二人，安静而严肃。

贺频艳低着头，搓了搓手。这个房间的空调刚刚打开，还是有些冷。

“爸，我觉得现在这样也挺好的。要不，这事以后再说？现在大过年的，把工作的事先放一放吧。”

见她还是想回避，贺财霖有些疲惫地问道：“你是不是觉得这是我办的企业，和你没多大关系？”

“爸，这个事情我还是没准备好。大概是安逸的日子过惯了，一时半会儿接手这么大的企业，我也实在没信心。”

“难道你就想一直这么安逸下去吗？没准备好没关系，可以先进来，慢慢锻炼。雪龙是我的心血，是我把它创办起来的。但是守不守得住，以后能发展得怎么样，就要看后面的人了。”

贺频艳不知道说什么好，双方陷入了微妙的静默。

这数年间，她身上也发生了一些微妙的变化。社保中心的工作固然稳定，但是就这么过一辈子，自己难道真的甘心吗？她身体中来自父亲的那一份冒险与拼搏的血液此刻沸腾了起来。或许，自己并没有那么期许安稳；或许，自己也想要去这个充满挑战性的世界中去拼搏一番。

她似乎下了很大的决心：“爸，我答应你，先看看能不能适应企业的工作。但你要给我一些时间去处理现在单位的事，办理辞职手续什么的，也得和领导打个招呼。”

“真的吗？行，行。”贺财霖似乎还有点不敢相信。他满口答应，激动地说，“只要你想好了，什么时候来公司都行。”

他心中一块石头落了地。

贺频艳身上有一股与他类似的气质，那就是不轻易做决断，不轻易答应，但一旦说出了口，那必定会不遗余力地去践行。

贺频艳清楚，既然决定回来接父亲的班，就不能当个绣花枕头。只凭借“董事长女儿”的身份，是撑不起一个企业的，也无法获得员工的信赖。她必须把自己和雪龙真正地融合在一起，实实在在地做出成绩来，才能得到认可。关于这一点，贺财霖与贺频艳达成了共识。

为此，贺财霖为女儿定下了“三三制”，即“带三年，帮三年，看三年”。这个模式来源于方太集团董事长茅理翔为培养接班人而制订的规划，贺财霖认为很实在，就用在了培养贺频艳身上。

而正如贺频艳所预料的，企业的管理是一项庞杂而艰辛的工作。尤其是雪龙这样已经成熟的集团，各部门分工明确，人事复杂，必须从零开始，快速地进入新的角色。

一进雪龙，贺频艳最先来到的是基层车间，熟悉车间操作流程后调到技术部，然后是采购部、经营部……她像触摸一面墙一样，把每一块砖的纹理得牢记在心中，才能有自信说自己了解了雪龙。

她的到来，也为雪龙注入了一股新鲜的力量。以新人的眼光入职，能够发现不少值得改进的地方。

这天她来到贺财霖办公室，说起了在技术部遇到的一个问题：“爸，现在我们的办公文件总是找不到，流来流去，到底在谁手上也不清楚，有些乱。”

因为当时雪龙研发新产品，是由技术部把图纸发到各部门的，但是签发和归档的路线不明确，所以造成了管理的混乱。这些细致的工作，不潜身投入工作，是不会注意到的。而贺财霖作为董事长，更不可能事无巨细地过问。

见女儿能找出问题，贺财霖很高兴："对，那这块就交给你了，看看怎么样做得规范化。"

得了父亲的支持，贺频艳很快就拟了一个制度，明晰了文件签发流程，电子化归档和书面档案回档双线并行。有章可循，责任落实，运作得以规范化，同时也提高了工作的效率。

贺频艳的一言一行，员工们都看在眼里。渐渐地，他们认识到，原本以为的骄纵的大小姐，其实和她父亲一样，每一步都走得踏实而坚定。这是个干实事的人。

而这，也正是贺财霖所期待的。他欣慰于自己的眼光不错。

2007 年的时候，张佩莉找到贺财霖，主动提出了请辞总经理一职。

她说："公司现在的情况，频艳都熟悉了。年轻人有魄力，也有干劲，应该让她来当。"

可贺财霖想了想，并没有答应。

他对贺频艳坦诚地说了想法："张总提出，现在就让你来担任总经理的职务，可是我想，你现在还年轻，资历尚浅，还需要磨练。你觉得呢？"

"爸，你说得对。"贺频艳毫不迟疑地说，"我现在才过来一年，还有很多地方都不熟，需要你、张总，还有一些老员工的指点。既然想好了我是要来雪龙做事的，就不会在意这些。"

"这才是我的好女儿。"父女同心，让贺财霖很是高兴，"其实我也盼着那一天早点到来，到时，我就可以享清福了。"

他并不是一个抓着权力不放的人。相反，他比谁都热切地盼望着自己培养的接班人可以早日接过重任。

这番谈话三年后，即2010年7月12日，贺频艳正式就任总经理一职。

经过了数年的磨砺，此时的贺频艳，已经蜕变成了一个沉稳干练的女企业家。

贺财霖看着女儿的成长，心里百感交集，既欣慰又心疼。他知道，这意味着很多担子，日后就交给女儿了。这条路，并不好走。

但这一天终归是要到来的，他能做的，就是放手让她去干、去闯，自己则默默地守护在一旁，在需要的时候再挺身而出，指点一二。

龙腾九霄

2020 年 3 月 10 日清晨，在雪龙集团大院内股票上市大屏幕前，红色的布景吸引了所有人的眼球：红色的台子、红色的背景板、红色的座椅……每个人身上，还戴着一条红色的围巾，一片喜气洋洋。

这天，董事长贺财霖身着黑色的西装，配上大红色的围巾，显得格外挺拔、格外精神。

这里正在举行的，是雪龙集团股份有限公司的上市仪式。

“5、4、3、2、1……咣……热烈祝贺雪龙集团成功上市！”随着一声清脆的鸣锣声，雪龙的股票代码跃然出现在了屏幕上：代码 603949。时钟的指针正好指向九点半。随掌声与欢呼声并起，雪龙集团成功登陆了上交所主板！代表着股价的数字不断翻红，往高处走去。

这样网络直播上市的形式，在宁波市尚属首次。因为新冠疫情防控的关键时期，无法实地前往上海，但这样的形式并没有减弱仪式感，反而成就了其独特性。

其实在这场仪式前，先举行的是股票代码揭幕仪式。幕布前，一边是北仑区区长孙旭东、副区长潘群威，另一边是董事长贺财霖、总经理贺频艳。在欢笑声中，四个人共同揭下幕布，一行烫金的数字亮相于人前：603949。这正是雪龙集团的股票代码。

贺财霖喜欢这个数字，尤其是最后两个数字：49。1949 年，中华人民共和国成立，祖国进入了新纪元；而现在，伴随着这两个亲切的数字，雪龙迎来了新的时代。

为了这一天，他已经等待得太久了。

“雪龙发展到今天，需要一个更广阔的空间，一个家族企业要向现代化、公众化公司转型，就必须上市。”在集团内部会议上，贺财霖不止一次地这么强调。

雪龙已经积攒了足够的能量和荣誉，是时候去挑战更辽阔的天地了。

作为国内最大的商用车发动机冷却风扇生产基地，雪龙被认定为首批国家高新技术企业、首批中国名牌产品企业、中国驰名商标企业、国家制造业单项冠军示范企业、国家工信部专精特新“小巨人”企业……每一项荣誉，都是一块耀眼夺目的金字招牌。

但上市的准备过程，是复杂而艰辛的。贺财霖的思绪不由得飘回到了数月之前。

2019 年 11 月 21 日，北京市金融街。

这个全国金融中心，汇聚了数百家金融机构，以及无数的金融领域精英，管理着上百万亿元资金。那里，雪龙将接受证监会发行审核委员会关于上市问题的当面审核。

这里，就是我们的考场。贺财霖的内心激动又忐忑。成功了，雪龙就将一飞冲天。如果不成……不，一定会成功的。他在心里默默地给自己打着气。

这个时候的北京，早已寒风料峭，那天却是难得的阳光明媚。

贺财霖下榻的威斯汀酒店距离中国证监会所在的富凯大厦很近，步行不过五分钟。但他早早便起床了，洗漱后穿上特意准备的西装，把窗稍稍打开了一些。

室外冷冽的空气涌进来，让他的头脑清醒了不少。此前三天，他请人给自己做了关于这场考试的专门培训，像一个好学生，虚心认真地接受着课前辅导："考官"大概有几个，会问什么问题，着装如何为宜……

培训的专家们再三叮嘱："贺董事长，你把自己几十年来培育的雪龙完整地展现在'考官'的面前就行了。对于雪龙，没有人比你更熟悉，也没有人比你更适合去讲述关于它的一切。你一定可以的。"

是的，一定可以的。几十年来，他和雪龙是一体的。他们共享着一样的骨头、一样的血肉。他就是雪龙，雪龙就是他。贺财霖一遍遍反复地告诉自己。

走出威斯汀酒店的大堂，他精神抖擞，像个跃马扬鞭的将军，意气风发地向着战场前进着，去撷取属于他的成果与荣耀。

接下来的每一步，都清晰地刻印在了他的脑海中。

上午 10 点，富凯大厦十一楼，贺财霖遇见了宁波另一家企业的老总所带领的团队。

对方迎上来道："贺董事长，这次你亲自带队来了啊！"

"祝我们这次行程都能顺利！"

两位宁波企业家将手紧紧地握在一起，体会到了彼此的力量。他乡遇故知，英雄惜英雄。

而后，又有不少公司的代表陆续来了。一边不断有人来，另一边又有人按照号码被叫入证监会的聆讯会议室，接受发行审核委员会的审核问询。

贺财霖安静地坐着，似乎身边这些涌动的潮流与他无关。

不知道过了多久，终于听到了“雪龙”的名字。贺财霖下意识地看了看表，11 点 55 分。

他站起身，带着公司董事会秘书竺菲菲，以及两位保荐代表人，按照指示步入了那间庄严肃穆的会议室。

对面坐着一排神色肃穆的发审委员会委员，他们就雪龙的战略、运营、财务等状况一一提问，贺财霖等人则一一予以回应。

有些问题由其他人回答，他便只是安静地听着。轮到他回答时，贺财霖的语言清晰、简洁而有力。雪龙一路走来的脉络在他脑海中再一次变得无比清晰。

不知不觉，四十五分钟的答辩结束了。

工作人员示意上会答辩人员回避，发行审委员会委员们要进行内部讨论。

贺财霖等人走出聆讯会议室，来到了另一个房间等待。审核通过了吗？没有人敢说有十分的把握。他们只有等待，等待结果的时间是那样漫长。

房间里不能抽烟，贺财霖只好站了起来，站在窗台前看向外面。这个时候的北京，真是冷啊，外面灰蒙蒙的一片。只是屋子里有暖气，像是暖春一样，贺财霖就把外套脱了放在一边。

关于要不要上市，贺财霖心中其实也一直在挣扎。他当然希望上市成功，可万一失败了呢？雪龙能经受这样的打击吗？

虽然他下达了上市的部署，比如组建团队、找寻券商、进行严格的内部调研，但事实上，知道递交上市材料前，他的思绪也一直在被撕扯着。不知道这是不是正确的选择。

最后让他下定决心的，是与朋友的一番对话。

这日在与朋友的聚餐中，他又再次吐露了自己的焦虑 :“雪龙上不上市，其实对我来说有什么不一样呢？难道现在的钱还不够我花的吗？何必自讨苦吃。”

可朋友却提醒道 :“老贺，你忘了盛宏集团了吗？当年它是多么的风光，在市里的新能源这块业绩独占鳌头。原本的东海千湖集团只能算是它的一个小弟。可是千湖先上了市，拿到了大量的资本注入，你看现在两家的地位怎么样了？”

忠言逆耳利于行。听闻朋友这席话，贺财霖一惊，汗涔涔而下。不错，东海千湖因为占得了上市的先机，早已超越了盛宏。尽管后来盛宏也成功上市，但因为失去了先机，只能望其项背。

前车之鉴，怎能不察？现在，雪龙虽然在汽车发动机风扇领域这块独占高峰，但是不能不居安思危啊。市场的竞争永远都是残酷的，失之毫厘、谬以千里的事自己见得还少吗？如果雪龙不上市，其他的风扇制造企业难道就不会上市吗？一旦哪家率先上市成功，获得资本市场的青睐，那么雪龙的龙头老大地位就将岌岌可危。

不行，我不能让这样的事情发生。贺财霖下定了决心。雪龙决不能倒在上市这件事上，而是应该乘胜追击，进一步巩固自己的行业地位。

于是理所当然地，就有了这次北京之行。

贺财霖想，我已经在战场中了，拼搏了，尽力了。我对得起雪龙，对得起自己……

他的思绪正飘渺地飞着，突然被推门声打断了。工作人员来通知道 :“结果出来了，请各位去下会议室吧。”

贺财霖深吸一口气，穿上外套，理了理，低头看了看时间，12 点 50 分。

四个人回到了方才那个聆讯的会议室，恭敬地站着，焦急而又紧张地等待着评审结果。

“中国证监会第十八届发行审核委员会 2019 年第 182 次发审委会议审核雪龙集团股份有限公司首发上市的结果为通过！”

话音一落，董事会秘书和两位保荐代表人激动地鼓起掌来，可贺财霖似乎还没反应过来。他依旧像个雕塑一般立在那儿，脸上的表情也没有变化。

几十年的风雨征程，三年的艰辛备战，为的就是这一刻吗？真的可以如此顺利吗？他依旧不敢相信。

竺菲菲转身对他说：“董事长，成功了！我们成功了！”

“真的？这就，通过了？”他喃喃地重复着。

“真的！我们可以上市了！”竺菲菲用力地点点头。

“恭喜恭喜。”两位保荐会的代表也走到他身边道贺。

像是被梦簇拥着一般，贺财霖走出了会议室。此刻，走廊上响起了雷鸣般的掌声。

“爸，你辛苦了！我们赢了！”贺财霖的小女儿，也就是雪龙的总经理贺频艳走上前，紧紧地抱住了父亲。一旁的几个律师也是紧紧地握着拳头，口中喊着“Yes”！每个人的脸上都洋溢着胜利的喜悦。

感受到这个雪龙接班人的温度，贺财霖方才腾云驾雾的心才稍稍落了地，回到了现实中。喜悦、兴奋之情一时涌上心头。

“谢谢大家，谢谢大家！”贺财霖不断地向大家致意着，激动地说，“在这里，我和我的企业得到了评审委员会的认可，我把我的企业展现在整个中国资本市场的面前。”

为了记录这激动人心的时刻，贺财霖与广发证券团队、国浩律师团队、天健会计师团队、公司高管们在中国证监会大楼前留下了珍贵的合影。照片上，每个人都笑靥如花，眼睛中闪耀着光亮。这光亮，一直照耀到如今。

这张照片后来被放在雪龙会议室显眼的位置。每次看到它，贺财霖就会想起那次北上的征程，内心一再泛起涟漪。

“下面有请雪龙集团董事长贺财霖先生。”主持人的声音，将贺财霖的思绪拉了回来。

“请贺财霖先生代表雪龙集团向北仑区慈善总会捐赠两百万元设立‘北仑区仁爱基金’。这笔钱将专项用于在自然灾害、事故灾难、公共卫生事件、社会安全事件等重大社会突发公共事件中作出贡献和牺牲的群体。让我们向贺财霖先生，向雪龙集团表示感谢！”

伴随着主持人的话语，雷鸣般的掌声再次响起。

不能到场的员工们，也都在电脑前看着现实直播，分享着独属于雪龙的荣耀。

寒冷的冬天已经过去，冰雪解冻，春天来了。阳春三月，是无限的希望啊。上市，是一个征程目标的达成，却也是另一个征程的开启。

伴随着胜利的喜悦而来的，还有更大的责任与义务。作为雪龙的掌舵人，贺财霖清晰地明白这一点。

“雪龙的上市，是一件好事。这个好事，不只是我的，也不只是这个企业的，也应该让更多人得到实实在在的好处。”

他一再这么说。他是这么说的，更是这么做的。

贺财霖是个实干家。虽然他大部分时候都比较严厉，但是员工们之所以都敬佩他，信服他，正是因为不同于很多只会开空头支票的老板，他是把和自己一起打拼的员工真正放在心里，愿意和他们共享成果的。

比如这次上市，为了让员工们可以共享企业发展成果的初衷，他特意拿出部分股权用于公司内部的股权激励，很多老员工、技术骨干、科级以上干部加入了员工持股平台。此后，他们不只是打工人，某种意义上说，也是小股东。他们是在为自己工作，如此一来，更加激发了干劲。

而雪龙自上市后，股票的曲线蜿蜒着向上走去。不过一年多的时间，股价就翻了一倍。不少持股员工的身价倍增。

他们的幸福，也反过来促进了企业的凝聚力、提高了生产效率，如此形成了一个理想中的良性循环。

雪龙，上市了。海阔天空，更远的未来正在等待着它去遨游。

贺财霖抬头望去，天高云淡，苍穹无垠。

他的双脚依然稳稳地站在大地上，这里是他的根基，是他的来处。

是的，未来的璀璨，值得期待；但过往的岁月，也决不能忘记。

温馨家庭

2017 年 1 月，柬埔寨，沙滩上游人如织，不时传来欢快的嬉戏、欢笑声。

贺财霖舒适地躺在太阳伞下，眼前是碧蓝的大海，温暖而湿润的海风徐徐吹来，只觉得心旷神怡。

此刻，远在宁波的家乡，肯定是寒风刺骨，家里得开足空调，出门得裹上羽绒服了。而在这热带的国度，终年受太阳宠爱，穿个短袖就够了。冬天能来这里享受夏天，真是不错。这么多年，也就这么一次吧？以前怎么没想到呢？

当然，对贺财霖来说，更重要的是陪伴在身边的人。

现在，与他相濡以沫四十多年的妻子，两个已经成家立业的女儿，两个牢靠的女婿，几个可爱的外孙女，还有弟弟、弟妹……这些他生命中重要的亲人，此刻都沐浴在这阳光下。

看着眼前这美好的画面，贺财霖微微眯起了眼，随手点了一支“蓝色钓鱼台”。

“爸，你不过去玩一会儿吗？”小女儿贺频艳过来问道。

他挥了挥手：“你们玩吧，我待在这儿挺好。”

确实挺好。他其实并不喜欢逛旅游景点，更喜欢这么安静地待着。大概是因为他的力气都已经透支在了工作上，这么多年来，休息对他而言是一件奢侈的事，他都不习惯了。

但现在，他很庆幸听从了两个女儿的安排，来这异国他乡度假。因为他们的开心，他也由衷地感到了心满意足。这样就够了。

一个月前，也就是 2016 年 12 月的一天，一家人正坐在吃晚饭。小女儿贺频艳忽然提议道："爸，这个春节我们去外面过咋样？"

"外面有啥好去的，"当时的贺财霖头也不抬地说，"哪里都没有在家舒服。"

场面一度有点冷。但贺频艳并没有放弃，她换了个聊天对象，开玩笑地说："妈，你说说，爸这么多年有没有带你出去玩过？"

妻子郑佩凤是个柔顺的女人，她没有说话，只是含着笑，瞄了一眼自己的丈夫，然后轻轻地摇了摇头。

"你看，妈一天到晚都在家里，都没出去好好转转。你不为了自己，也想想妈，想想我们嘛。"贺频艳坚持道。

贺财霖这才注意到，女儿这是有备而来。

贺频艳继续说道："爸，你以前总说忙，我们也知道你事情多，抽不出时间。可现在公司上了正轨，有些事情交给别人去处理就行了。再说，春节总归要放假的，既然放假，干脆一家人出去玩一趟吧？也耽误不了什么。"

他知道女儿说得有理，可还是有些犹豫。这么多年，他已经习惯扑在公司上了，并没有度假的心思。就像一个转动太久的齿轮，不知道如何停下来了。

"出门多麻烦啊。"他摇摇头，但是已经有些犹豫了。他的人生中，每次出门几乎都是出差、是应酬，是为了业务星夜兼程。那些风霜雨雪的旅程留下的磨难印记太深刻了，"你们去吧"。

但是贺频艳不依不饶："爸，看你说的，你要是不去还有什么意思？我们就是想着和你一起去呀。春节，我们一家人就该一起过啊！"

饭桌上好多双眼睛都眼巴巴地望向她。

"再说，我们是出去玩，又不是工作。你要是觉得累了，随时可以休息，也不麻烦。大姐，你说是不是？"贺频艳看向大姐，示意她也赶紧说两句。

贺群艳忙配合着说："就是，难得出去一次。日程我们都安排好了，不会累的。爸，你要不再考虑考虑？"

"妈，你也想去看看吧？我今年给你买的春装，你还没怎穿过呢。"艳频又在鼓动自己的妈妈了，"以后几个囡囡上了大学，这样的机会可就越来越难得了哦"。

像做项目汇报一样，两姐妹还把行程安排打印出来，放在了他面前。他翻了翻，不仅有路线、入住的酒店，各地的特色推荐和注意事项都列举得很详细。

妻子也凑过来看了看，想说什么，又什么都没说，只是嘴角微微上扬。贺财霖知道，她在等着自己做决定。女儿这么积极踊跃，妻子又如此期待，原来对出游意兴阑珊的贺财霖，没有多说，就点了点头。他不愿意扫妻子和孩子的兴。

听到父亲松了口，贺频艳忙如数家珍地把安排好的计划和盘托出："去东南亚吧？飞机两三个小时就到了，也不累。再说那边冬天不冷，海边待着舒服。而且有海，也有海鲜，你们肯定不会水土不服。"

听到女儿考虑得如此周全，他心里有些感动。看来她们已经准备了许久了。

"这次我们把舅舅、舅妈，还有几个阿姨都带上，热热闹闹的一大家子去，你说好不好？”贺频艳越说越开心，他听着也开心了起来。

“外公，去吧，我们还没去那里玩过呢！”几个外孙女眼巴巴地望着他。

贺财霖有些恍惚，大外孙女已经快十七岁了，其他几个，也快长成人了。时间过得这么快么？一眨眼，两个女儿出嫁这么久了吗？

“那就去吧，都去。”贺财霖笑道。

他一笑，整个餐厅都闹腾了起来，像提前过年了一样。

“妈妈，我要买泳衣！还有防晒霜！”

“我也要、我也要！还有墨镜！”

“我现在去给舅舅他们打电话，告诉他们行程。”

“对，机票也差不多可以订了……对，名字再核对下，别遗漏了。”

“还有吃的，万一那边有吃不惯的，可以先带些过去……”

两个女儿忙着打电话联系亲戚，两个女婿则忙着订机票，几个外孙女商量着要带什么零食过去。

“真的这么值得开心吗？”贺财霖有些困惑。

妻子抿嘴一笑，调皮地摇了摇头：“你呀，除了工作你还知道啥。”

妻子这开心的模样，恍惚间让他想起了初见时那少女的娇俏。不由得自己也跟着笑了起来。

妻子是个温顺的女人，这么多年只在背后默默地支撑着这个家。事业顺利的时候，她高兴；不顺利的时候，她也不多说，只是像往日一样，把家里的事打理好。她用这种方式告诉丈夫：家这个港湾，不是会变的。结婚四十多年了，他一心扑在工作上，妻子也从不把挂念与担忧告诉他。这个老实本分的女人，用笨拙而温柔的方式坚定地守护着自己的丈夫，守护着自己的家庭，几乎从来没对自己提过什么要求。现在为什么不能让她高兴一下呢？

这些年，郑佩凤虽然也去过不少地方，欧洲、东南亚大大小小不少国家都逛了一圈，但基本上都是女儿陪同去的。很多次希望他能同去，却总是抽不开身。想到这些，贺财霖心底总是不免有些愧疚。

1998年，雪龙走上正轨没有多久，贺财霖就让妻子退休在家了。他想，这么多年妻子跟在自己身边风里来雨里去的，太过辛苦。现在，既然企业的运转稳定了，不如让她回去休息。

郑佩凤同意了。其实这一年她还不到五十岁，但她习惯了顺从，更何况，对一个农村出身的女人来说，能享老公的福是多么令人高兴的事。但贺财霖唯一没有想到的是，这之后夫妻俩见面的时间更少了。从前在厂子里，多少还能碰见；而郑佩凤退休后，极少能见到贺财霖——他不是在厂里等着新产品的研发，就是为了一单又一单的生意，天南海北地跑。回家，实在是件奢侈的事。

郑佩凤理解，所以从来没说过什么，只是默默地守护着这个家。大概在她心里，自己的孤独，在丈夫的辛苦面前无足轻重。

但现在，终于可以有共处的时间了，而且是走出这个房子，一起去外面度假。所以她很开心，尽管开心得依旧含蓄。

同样高兴的，还有贺财霖的老朋友。次日，有两个老朋友刚好来拜访他，得知他们全家准备去东南亚过春节时，又惊讶，又由衷地为他感到高兴。

“这么多年，你也该好好享享清福了。”

“什么清福，跟着两个孩子瞎折腾。”贺财霖心里分明乐开了花，嘴上却装出不在意的样子。

“你生了两个好女儿啊，想得这么周到，细心，也知道怎么孝顺父母。”

“这有什么，瞎折腾。”贺财霖心里乐得开了花，嘴上却装出不在意的样子，“只不过她们最近比较闲而已。”

“哎，哪能这么说，现在多少孩子都是来讨债的，不让你给他操心就不错了。”一个老友连连摇头。

“是啊，没想到群艳和频艳两个孩子这么快就长大了，跟做梦一样。可能是自己当了父母，就知道怎么对父母好了。”另一个老友感慨道。

是啊，孩子怎么这么长得这么快呢？贺财霖摸了摸自己的头发，确实有些发白了。

那长大之前呢？孩子们应该有埋怨过自己吧。这些年，在外建工厂、跑业务，固然辛苦；可是家中的妻子、孩子，他们难道不辛苦吗？从襁褓之中的小婴儿，到学着走路的小娃娃，到背上书包的小学生……直到嫁人、生子。过往的一幕幕在眼前飞一般地掠过。有时候，他也会想，自己在她们的人生中，不知道是个怎样的角色。

贺群艳和贺频艳两姐妹相差不过一岁多。出生时家庭窘迫，贺财霖和妻子为了赚钱养家，大部分时候都不在家里，更谈不上照顾她们了。而两姐妹，时常不是在外婆家待着，就是被托给邻居老人带一下。长到七八岁，都已经会自己动手做饭了。

都说穷人的孩子早当家。对这对姐妹来说，更难过的是父母，尤其是父亲很少陪伴在身边。经常早上醒来，父亲已经出门，晚上入睡，还等不到父亲回来。为什么我们的父亲这么忙呢？她们也困惑过、抱怨过。但懵懵懂懂中长大了，就知道父亲是去忙正事了，是为了这个家，去奔前程了。平时交流得少，再见面时甚至还有些生疏。好在，现在有机会弥补了。

现在，是苦尽甘来了吧？贺财霖看着这个热带国度里的蓝天、白云、海浪和沙滩。虽然身在异国他乡，但是家人陪伴才是最重要的。这些，不正是他奋斗的意义所在吗？

在柬埔寨的这几天，他们参观了大小吴哥窟，听着导游介绍相关的历史，大家或不寒而栗，或啧啧称奇。他们新奇地拍着照片，留下了一张一张笑脸。

“爸，妈，你们坐这里，景色好，拍照好看。”女儿招手给他们找角度。

“外公，你帮我拍张照啊。”外孙女提前摆好了姿势。

贺财霖都一一配合着。他对这些景点并没有什么兴趣，他只是喜欢看家人们的笑脸。他看着沙滩上奔跑的孩子们，不知不觉地想起了以前的岁月。那些自己不在家的春节，他们是怎么度过的啊。

他想了想，好像没什么印象。大概都是很无趣的吧。

随口问起妻子，妻子一边向着海浪中的孩子们挥挥手，一边笑道：“春节？以前的春节你有几天在家的啊，不是要去给客户拜年的吗？”

那些模糊的印象终于找了回来。他点点头，心中升起了几分愧疚。

妻子读懂了他的神色：“那时候不是没办法吗，孩子们现在长大了，都懂事了，他们理解的。”

“爸，这里还舒服吗？”小女儿贺频艳拿了杯果汁过来，打断了他的思绪。

贺财霖点点头，犹豫了片刻，问道：“这次出来，花了不少钱吧？”

“嗨，钱的事就甭操心了，我和姐姐都搞定了。”

大女儿贺群艳也走了过来，顺势坐下。

“刚刚我和你妈还说起呢，以前好多个春节我都没在家啊。”

他不习惯吐露自己的情绪。其实两个女儿也是，在她们心目中，父亲一直是个硬汉，所有的压力，所有的辛苦都自己扛着。父女之间，很少相互吐露心事，只是默默地相互关心着。

贺频艳一愣：“爸，你说这个干啥。以前是以前，现在是现在。要没有你以前吃的那些苦，我们现在哪里能来这里。”

他一笑。小女儿的性格真的很像他，耿直干脆，不拖泥带水。基因真是个神奇的东西。

这时候，贺群艳顿了顿，慢慢地说道，“爸，你自己可能都忘了。你春节出差的话，回来是会给我们带礼物的。”

礼物？这次轮到贺财霖愣住了。

“是啊，红色的大衣，可好看了，宁波都买不到的呢。”贺群艳有些羞涩。

已到中年，但是讲起这件事，她似乎又变成了一个孩子，说起父亲送的礼物，既开心，又有些不好意思。似乎心事被人发现了。她平日里慢条斯理的，话虽然不多，但是温和底下却有着持久的力量。她和她母亲真像啊，贺财霖想到。

“就是就是，”贺频艳也想起来了，“那个红色的大衣，我和姐姐一人一件，对不对？差不多就是我们上中学那会儿。”

“真的吗？还有这回事啊。”贺财霖却是想不起来了。年代太久远了。

“没错，我们记得可清楚了，那会儿，只要你春节的时候去外面出差，肯定得给我们带礼物。”两个女儿突然像小麻雀似的叽叽喳喳地说了起来，一边说，一边笑，这显然是一桩美好的回忆。

是的，日子很清苦。有时，她们也会埋怨，特别是春节的时候。为什么连这么重要的日子父亲也不能在身边呢？但是当父亲回到家，掏出那两件漂亮的红色大衣的时候，所有的不满都清空了。

她们对大衣爱不释手，而那长途跋涉而来的大衣，证明了无论父亲在何处，心中永远都记挂着自己的女儿。这就够了！她们想要确认的，只是父亲对自己的关爱。

太好了。贺财霖只觉得庆幸，庆幸中又有着一丝酸楚。这样的笑容自己不知道错过了多少，不过还好，自己并未在她们的成长中缺位。

在两个女儿眼里，父亲永远是忙碌的、严厉的，父女之间很少有这样的谈话。可那红色的大衣，却是父爱在她们青春中存在的珍贵印记。现在，这件大衣又穿过了几十年的岁月，抵达了这个柬埔寨的海边，把过往的春节与眼前的春节联系在了一起。

看来，我这个父亲当得还可以嘛。贺财霖笑了笑，忽然觉得轻松了很多。这是我们一家人第一次在外过春节啊，太值得纪念了。他想。以后有机会的话，一定要多出去走走。

看着女儿，贺财霖的思绪忽而飘回到了1998年。

那一年，大女儿贺群艳出嫁了。

宾朋满座，热热闹闹。大家推杯换盏，相互敬酒。贺财霖只看到红色的灯光、红色的嫁衣，还有妻子微微发红的双眼。女儿在人群中，画着新娘妆，显得如此陌生和遥远。

"爸、妈，你们放心，我一定会照顾好阿群的。"女婿弓着身子过来敬酒。

"好，好。"他机械地回应着，只觉得不真实。自己还没好好陪伴，女儿怎么就出嫁了呢。

整个仪式，他都云里雾里，不知道是怎么过的。接下来的日子，心里有些空落落的。除此以外，似乎也没什么不同，他依然一心扑在企业上。没过几年，二女儿贺频艳也嫁人了。贺财霖心里又空了一角。这种空落落的感觉真不好啊。不，这是好事，女儿总是要嫁人的嘛。他宽慰着自己。好在，两姐妹后来都入职了雪龙，父女之间见面的时间多了起来。虽然在公司里，基本都是公事，但至少能见面了。

两个女儿虽说是嫁了人，其实一直都在父母身边。刚结婚那几年，她们都还是住在娘家的，一是习惯了，二是方便照顾彼此的生活。后来搬新家，贺财霖看中了一栋楼，特意为自己和两个女儿在这栋楼里买了房子。这样虽说是各自有个家，但是一台电梯就可以串门，方便得很。

对这个安排最为满意的就是妻子郑佩凤了。小区不算小，环境雅致清幽。她每天 5 点多起床，洗漱一番后，就出门沿着小径散步。那时候人少，空气清新，适合她锻炼。想女儿了，随时都可以过去。她的晚年生活，得到了最为妥帖的安排。

两个女儿给郑佩凤买了很多礼物，衣服首饰数不胜数。可郑佩凤最喜爱的，却是一只镶着翡翠的蒂芙尼镯子。

当贺财霖说起自己没怎么给妻子买什么礼物时，郑佩凤抬起右手手腕晃了晃，镯子闪着漂亮的光泽："你忘了这个了？"

"我买的吗？"贺财霖有些疑惑。在妻子的提醒下，他才回想起来，"对对对，那年在香港买的。"

当时他去香港谈业务，回程前特意去专柜店为妻子挑选礼物。他一眼就看中了这个手镯。因不知道可以免税，还在机场办了交税的手续。

"是你送妈妈的礼物太多了，自己都不记得了吧？"大女儿贺群艳打趣着父亲。

可妻子嗔怪道："明明是送得太少了。送一个，我就当成了宝贝。"

她用嗔怪掩饰着心中的甜蜜，可脸上的表情早已出卖了真实的想法。

郑佩凤其实是个性格很开朗、乐观的人，不如此，又如何挨得过那艰辛又漫长的岁月呢？只是她平素很少吐露，而是默契地选择了和丈夫共同承担。现在日子好了，曾经无处绽放的属于少女的活泼情愫，在数十年后反而时常跳脱出来，让丈夫心神一恍。

每次旅游归来，她的谈资便更多了。有亲友来家中做客，她便神采飞扬地和他们分享旅途的见闻，以及那些胜景。

“不需要别的了，现在这样就很好了。”郑佩凤把那镯子又藏到了衣袖中，习惯性地低下头。

那是他们夫妻之间的情愫，她知道，便够了。身边的这个人，用大半辈子证明了他的踏实、可靠与进取。自己和家人所感受到的温暖，早已浸淫在了岁月无声的陪伴之中。

并非尾声

这一天，贺财霖又回到了霞浦，回到了礁碶村。

一同来的两个外孙女好奇地看着窗外的风景，对那些不认识的植物充满好奇，并不时看向外公那沉静如海的面容。

贺财霖的心中却是感慨万千。对这几个孩子来说，这个世界大概就是如此的吧，春光明媚，春花灿烂。她们生在这个时代是多么的幸运，不必经历那些混乱、巨变、饥饿、破碎。也许，她们永远不会知道，或者说，即便知道了，也无法深刻地体察，从旧时代向新时代转变过程中所碰撞出的巨大冲击力。

在这盘龙般的交通网络建成之前，山川布满沟壑，荆棘丛生。是一代一代的人不畏艰险地披荆斩棘，才让天堑变通途。汗水浇灌了鲜花，鲜血铸就了通途。那难道不正是最可宝贵的财富吗?

今天这梦境般的幸福生活，正是无数个像他一样的人缔造的，是他们这一代人从前想都不敢想的梦境。而他的孙辈们，正是出生在这梦境之中。

真好啊，真好啊……他看着眼前的景色，一再地发出赞叹。

“农民的儿子，有几个能走出农村的啊。还办厂？厂子能办几天？”这么多年过去了，自他办厂时就隐隐约约、嗡嗡作响的私语，又穿过岁月，在他心底泛起。从前的他，憋着一口气，想让那些带着讥笑、嘲讽、轻蔑的人看一看，自己到底能不能做到。可现在，这些声音，只是作为历史印记而存在，不会再在他心底掀起波澜了。他知道自己无须再做什么了。几十年里，逐步扩大的事业版图已经说明了一切。雪龙的腾飞就是最好的证明。

只是偶尔回头，贺财霖总会惊讶于那时村民们的保守与顽固。那时候的生活确实清苦，不，不只是清苦，那种苦应该说是在生存线上挣扎的艰难与残酷。但是与生活的苦难相比，更多的，是几千年来一直固守的陈旧的思维定式——僵化、守旧与短见。

当然不能太过苛求。祖祖辈辈都是这么过来的，土地生长粮食，粮食养活了一代又一代的人，所以土地变成了最可信赖的存在。即便是收成有限，也无法阻止对土地的依赖——他们只会更虔诚地投入其中。生于斯，长于斯，最后，又长眠于此。

他们所看到的世界的高度，也许就是一株稻谷生长的高度。除此以外，是超出他们认知范畴的。所以他们甘心把自己的一辈子，把下一代人的一辈子，都禁锢在田地上。

但这样陈旧的思维只在农村，只属于农民吗？并不是的。当他来到学校，开始办厂时，才意识到那么多人都生活在过去的经验中——个人是渺小的，集体大锅饭才是最安全、最牢靠的。这样的思维，本身就是一层层坚固的外壳，抵挡着外面的风雨，但也让内部变得不堪一击。而贺财霖，正是要在这层外壳被风雨吞噬前，主动破壳而出，主动去乘风破浪。

一个蛋如果从外面被啄开，注定只能被吃掉。只有自己破壳而出，那才是新的生命。

但是破壳而出，本身就需要莫大的胆识与毅力。更何况，贺财霖只是个一穷二白、白手起家的农村小子呢？他生于草莽之中，身边的人见识都有限，无人可以教导他。如果有，也大多是劝他认命的。是的，他们都认命了，凭什么他不呢？凭什么他不能把自己心中的火熄灭了，老老实实地把头埋在土里呢？凭什么他不能听领导的，非要去独自开厂呢？凭什么他偏偏要和别人不一样，去走那条少有人走的路呢……

这些质疑，不只是来自身边的人；其实无数次，他也曾反复问过自己。

多少次的跌倒与受伤，多少次的力不从心与疲惫不堪……在他走到今日的成功之前，也曾无数次有过放弃的念头。只是他心中的那团火就是不能灭掉，他对自己的未来执着地抱有更大的期许，对未来生活会更美好的信念始终引领着他……正是这些，让他坚持了下来。

雪龙。他当时的一念之动、一个梦境、一个蓝图，现在却是无比真实的存在。那是他生命的外化。正是当年心中的那团火，支撑着他走过了这漫长曲折的历程，让他褪下了蒙昧无知，在不断的学习中淬炼自己，得以见识并创造更大的世界，去拥抱更多的可能性。

龙，不正应该如此吗？上天入地，而不该受困于一潭一池。

当然，还有很重要的，外在环境的变化。

现在回过头看着一路走来的历程，贺财霖再三感叹自己遇上了改革开放这个大好的时机。在历史大势中，顺势而为方能有所作为。自己的敢为人先，若没有这阵东风，怕也早湮没于无闻了吧？

因着这股东风，他活络的思维才有了用武之地；当这股东风越吹越盛时，他的眼界也随之一一打开，一步一步登上更高的台阶。

贺财霖感谢改革开放，不仅仅是因为自己的命运因之改变，也因为无数人的命运也随之也有了更多的可能。

比如，礁硖村这个小村庄，就已经是今非昔比了。

从前交通闭塞，每条路都又窄又不平，晴天尘土飞扬，雨天泥泞不堪。现在脚下已被宽阔平整的柏油路取代。汽车也不是稀罕物了。而那时，村子里基本看不到汽车。

房子不是小洋房，就是小别墅，哪怕差点的，也有三四层，雕梁画栋的。哪里还能看到泥坯的，或者是砖头裸露在外的呢？

“新三年，旧三年，缝缝补补又三年”，是那时的被褥与衣着。

“饥一顿，饱一顿，半饥半饱挨一年”，饿肚皮，在那时是多么稀松平常的事。

而现在，丰衣足食已成为现实，不再是遥不可及的梦想。

贺财霖往村外走去。正是春耕时分，眼前是一畦一畦稻田。但是看不到几个农人，只有几台播种机在耕种着。再也不用为了几亩稻田，脸朝黄土背朝天了。

“我们这儿漂亮吧？”同村的人和他相熟，见他来了，热情地迎了上去，“和城里也没什么差别了。这里的空气还更好，你要多来走走啊。”

“那是现在，”贺财霖笑道，看到道路边的路灯，想起了往事，“我记得以前这里连灯都没有。天一黑，没月亮的话，路都看不清。我还因为这个，骑车摔了几次。”

几个年纪大些的，耳闻过他当年的事，大笑了起来：“好在，你也是不怕摔的人。不然，怕是起不来了，还怎么办厂啊。”

“是啊，好在自己经摔。”贺财霖也笑了起来。

在改革开放中获得新生的，又何止自己呢？现在村里的年轻人，都有上大学的机会，能够学得一技之长。他们早已不用再被束缚在这田地之上了，而是可以任意去各个地方闯荡。

在改革开放中获得新生的，又何止礁碶这个村庄呢？多少个大大小小与之相似的村庄，都在这几十年的风雨中褪去了旧时的皮囊，展露出了光彩照人的面貌。

“要不去我家吃饭？难得来一次。”村民热情地招呼着。

“还是去我家吧，我刚买了一批好酒。”另一个说道。

“现在吃饭还早呢，不如先去坐会儿，喝个茶什么的。”又一个建议道。

贺财霖被这浓浓的乡情包围着，心里只觉得温暖。这种温暖，是独一无二，无处可以替代的。

“谢谢大家，你们忙吧，我一会儿还有事，自己随便走走就好。”他婉言谢绝。

“谢什么，你给村里每年捐那么多东西，我们都沾光呢。”村民们嬉笑着。知道贺财霖另有安排，也就慢慢地散去了。

不知不觉间，他又来到了海岸边。

从村庄，到海边，真是一条漫长的道路。为了这条路，他付出了全部的青春与汗水。

村庄是内向的，闭塞且保守的；大海呢，是外向的、开放的、激荡的。从一个世界，到另一个世界，道路简单直接，但又有多少人能走完呢？

这条路他过去走过无数次，都是那么沉重、那么累。唯有这一次，他觉得脚下生风，脚步轻盈。居然这么快就到了么？自己都有些不敢相信。

物换星移几度秋。

再次坐在海边，贺财霖心中所有的焦虑与烦躁都已平息。这么多年过去，但那里的礁石依旧、滩涂依旧、潮声依旧。变了的，大概是自己吧。

潮水涌来又退去，退去又涌来……多像那生生不息的万物。自己，也是其中的一员啊。

不远处的滩涂上，有人正弯腰在捡蛤蜊。贺财霖心中，忽然有了一种冲动，那就是脱去鞋子，把脚踩进滩涂里，加入他们的行列。

是的，当年他那么努力地想从泥土里出来、从草莽里出来，改变命运，去更高更远的地方，去成为不一样的人。他的一生，就是超拔于庸常的一生。但现在，实现了当初梦想的他，忽而有了种繁华落尽见真淳的感触。

他并没有忘记，自己是农民的儿子，就像这片土地上千千万万的人一样，依靠着田里的庄稼，依靠着海里的鱼虾，依靠着每一阵清风，才得以生存。唯一的不同，或许是他足够坚韧、足够顽强、足够不服输。但必须要承认，那些过去他努力想要摒弃的，也是他生命中重要的一部分。没有它们，便无法成为今日的自己。

想到了这一点的贺财霖，于骄傲与自豪之外，更多了一丝悲悯与感激。是的，他要离开的，是那个落魄的、滞后、僵硬的草莽世界；而他要回到的，是那个温暖的、充满生机的、昂扬向上的世界。同样的地方，已经是另一个人间了，一个更美好、更有活力，更开放与包容的人间。

这里的海风多么亲切，这里的草木多么葱茏，以后一定要多来这里走走啊。贺财霖想着。因为这里的每个角落，都能看到自己过去的身影。那穿梭在草木之间、俯身于稻田之间、行走于河流之间的身影。

那身影最初是那么的矮小而稚嫩，但渐渐地，就变得高大而稳健，一步一步，走出了这片海域、这片田地、这个村庄，走入了自己所开创的新天地之中。

历史的洪流滚滚向前。在这洪流中，出现过帝王将相，也涌现过才子佳人；更有一批草莽英雄，他们出身苦寒，却凭借自己的勤劳与智慧，创造了令人惊叹的财富。这财富，不仅是物质意义上的，更是精神意义上的。

如果，你是一个来自未来的企业家，想要了解改革开放以来中国企业家的成长，那么我想你可以去找这个名为贺财霖的企业家聊一聊，他会告诉你，一个来自底层的普通人，要经过怎样的磨难，才能坚守初心，最后站上时代的潮头，领略“无限风光在险峰”的境界。

如果，你是一个来自未来的经济学家，想要探寻改革开放以来中国经济发展的轨迹，那么，我建议你来宁波北仑，看看这个名为“雪龙”的企业，是如何从无到有，在一片荒芜的田地上建立起自己的版图。它曾不得不寄人篱下，蜷缩于逼仄的空间，艰难求生；它曾洞察时代的变革，乘风而上，终于翱翔于九天之上。

如果，你曾陷入迷茫，不知人生何为，那么，我建议你和贺财霖聊一聊，这个历经了岁月沧海，依然不失赤子之心的老人，会告诉你，一个人的意义不只是个人奋斗的成功，更在于给社会带来的光亮与温暖。他有足够的履历与见识，给你力量。

贺财霖，是千千万万在改革春风中成长起来的中国企业家的杰出代表。

他胸怀理想。出身于贫苦之家，摆脱贫困就是他最质朴的理想，这给了他无尽的动力。当雪龙逐渐发展壮大，立足中国，放眼全球，建立一流的中国民族品牌便成了他的理想。为此，他抱着不达目的誓不罢休的精神，努力学习，积极进取，一步一步从草莽中走了出来，最终翱翔于九天之上。

他有着敏锐的直觉和长远的目光。当大环境发生变动，政策有所转向时，他总是及时察觉并进行调整和布局，让企业得以占得先机，如此，便得以在技术和市场上掌握主动权。

他有着百折不挠的毅力。几十年的风雨之路，他遭遇了多次危机，虽有过动摇，但最终都选择了迎面而上，将每一次挑战都当作前进的助力，越战越勇。“宝剑锋从磨砺出”，他将自己也磨成了一把利剑。

他知人善任，有着强大的团队凝聚力。他明白人才是企业发展的重中之重，是提升企业核心竞争力的基础表现，也懂得每个人都有实现自我价值的需求。为此，他展现出了极大的尊重和爱惜，让他们在适合的岗位上发挥出了最大潜能。

他有着大爱无私的品德。关怀他人，回馈社会，已经成了贺财霖溶于血液的一种习惯。他深知财富的积累是自社会中来的，只有给予回馈社会，才是其最好的去处。每一次爱心的付出，都是他人格的闪耀。

天行健，君子以自强不息。雪龙，这条盘旋于东海之滨的巨龙，正是贺财霖的化身！起自草莽，翱翔碧空，在天地之间，来去自如。

后 记

一般来说，一位人物能够被传记，得历经不寻常的人生，或有值得立而后传的精神与品格。《出草莽记：汽车风扇大王贺财霖传》这本传记记述的就是贺财霖先生其人其事，他的人生轨迹与同时代的不少成功人士相仿佛，但又有许多不同的精彩，确实值得书而广之。现在的我与贺财霖先生也称得上比较熟悉了，但每每面对他或与人谈起他，我还会止不住内心的感慨：从一名地地道道的农民，到小学校长，再到上市公司的董事长，从不容易到不平凡，他走出了一条出草莽而成大业的不寻常之路，这样的人当列入“人中龙凤”之列。这样的“人中龙凤”各有各丰富人生，但身上都有共通品质，那就是性格坚韧、意志顽强、智慧超群、目标明确。贺财霖先生就是这样一位企业家。

我认识他，还是始于这本书写作的策划。当时有朋友牵线，让我介绍作家，给贺财霖先生写一本传记，介绍人还专门张罗了一场饭局。在那次聚餐中，我得知七十多岁的贺董事长很关心健康问题，于是，坐他边上的我，就与他就养生、长寿等事情，做了很多很民间的探讨。当时我牵线让写传记的作家就是《文学港》的编辑部主任夏楠，贺董事长见了后，对她印象也很好，于是一锤定音，写书的事就敲定下来了。

当然那场饭局最终还成就了另一件后来在国内科幻文学写作界有深远影响的事，那就是初步达成了“贺财霖科幻文学奖”的设立，这个奖迄今为止已举办了三届，每届的获奖作品都能收获当年最优秀的一批国内科幻小说精品，该活动的主办单位为宁波市文联与宁波市科协，承办单位《文学港》杂志每期都刊发获奖作品，并每年召开隆重的颁奖会，使这个奖在圈内圈外都产生了一定的影响力。

设奖这件事当时提起来也纯属我临时起意，但对于心怀大爱，一向热衷于慈善，将助困救难视为己任的贺财霖先生而言，一口答应下来也在情理之里。我的母校浙江师范大学党委书记郑孟状在本书序中特意提到贺财霖先生捐赠浙师大五百万元教育基金的“师者之心”，而贺董事长对于以他命名的“贺财霖科幻文学奖”的支持，则是对文学的一种慈善。那次饭局中，我们说到当时很火的科幻电影，说到科幻文学对于人类丰富想象力的呈现以及对于科技的推动力，我联想到对于他挂帅的这家科技含量很大、创新动能满满的上市企业，继而突然想到可以以他之名来开展每年一次的全国性科幻征文大赛。这件事在传记中也有详细记述，读者也能从这些文字里体会出一位支持文学的企业家，他的热心、慷慨与赤忱。

这本传记即将付梓，不能说书的出版将万众睢睢，但也在许多人的热盼之中，尤其是在相关的企业界及关注宁波青年作家创作的文学圈中，至少是我市文学界的一次收获。初稿出来时，我就觉得写得不错，从题目到内容，很顺很有气势，当时止不住就夸了一遍。后来几经修改，成了现在这个更好的样子：一部好书在我心目中该有的样子，也是贺财霖先生在我心目中的样子。

自然，传记《出草莽记：汽车风扇大王贺财霖传》的意义不仅仅在于文学界收获一部力作，正如郑孟状先生所说，“财霖先生的人生轨迹和创业故事，绝不仅仅只代表他个人对生活不屈的态度和实干的经历，也忠实记录了改革开放以来中国民营企业从筚路蓝缕到蓬勃发展，再到实业报国的历史进程，印证了浙商在时代的风云际会中，抢抓机遇乘风而起、乘势而上的开拓精神。”而我还想补充的是，作为那一代人中的一个优秀又特立独行的代表，书中书写的贺财霖先生的人生历程、奋斗经历、精神风貌，更将给当下及后人留下一个立体丰富的人生传奇，还有一个努力前行、成就辉煌的高大身影。而这，也是这本书写作的出发点和最大的意义所在。

最后，允许我再次表达对贺财霖先生支持文学事业的感激之情！

是为后记。

荣　荣

2023 年 10 月

（作者系浙江省作家协会副主席，宁波市作家协会主席）